国家出版基金项目
NATIONAL PUBLICATION FOUNDATION

国际教师教育思想史研究丛书

总主编／王长纯　饶从满

美国教师教育思想史研究

MEIGUO JIAOSHI JIAOYU SIXIANGSHI YANJIU

郭　芳／著

东北师范大学出版社

长　春

图书在版编目（CIP）数据

美国教师教育思想史研究/郭芳著. —长春：东
北师范大学出版社，2023.10
（国际教师教育思想史研究丛书/王长纯，饶从满主编）
ISBN 978 - 7 - 5771 - 0675 - 5

Ⅰ. ①美…　Ⅱ. ①郭…　Ⅲ. ①师资培养–教育思想–
思想史–研究–美国　Ⅳ. ①G451. 2 ②G40-097. 12

中国国家版本馆 CIP 数据核字（2023）第 201679 号

□策划编辑：张　恰
□执行编辑：刘晓军
□责任编辑：何世红　□封面设计：张　然
□责任校对：杨　影　□责任印制：许　冰

东北师范大学出版社出版发行
长春净月经济开发区金宝街 118 号（邮政编码：130117）
电话：0431—84568220
传真：0431—85691969
网址：http：//www.nenup.com
电子函件：sdcbs@mail.jl.cn
东北师范大学音像出版社制版
长春新华印刷集团有限公司印装
长春市浦东路 4199 号（邮政编码：130033）
2023 年 10 月第 1 版　2023 年 10 月第 1 次印刷
幅面尺寸：170 mm×240 mm　印张：20.25　字数：297 千

定价：87.00 元

总　序

近年来，党和国家出台了一系列重要文件，推动了教育发展和教师教育的改革。2019年中共中央、国务院印发的《中国教育现代化2035》明确提出要建设高素质专业化创新型教师队伍；大力加强师德师风建设，将师德师风作为评价教师素质的第一标准，推动师德建设长效化、制度化；夯实教师专业发展体系，推动教师终身学习和专业自主发展；努力提高教师政治地位、社会地位、职业地位。这是实现我国教育现代化的重要目标。

建设高素质专业化创新型教师队伍，尤为重要的是坚持并深化教师教育的改革与发展。而要深化教师教育的改革与发展，必要的国际借鉴是不可缺少的。要实现真正有效的借鉴，我们不仅要考察世界主要国家的教师教育改革的政策与实践举措本身，更要看其教师教育改革与发展的政策与实践背后的思想。编撰出版"国际教师教育思想史研究丛书"就旨在尝试对世界主要国家的教师教育思想史乃至现代国际社会教师教育思想演化做出系统的梳理和阐释，为我国教师教育改革与发展提供必要的思想资源。编撰出版"国际教师教育思想史研究丛书"的意义还在于：在高速运行的当代社会，重新整理那些被淡忘的现代化进程中产生的著名教育家和他们的经典著述，重新发现已经被搁置起来的教师教育政策，重新探索不同教师教育思想的关联或纠缠的内在逻辑线索，对于开阔我国教师教育的视野，深化我国的教师教育思维，和而不同，形成中国特色的教师教育思想是一件应当做的事情。我们相信我国教师教育改革必将凭借对现代化进程中已经留下的宝贵思想资源的因与革，加强高素质专业化创新型教师队伍建设，一定会在创造公平与高质量的教育过程中有所作为，有所前进。

"国际教师教育思想史研究丛书"坚持以马克思主义为指导，以"和而不同"作为基本的文化立场，坚持社会科学方法论中的历史性原则、客观性原则、主体性原则、整体性原则和发展性原则，聚焦于探讨教育现代化中国际教师教育思想演进的规律。

"国际教师教育思想史研究丛书"包括国际教师教育思想史研究论纲以及美国、英国、德国、法国、俄罗斯、日本六个国家教师教育思想演化的历史研究。

我们热忱邀请了国内有关教育学者参与撰写，主编为王长纯、饶从满教授。具体分工是：首都师范大学王长纯教授撰写论纲分卷；河北师范大学副教授郭芳博士撰写美国分卷；首都师范大学教育学院教授张爽博士撰写英国分卷；辽宁师范大学教授周成海博士撰写德国分卷；首都师范大学教育学院张梦琦博士、山西大学外国语学院任茹茹博士撰写法国分卷；宿迁学院教授李艳辉博士撰写俄罗斯分卷；青岛农业大学外国语学院徐程成博士撰写日本分卷。

本丛书撰写过程中各位作者都阅读了大量中外教育家的经典著作，参考了大量国内外学者的研究成果，在此向这些教育家致敬，向有关学者们表示谢意。

我们教师教育思想史的研究一直得到尊敬的顾明远先生的亲切关心与支持，得到了北京师范大学朱旭东教授、西南大学陈时见教授的有力支持与帮助，在此谨向顾先生，向朱旭东教授、陈时见教授致以诚挚的谢意。

本丛书撰写得到东北师范大学出版社张恰总编辑的积极支持和鼓励，有关编辑老师为丛书的出版付出了艰苦的努力，在此一并对他们表示由衷的谢意。

本丛书的研究与写作必定存在很多问题，恳请读者多加批评，不吝赐教。

2023 年 8 月

目 录

第一章

绪　论

本书讨论美国教师教育思想发展的历史，即在纵向时间的框架内描绘美国教师培养实践活动背后价值观念的历史发展与变化图谱。斯波德克指出："一切教师教育都是一种思想形态。每个项目都与特定的教师教育者或教师教育机构所持的教育思想有关，尽管这种关系可能并不明确。没有无价值的教师教育，就像没有无价值的儿童教育一样。"① 因此，本书纵向不同时期划分的依据是外显的教师教育培养机构以及教师教育实践形式的变化线索，这些变化受制于美国社会时代的变迁。美国教师教育实践主要经历了以师范学校、师范学院、普通文理学院及综合大学教育院系等机构形式来培养师资，培养时间有几周、一年制、两年制、四年制，培养层次从学士、学士后到硕士研究生等，体现了国家对教师受教育程度的要求越来越高；同时，在以传统高等教育机构为中心进行教师教育之外，又出现了诸多替代性教师教育项目的形式，体现了人们对于未来教师应该学习哪些知识，以及如何获取这些知识的不同观点。在不同时期不同形式的教师教育实践背后都有其具有时代特征的价值理念，因此每一时期的教师教育思想讨论一般都涉及三个方面的问题：(1) 培养目的，即培养什么样的教师，什么样的教师是优秀教师；(2) 培养内容，即关于教师知识以及教师教育课程的思想；(3) 培养方式，即采取某种教师教育体制与路径背后的观念基础。选择研究材料的依据是该材料所承载的某种教师教育思想对其所处的时代，以及后来人们对培养教师的认识和实践发挥了实际的启发、引导和指导等作用。

第一节

美国教师教育思想史一以贯之的逻辑：教师专业化

教师教育思想产生的逻辑起点是对教学工作的认识，对于教学工作的认识决定了这份工作需要什么样的从业者，从而决定如何培养教师，开展教师

---

① SPODEK B. Teacher education: Of the teacher, by the teacher, for the child [J]. Journal of teacher Education, 1974 (31): 45-55.

教育实践。本书认为美国教师教育实践背后的价值观念始终贯串着一条具有内在一致性的线索，即对教学专业化的追求，最终目标是提高教师质量。正如美国教育史学家尤尔根·赫伯斯特在 20 世纪 80 年代末发文所指出的，"教师教育一直处于各种专业化尝试的核心"①。也就是说，教师是一种专业，是教学专业的从业者，教师教育是一种专业教育，这一观点与实践在漫长的历史长河中遭遇各种挑战，是逐步形成与发展起来的。专业社会学认为所有的职业都处于不断专业化的进程中，从普通职业走向半专业，再从半专业走向成熟专业，教师职业亦如此。

在综合专业社会学领域内许多学者意见的基础上，赵康指出，作为一个科学术语，"专业"被看成一个富有历史、文化含义而又变化的概念，主要指一部分知识含量极高的特殊职业。② 法学家布兰代斯这样描述"专业"与其他职业的区别：③ 第一，专业是一种职业，其必要的初步训练具有智识性特征，包括知识以及某种程度上的学习，与单纯的技能不同；第二，专业主要为他人服务，而不是从业者单纯的谋生工具；第三，从业者获得的经济回报不是衡量他（她）职业成功的主要标准。显然，职业之间之所以不同，是因为它们所从事的活动不同，而专业区别于一般职业则在于它们具有非同寻常的深奥知识和复杂技能——每一个专业都有一个科学的知识体系。因此，高深的专业知识是专业的本质属性。高校是高深的专业知识得以发展与传授的重要媒介。专业科学知识体系的系统化，进而发展为课程；专业知识的结构化，进而组合为专业课程计划；专业知识的合法化，即课程和计划获得确认的过程；专业知识的传承，即传授给准专业人员——学生，主要都是在高校完成的。由于专业的科学知识体系包含了非同寻常的深奥知识和复杂技能，那么国家就要一方面鼓励，也就是保护合格的职业并提供市场；另一方面制

---

① HERBST J. Teacher Preparation in the Nineteenth Century：Institutions and Purposes. American Teachers：Histories of a profession at work［C］. New York：Macmillan publishing company，1989：213-236.

② 赵康. 专业、专业属性及判断成熟专业的六条标准：一个社会学角度的分析［J］. 社会学研究，2000（5）：30-39.

③ BUSINESS——A PROFESSION Chapter 1—Louis D. Brandeis School of Law Library（louisville. edu）

裁，也就是禁止和惩处没有资格的人员从事需要经过国家特许的职业。由此引导出专业的主要属性：市场垄断。市场垄断（国家特许的）的合理性不是基于祖护专业的利益，而在于保护公众。因为外行既没有资格也没有能力履行复杂的专业服务，如不加以限制，势必会给公众的利益造成极大的损害。然而，专业一旦获得市场特权，它们就应为此承担相应责任，做出利他主义的无私奉献。"市场保护"（工具）因此成为一个积极的推动力，促使专业、职业建立它们自己的组织（学会、协会等），设立章程和行为守则，发展知识、技能和培训项目，自我控制并尽最大的努力为客户和公众的利益服务。基于以上认识，判断成熟专业包括六条标准：第一，是一个正式的全日制职业；第二，拥有专业组织和伦理法规；第三，拥有一个包含着深奥知识和技能的科学知识体系，以及传授/获得这些知识和技能的完善的教育和训练机制；第四，具有极大的社会效益和经济效益（鉴于高度关注和力求达成客户利益和社会效益）；第五，获得国家特许的市场保护（鉴于高度的社会认可）；第六，具有高度自治的特点。①

对于专业而言，最核心最基础的是专业科学知识体系，知识赋予了专业获得所有的特殊性和特权的可能。在这个专业化发展过程中，专业教育传递专业科学知识体系，是专业之所以成为专业必不可少的条件。专业教育是一种高学费、严格准入、学习时间长的学士后教育，兼具社会和专业的双重目标取向。在大学内设立独立的专业学院培养人才，因其教师擅长理论和学术研究，所以绝大部分教学内容来自学术和研究性学科的理论和研究成果。②

就美国教师而言，教师职业专业化也包括五条标准的发展历程。如：从兼职到全日制职业；各种教师专业组织，如全美教育协会、美国教师协会等专业自治组织；教师专业知识体系建设的探索，以及传授这些知识的诸多教师教育项目的逐步开展，培养教师机构性质的变化；建立在专业知识基础上的教师资格，以及教师教育机构认证标准体系等逐步建设完备；不同时代教

---

① 赵康. 专业、专业属性及判断成熟专业的六条标准：一个社会学角度的分析 [J]. 社会学研究，2000 (5)：30-39.

② HOBERMAN S, MAILICK S. Professional Education in the United States: Experiential learning, issues, and prospects [M]. Greenwood Publishing Group, 1994: 16.

师承担社会功能的讨论。教师教育作为一种专业教育，其学习时间逐步延长，其专业自身的目标取向是传递教师专业科学知识体系，其专业外部社会目标是实现其社会功能，即追求教育公平与社会正义。因此，美国教师教育思想史的发展主要包括两条基本脉络，一是不同时期教师专业知识体系逐步丰富与完善的价值取向，二是不同时期教师社会功能讨论的思想基础。

第二节
美国教师教育思想史的研究逻辑与原则

约翰·罗伯逊（John Robertson）认为，"思想史"关注的是思想家和文本作者的主体行为，即他们是谁、他们是如何论证自己的观点的，以及为什么选择这些观点而不是其他的观点，并把"思想史"的研究对象定义为"人类理解他们所置身其中的世界，将其特征概念化，并进而对其做出前后融贯的论说，以说服其他人信服其论辩之合理性的系列努力"。[①] 罗伯逊将概念化、融贯性和论辩的合理性作为思想史的构成要素。根据罗伯逊的观点，本书各个不同时期的讨论从逻辑上包含三个层面：第一，概述该时期美国教师教育理论与实践所产生的社会时代背景；第二，介绍该时期美国教师教育在实践层面的特征；第三，阐释该时期有影响力的教育者及团体关于教师教育的不同思想和观点。各时期讨论的第三个层面是本书的重点，其阐释也分三个层面：首先，介绍有影响力的教育者及团体各自所处的具体社会文化历史情境，回答他们是谁的问题，理解他们所置身其中的世界；其次，探讨他们如何论证各自关于教师教育的不同思想观点，如何将当时的教师教育特征概念化，并展开前后融贯的论说；再次，探讨他们是如何通过合理的论辩将其观点落实于实践的。

本书遵循历史与逻辑相统一的研究原则。历史与逻辑的统一是马克思主义理论体系的重要原则与方法。马克思主义认为，历史的东西是逻辑的东西

---

① 罗伯逊，关依然，周保巍. 1950 到 2017 年的英国思想史：剑桥学派的贡献 [J]. 浙江学刊，2018（1）：148-155.

的基础，逻辑的东西是历史的东西的概括。逻辑是人类认识历史的总结和概括，同时又是客观世界辩证发展历史的反映，历史与逻辑是辩证统一的。恩格斯说："历史从哪里开始，思想进程也应从哪里开始，而思想进程的进一步发展不过是历史过程在抽象的理论上、前后一贯的形式上的反映，这种反映是经过修正的，而且是按照现实的历史过程本身的规律修正的，这时，每一个要素可以在它完全成熟而具有典范形式的发展点上加以考察。"① 历史与逻辑统一的方法强调历史和逻辑的一致性，强调思想进程必须从历史出发，通过偶然性的东西概括出其中的逻辑范畴和体系。

第三节
美国教师教育思想史的基本分期

王长纯关于美国教师教育思想史的分期讨论是以"教师教育大学化"进程为线索的，其认为各历史时期的教师教育机构产生了不同历史阶段的教师教育思想，可以概括为：初建期——19世纪朴素技艺观教师教育思想；发展期——20世纪上半叶封闭的专业主义教师教育思想；调整期——20世纪50至80年代教师教育思想多元化（这一时期又可细分为20世纪五六十年代中期知识本位的教师教育思想、20世纪60年代中后期至80年代初能力本位教师教育思想，以及社会公正取向的教师教育思想）；20世纪八九十年代末的指向教师质量的变革期。②

蔡克纳认为，自19世纪美国正规教师教育开始以来，有三种观点一直相互竞争，以获得主导地位。这三种不同的教学专业知识和教师教育观点影响着教学工作和教师教育项目课程，即专业化（professionalization）、解制（deregulation）与社会正义（social justice）。③ 专业化观点强调以能力或标准

---

① 马克思，恩格斯. 马克思恩格斯全集：第13卷［M］. 中共中央马克思列宁恩格斯斯大林著作编译局. 北京：人民出版社，1972：532-533.

② 王长纯. 教师教育思想史研究［M］. 长春：东北师范大学出版社，2016：66.

③ ZEICHNER K. Different conceptions of teacher expertise and teacher education in the USA［J］. Education Research and perspectives，2006，33（2）：60-79.

的形式阐明教学的知识基础，因此专业内容在教师教育项目中占据重要地位。解制观点强调教学内容和言语能力的重要性，并指出大多数有关教学法、学习、课堂管理等的专业内容最好通过学徒制在工作中学习，而不是在教师教育项目中学习。因此，解制观点推动取消国家对教师的认证许可，并建立以替代学院和大学为基础的教师教育项目方案。社会正义观点强调培养教师的社会文化意识和跨文化教学能力，以使他们能够教育美国公立学校中日益多样化的学生。

本书认为美国教师教育思想史的发展主要包括两条基本脉络：一是不同时期教师职业内部专业自身的发展，特别是专业知识体系逐步丰富与完善的价值取向的变化。二是不同时期教师职业外在社会功能讨论的思想基础。其中，专业化发展脉络是主流线索，其根本标志是教师专业知识的探究与发展，其过程是从以科学方法为基础实证视角下，对于外显的教师工作所需能力的要素分解，到实证主义与阐释主义结合起来对教师内隐的教学知识、实践知识的讨论，以及在教师能力与知识基础上，对于教师资格以及教师教育机构认证标准体系的建设发展。解制一直与专业化相抗衡，对于教师知识的内容以及获取知识的路径理解不同，对于教师的专业化发展来说既是批判的促进，又是有益的补充。专业化和解制是教师职业自身内部发展变化的不同取向。社会正义是美国自建国以来追求的社会理想，教师的工作是实现社会正义理想的一个重要途径，也是教师专业的外部社会功能所在。因此，本书以教师专业化发展为核心，以对教师专业知识的认识变化为基础，将教师教育思想史分为以下五个时期。

第一，19世纪90年代前美国教师教育思想的前专业化时期。这一时期人们认为教学只是一种职业技艺，那么教师的培养就应该是师范生模仿教师的教学过程来学习如何成为教师的学徒型模式，跟其他传统技艺的学习方式没有什么不同。19世纪90年代前美国就开始模仿法国和普鲁士建立早期的教师培养机构，主要包括两个方面的努力：一方面，是以埃玛·维拉德和凯瑟琳·比彻为代表建立的女性教师培养机构；另一方面，则是以贺拉斯·曼和亨利·巴纳德为代表的公立教育的男性改革者，他们建立起有序的公共学校教育，以及正规的教师培养体系。这些教师教育先驱者在实践的同时，也在不断地进行思考，这些思考正是现代教师教育思想的萌芽。

第二，19世纪末到20世纪30年代美国教师教育思想专业化发端时期。专业化发端时期的标志是对教学科学性的追求。在这段时间里美国涌现出各种各样应对社会问题的改革，因此这一时期被历史学家称为进步时代。观念领域中的"进步"可以说就是"科学化"。教师教育科学化有两个基本线索：一个是自然主义教育哲学的影响。杜威倡导自然主义的教学观、教师观以及教师教育观，帕克从教学与教师教育实践的角度为杜威思想奠定基础，埃拉·扬则从抵制管理主义将教师机械化的角度倡导教师的自主性，并进一步讨论教师教育。另一个是教育心理学的实证取向以及泰勒管理学的效率取向，如对教师职业活动的分解、对教师专业化的推动等。教师教育科学化发展描述的是教师教育领域内部"进步"取向的变化线索，康茨代表进步主义的社会取向，把教师推向社会这个更广大的背景之中，强调教师的社会责任，认为教师应该影响学生，积极地去推动社会变革。20世纪30年代产生的有重要影响的要素主义代表者巴格莱也是进步时代的重要人物，强调教师要促进全社会的改革。

第三，20世纪40年代至70年代美国教师教育思想专业化探索时期。专业化探索时期的标志是教师教育的学术性与师范性之争，以及基于表现/能力的教师教育技术/效能取向的兴起。第二次世界大战后，特别是1957年苏联人造卫星发射成功，让美国社会看到科技人才的重要性，随后引发教育的巨大变革。教育的改革必然带来对教师的新要求，因此，有识之士也发出了改革教师教育的呼声。所有的批评家都指责了专业教育的确立、师资培训和教师证书的授予过程。这些批评家提出的教育解决方案可以分为两种：一种是贝斯特与史密斯为代表的以"人本主义"为目标的方案，另一种是科南特与里科弗为代表的以"效能"为目标的方案。与此同时，科学主义与管理主义的追求进一步渗透教师教育领域，20世纪30年代就已经兴起的教师职业活动分析，在二战后逐渐演变为对教师能力的讨论，直至70年代前后兴起基于表现的教师教育运动，这是教师教育技术/效能取向的体现。

第四，20世纪八九十年代美国教师教育思想专业化推进时期。专业化推进时期的标志是对于教师专业知识体系的丰富与发展，以及反思型教师教育运动的倡导。1983 年 4 月，"全美优质教育委员会"发布报告《国家处在危险之中：教育改革势在必行》，给美国社会带来巨大冲击。随之而来的众多报告建议要改进教师教育，建议要提高教师职前培训质量。最有影响力的就是卡内基和霍姆斯在 1986 年同步发表的《国家为 21 世纪的教师做准备：卡内基报告》和《明天的教师：霍姆斯小组报告》。他们都提倡像医学教育一样对于未来教师进行专业教育，强调高度认可的教师专业知识是专业之所以成为专业的核心。因此以舒尔曼的"学科教学知识"、舍恩的实践性知识为代表的教师知识研究轰轰烈烈地开展起来。正是教师专业知识研究取向的变化，以及教师思维运动的发展，引发了与基于表现/能力的教师教育相对的反思型教师教育运动。20 世纪八九十年代的教师教育项目都强调从临床情境中获得专业知识，因此强调多方合作进行教师教育成为许多人关注的焦点。比如霍姆斯小组促进教师发展学校建设的思想，以及古德莱德倡导高等院校、中小学以及社会各方力量共同合作成立教学中心，促进教师教育的教育革新思想。

第五，21 世纪初美国教师教育思想专业化与解制化并行时期。这一时期的教师教育强调结果导向，以教师工作的结果，即学生学业成绩作为衡量教师质量的标准。因此，无论是专业化还是解制化的教师教育，只要能为社会提供提高学生学业成绩的教师，即高质量教师或高效教师即可。进入 21 世纪，美国教育决策者形成一种观念，就是教育改革包括教师教育改革，比起其他社会改革更加能够解决贫困以及社会不平等的问题。因此，教育以及教师教育改革被 21 世纪的联邦政府置于社会治理的相对核心地位，教师教育也被作为公共政策问题进行建构。其建构的思想基础则是保守主义思潮重构下的联邦政府的价值观。结果导向的实用主义原则指导下的联邦政府不断发展完善教师教育问责制，同时积极支持替代性教师教育项目的发展，传统大学教师教育项目面临前所未有的质疑与挑战，专业主义与解制主义之争使得教师教育领域矛盾并置，令人们无所适从，其实质也是学术性与师范性之争在新时代的表现形式。在这样纷繁复杂的情境中，主要承担教师培养任务的教师教育者群体轮廓凸显出来，这是因为只有专业的、高水平的教师教育者才能批判性地审视和评价教师教育所面临的社会背景，以及学校教育改革场景中所发生的一切，并在宏观社会背景中思考"教育（教师教育）是什么，教育（教师教育）为谁服务"等问题及影响因素。培养高质量多元文化教师的理论与实践体现了美国希望通过教师实现对社会正义的追求。教师教育的多元文化研究突破多样性文化的讨论边界，从詹姆斯·班克斯提出要培养多元文化教师，到杰尼瓦·盖伊强调培养教师的文化回应能力，再到琳达·达琳-哈蒙德倡导培养致力于社会公平的教师，目的都在于解决教育绩效均衡问题，为所有学生提供他们接受教育时与生俱来的权利：获得有能力、有爱心、有资格的教师。

第二章

前专业化时期的美国教师教育思想
（19 世纪 90 年代前）：教学即技艺

19世纪 20 年代，美国开始出现培养教师的独立私人机构，1839 年第一个州立师范学校建立，随后，师范学校在各州迅速发展起来。19 世纪 90 年代以前人们认为教师职业是一种技艺，更多依赖人的天然品性，通过学徒型模式的实践培养就可以完成；同时为了改善控制年轻人的教育，教师需要统一培养。那些培养教师的先行者们认为教师的确是需要培养的，但只要了解所教科目知识即可，因此培养教师的课程与普通学校课程并没有差别，学生通过模仿教师的教学过程就学到了教学方法。州立师范学校出现以后，情况开始有了变化，师范学校强调教师的道德培养，并且出现关于教学知识的课程，但总的来说教育学知识的发展是有限的，学生的教学艺术还是主要模仿师范学校的校长和教师们，同时师范学校还强调未来的教师要在监督下，通过对示范学校或实践学校中真实的儿童进行教学，只有得到及时的反馈与评价，才能真正提高教学艺术。也就是说，要在实践中才能真正成为教师，但并没有摆脱学徒型的培养模式。

第一节

19 世纪 90 年代前的美国教师教育

美国殖民地时期，教育的情况十分复杂，最基本的教育职责由家庭担负，家庭就是殖民地社会组织的基本单位。受条件所迫，家庭承担了全部通常本应与其他机构分担的教育责任。至于学校教育的状况，克雷明这样描述，"很难十分准确地概括北美殖民地当地的学校状况，这主要是因为教育的种类和形式的那种非同一般的多样性，并因此而难于精确判定什么是学校。正如已经指出的那样，我们都知道存在着教授读书写字、写作、计算、语法、记账、测量、航海、击剑、舞蹈、音乐、现代语言、刺绣，以及任何可想象得出的这类课程的组合和其他课程的个体教师；我们也知道这些教师们或是全天，或是部分时间是白天、部分时间是夜晚进行教学；他们在自己的家里、在别人的家里、在租来的房子里、在教堂里和会议厅里、在废弃的建筑物中，以及专门为他们搭建的房屋里教学；他们或是自己开业授课，或是受人雇佣

（作为个人通过自己组织、自己任职或选出来的理事会）授课；他们的报酬来自雇主、赞助者、订金、发行彩票、捐助、学费份额以及税款等所形成的基金”。① 也就是说，美国早期学校教育的整体结构，甚至连“学校”和“教师”这两个词的含义都是相当富于变化与歧义的。

如此看来，可以被看作教师的人，其受教育的程度也多种多样，水平参差不齐。“有具有一定文化但受教育水平不高、在她们的厨房（有各种用途）开办‘夫人学校’的主妇，也有到较好的文法学校负责教学的大学毕业、有文化的教师。虔诚和人品好是所有地方对教师的明确要求，在大多数殖民地，虔诚都意味着宗教上的正统。对学术资格要求一般不那么具体，但大多数文法学校都要求教师有一定的古典语言和文学知识。”② 马萨诸塞 1654 年的州议会决定：学院的监管人和几个城镇的市政管理委员会应负责进行严肃认真的考察，不要让那些信仰不真诚、生活不端正、不能满足基督的律法要求的教师继续教育青年和孩子。

那时的大学并没有关于教育教学的课程，从殖民地时期进入 19 世纪，人们通常认为教学并不需要什么学徒训练或是其他的专业准备。大学毕业生更是相信只要毕业了就意味着他们已经懂得了如何教学，毕竟他们自己就曾经是学生，并且一直观察他人如何教学。因此那些接受过良好教育的人，当然包括大学毕业生，理所当然被认为是可以做教师的。正如威廉·瑞斯所说，“整个 19 世纪，哈佛大学为波士顿的拉丁语学校、英语中学、女子中学培养了大部分男性校长、副校长，以及指导教师。耶鲁大学则为康涅狄格州大部分中学，包括颇具名望的哈特福德中学培养了许多教师”。③ 也就是说，对于这些中学而言，年轻人能够从这些大学毕业就已经合乎逻辑地完成了成为教师的准备。

同时，做教师往往是年轻人从大学毕业到他们所认为的真正事业开始的

---

① 克雷明. 美国教育史：殖民地时期的历程（1607—1783）［M］. 周玉军，苑龙，陈少英，译. 北京：北京师范大学出版社，2003：481.

② 克雷明. 美国教育史：殖民地时期的历程（1607—1783）［M］. 周玉军，苑龙，陈少英，译. 北京：北京师范大学出版社，2003：143.

③ REESE W J. The Origins of the American High School ［M］. New Haven and London：Yale University Press，1995：127.

过渡阶段，那些真正的事业指的是律师或者牧师。他们通常从事教学工作不超过 5 年，教学工作一直是他们职业生涯的起点，而不是终点。大学并不是有意为中小学培养教师，即便毕业生成为教师也是其培养的副产品而已。这样的培养是偶然的、非组织化的，并不被州政府承认，甚至都没有被学术界以及官员们注意到。

师范学校最早出现在法国，但在美国得到最为迅速的发展。普鲁士的教师讲习所成为美国师范学校最早仿效的主要模式。1818 年，美国费城出现了一所由英国教育家、导生制创始人之一的兰卡斯特主持的模范学校，负责训练学校教师；同时，由美国教育家富兰克林倡导设立的文实中学也开始增设教师训练班；1827 年，卡特（James Carter）创立了一所私立中等师范学校，卡特因其日后在美国公立师范学校形成和发展中的作用而被后人称为"美国师范学校之父"。后来，一些正规的教师培养项目也开始出现。一些学园开始把培养教师作为自己的目的之一。如西奥多·赛泽提到的佛蒙特州的巴里学园，就有两个明确具体的办学目的，即为大学做准备以及培训教师。[①] 虽然各州情况不同，但在美国革命与内战之间，许多地方的学园在教师培养方面都起着至关重要的作用。

州立师范学校的出现是从 19 世纪 30 年代后期开始的。在美国"公立学校之父"贺拉斯·曼的倡导和主持下，1839 年 7 月，马萨诸塞州的莱克星顿建立了美国第一所州立师范学校。州立师范学校最开始是高中水平，是以培养未来教师为唯一目的的专业学校，为未来教师提供他们在早期教育中没有学习过的学科知识，以及综合的通识课程。塞勒斯·皮尔斯（Cyrus Pierce）作为莱克星顿师范学校的创办人，在给亨利·巴纳德写的信中曾经这样表达师范学校的目标："培养更好的教师，尤其是为我们的公立学校培养更好的教师是我的目标，并将是我未来的目标。这样的初等和中等学校，作为教育的基础，可以在更高的水平上回应他们的机构使命：培养更好的教师；教师们应该懂得更好地做好他们的本职工作；应当更多地了解学生和青少年发展的

---

① SIZER T R. The Age of the Academies [M]. New York: Teachers College Press, 1964: 20.

本性，理解更多的学科内容和真正的教学方法；应当以一种更具哲学意味的方式从教，建立与青少年心智自然发展更和谐的关系，应该呈现不同分支知识的顺序和关系，当然也需要更为成功。"① 在 1839 年到 1865 年间，有 15 所州立师范学校开始运行，到 1871 年，增至 26 所，到 1890 年，师范学校的数目增加到 92 所。② 其中奥斯威戈教师培训学校在 19 世纪 60 年代成为初等学校教师培训的中心，主要特色是裴斯泰洛齐教育理论和方法的训练，它的直观教学法在美国的学校中产生了广泛影响。它对于裴斯泰洛齐教育思想的传播和使用使其成为当时美国教师熟知的一种教育知识。到 19 世纪 70 年代后由盛转衰，影响力逐渐下降，被昆西教育改革运动和赫尔巴特学派运动取代。奥斯威戈运动是 19 世纪中期以后美国教育改革的先导，滕大春指出，正因为奥斯威戈运动的冲击，人们的教改意识被唤醒，德国赫尔巴特的教育理论和五段教学法才会比较容易地在 19 世纪末被引进伊利诺伊州师范学校。③

总之，对于教师教育而言，这一时期最重要的就是建立起独立培养教师的机构。一方面是女性教师，如埃玛·维拉德、玛丽·莱昂和凯瑟琳·比彻，另一方面是公立教育的男性改革者，如贺拉斯·曼和亨利·巴纳德，他们在马萨诸塞州和康涅狄格州的努力都是为了建立起有序的公共学校教育，以及正规的教师培养体系。以上这些教师教育实践的先驱者关于教师培养的讨论也正是现代教师教育思想的萌芽。

第二节

关于女教师及其培养的论述

当教育被认为是一种政府的功能，而不是家庭的功能的时候，才出现了组织化的教育制度。教育的责任从父母转向学校教师，学校担负起了以前由

---

① BORROWMAN M L. Teacher Education in America: A Documentary History [J]. British Journal of Educational Studies, 1966（3）：104.

② FRAZIER B W., et al. National Survey of the Education of Teachers · Special Survey Studies（Volume V）[R]. Bulletin 1933, Number 10. Washington, D. C.：Government Printing Office, 1935：25.

③ 滕大春. 美国教育史 [M]. 北京：人民教育出版社, 1994：587.

家庭承担的职责。19世纪三四十年代的公共学校运动之前，形形色色的公立和私立学校就已经存在了。我们所讨论的教师教育思想以公共学校运动为肇端，公共学校体系建设的基础就是要建立一支教师队伍，而这支教师队伍的源头则发端于女性教育者创建的第一批教师培训机构。由此，乔尔·斯普林（Joel Spring）指出"公共学校运动的真正英雄乃是学校女教师"。①

1821年，埃玛·维拉德（Emma Williard）创办的特洛伊女子学校（Troy Female Seminary）并不是第一个给予女性高等教育的学校，但它是第一个确定具体的智能培养目标的学校，不但鼓励女性成为民主社会的母亲，而且要求她们成为民主社会的公民，以及作为教师的专业人士。维拉德关于女性公共角色的新思想代表了当时女性角色观念的变化，正是女性角色观念从家庭走向社会的变化，才为她们争取到成为教师的机会，同时为后来的公共学校改革者不断地聘用女性作为教师提供了合法性。

一、女性角色观念的变化：从丈夫附属品到共和国母亲与教师

在美国，女性角色观念变化的节点出现在美国独立革命前后。殖民地家庭运行的基本前提是："他只是为了上帝，她为了他身上的上帝。"女性属于丈夫的附属品，尽管如此，她们还是需要在宗教层面为自己个人的拯救承担责任，为此她们必须学会阅读。这样女性就可以在家里承担孩子启蒙的职责，而且可以在厨房或起居室里教邻居或社区的孩子们阅读，从而获得一些报酬。这样就逐渐形成所谓的"夫人学校"（the dame school），教师得到私人报酬以及市镇等方面的支持。后来，随着教育的日益正规化，私立的夫人学校逐步成为市镇公立学校的暑期班。在当时人们的观念中，学校的教育环境就是女性母性职责范围的简单延伸。

美国独立革命的影响之一就是把女性的家庭责任和更加广泛的公共目的

---

① 斯普林. 美国学校：教育传统与变革［M］. 史静寰，等译. 北京：人民教育出版社，2010：183.

斯普林在他的书中还指出，"传统教育史认为，1823年在佛蒙特州康科特建立的传教士塞缪尔·霍尔私立学校，是第一所教师培训机构。然而，有较好的证据表明，美国的第一所教师训练机构是特洛伊女性学校，这所学校是1821年由埃玛·维拉德正式开办的，它最早出现于1814年"。

联系在一起。玛丽·诺顿在《自由的女儿：美国妇女的革命经历（1750—1800 年）》一书中写道："在美国革命之前，家庭这个私人王国被认为与政治和经济等公共领域很少联系时，女性的世俗角色主要限定在家庭环境之中……无论是男性还是女性，几乎没有人去撰写或思考女性通过个人或者集体行为影响广泛的世俗社会的可能性。"① 建国之后，人们虽然依旧把女性角色限于承担家务劳动，但开始强调她们是为丈夫创造一种支持性的家庭生活，尤其是培养民主社会的儿童，使他们热爱国家，养成良好的品德。这种民主社会母亲观念的形成为女性提供了更多的教育机会。除了学习读写、针线活、手工，以及音乐、舞蹈、绘画之外，她们还有机会进入文实学校，学习那些过去只有男孩子才能学习的学科，如地理、历史、哲学和天文学等。此外，人们还开始创办女子慈善学校。

女性教育机会扩大的结果之一是：慈善学校开始寻求女性毕业生担任教师。受过教育的女性开始意识到，教学工作为她们的职业生涯提供了可能性。保罗·马丁利的研究指出，19 世纪三四十年代对教学改革感兴趣的那些人首先关心的是道德品格的养成。② 正是 19 世纪的女性学校教师，满足了公共学校改革者所要求的良好德行和社会适应性这些条件。1841 年波士顿学校委员会坦率地陈述教学岗位招募女性教师的原因。该委员会的年度报告称，几年内其教育体系中男性教师的数量已经降到 33 人，而女性教师的数量则增加到 103 人。报告中对此趋势给予了三点解释③：首先，女性是幼儿最好的老师，因为她们天生就有抚养教育儿童的天赋："她们（女性）生来就具有母性的冲动，这种冲动使得儿童的世界充满着欢乐，并把责任转化为快乐。"其次，报告认为女性的世界观受世俗的影响较小，而且其他就业机会缺乏，她们更容易全身心地投入教学工作。"作为一个阶层，当她们走出家庭圈子，进入世界并为自己设计未来之后，她们从来不会像年轻男性所做的那样，不可避免地

① NORTON M B. Liberty's Daughters：The Revolutionary Experience of American Women，1750—1800 [M]. Boston：Little Brown，1980：297.

② MATTINGLY P H. The Classless Profession：American Schoolmen of the Nineteenth Century [M]. New York：New York University Press，2003.

③ ELSBREE W S. The American Teacher：Evolution of a Profession in a Democracy [M]. New York：American Book Company，1939：201.

期待着从父母的管教下合法地解脱出来，所以她们的期望和工作的范围都较为狭窄，她们所有的精力都会更为容易地集中于现在的任务。"再次，"她们还有着更为纯洁的道德"，"在现时代诸如渎神、酗酒和诈骗这类臭名远扬的罪恶中，男女的比例是20∶1……按照这一统计数据，女性比男性更为适合充任幼儿的指导者和榜样"。还有另外一个显而易见的经济原因是，女性比男性愿意接受低得多的工资。因此，地方和各州聘用女教师的数量逐渐增加起来。

最初，只是在夏季农田需要男性劳力的时候女教师才会被招募到当地普通学校担任教职，后来扩展到冬季和夏季。开办美国最早的教师学校之一的塞缪尔·霍尔（Samuel Read Hall）为全国教师队伍从男性为主体到女性为主体的转变感到痛惜与悲哀。[1] 霍尔指责地方教育当局不能给那些具有教育能力与资格的教师提供充分的待遇补偿，因此造成愿意从事教学并具有教学能力的人的数量少得可怜。与霍尔不同，那些支持女性从事教育的人认为女性成为教师队伍的主体主要原因并不是经济因素，而是女性本身具有从事教育的"天然"而理想的品质。我们从埃玛·维拉德"教学即母性的延伸"到凯瑟琳·比彻的"女性拯救国家"的观念变化就可以清楚地看到这一点。

二、埃玛·维拉德：教学即母性的延伸

埃玛·维拉德1787年出生于康涅狄格州柏林的埃玛哈特，她与同辈的大多数男性、女性一样开始她的教学生涯。她完成了镇上平淡无奇的学区教育，但很幸运的是有机会进入新开的学园继续学习了2年。这样她17岁毕业就按照惯例做了教师。维拉德曾经回忆道，"派克夫人建议应该由我来负责村里的一所学校的教学，然后我就去了"。派克夫人是镇上备受尊敬的公民，她的推荐足以决定一个人是否具有充任学校教师的资格。当时做教师既没有教育经历的要求，也没有任何考试。从那时起，维拉德从事了四十年的教学工作。

三年后，维拉德由于表现优异而被任命为佛蒙特州米德伯里女子学园的园长。1809年，她与年长自己28岁的医生约翰·维拉德结婚，约翰很支持她

---

① STONE M S. The First Normal School in America [J]. Teachers College Record, 1923（24）: 263-271.

对女性教育的兴趣。1812—1815 年的美英战争期间，维拉德一家生活困窘，于是他们于 1814 年在家里开设了一间寄宿学校。这间学校不但可以补贴他们的家用，还为维拉德实现她的女性教育观念提供了机会。实际上，维拉德认为自己 1814 年在佛蒙特家里开设的学校与 1821 年在纽约特洛伊开设的学校具有连续性。正是佛蒙特学校的实践使她的想法变得越来越清晰，再加上来自那个时代许多杰出公民的鼓励，她才有勇气向纽约州提出建议开设正式学校。

1818 年，维拉德给纽约州州长德·克林顿（De Witt Clinton）写了一封长信，争取他支持自己向公众、向纽约立法会来宣讲自己关于改善女子教育的计划。维拉德在计划中分析了当时女子教育不足的原因，强调自己的计划可以为女性以及社会提供更多的益处。她呼吁母亲接受教育的必要性，因为正是母亲来塑造日益繁荣的国家品格，同时她呼吁女性应该接受更广泛深入的智能挑战，强调她们获得特定专业工作机会的必要性。①

维拉德的阐述包括很多关于通过更高层次的教育培养女性教师的讨论，特别是关于教师职业的本体论观点，她强调教学工作是母性的延伸。维拉德认为无论在脑力还是体力方面都可以证明，女性照顾儿童的能力是天生所具有的。在很大程度上，女性比男性更具备暗示的温和艺术、更柔软的心灵，这些都使得女性更易于接受影响，更敏于根据不同倾向改变、创造、运用不同的教学模式，更具有耐心来付出不断重复的努力。因此维拉德的结论是教学工作非女性莫属，因为它是母性的延伸。当然女性适合做教师工作也有外部现实的社会观念影响的考量，很多能干的女性对于指导儿童的教学工作接受度比较高，她们更能全身心地投入工作。对于她们而言，作为教师的声望是更重要的，而不会过多关注报酬的问题。那些有进取心的、能力强的男性则不同，他们更多关注报酬，因此教学对于他们来说只是一个暂时的工作，他们还有其他的目标追求。

维拉德关于女性教师教育的呼吁虽然得到纽约立法会的鼓励，但并没有

---

① SCOTT A F. The Ever Widening Circle: The Diffusion of Feminist Values from the Troy Female Seminary, 1822—1872 [J]. History of Education Quarterly, 1979（Spring）: 3-25.

得到资金支持。最终，特洛伊镇的居民以及维拉德的支持者们帮助她建立起特洛伊女子学校。在该学校的运行过程中，我们可以看到维拉德女性教师教育的方法论实践。首先，维拉德强调女性教师教育的重要性。她指出，"既然女性更适合于教学，那么她们就要比男性教得更好"①，因此女性需要第一流的职业教育。虽然特洛伊女子学校的核心就是培养女性教师，但其所开设的课程与其他学院课程并没有什么不同，维拉德教授的顶点课程（capstone course）同样着重在心灵与道德哲学方面。学校并没有专门开设关于教学的任何课程。其次，维拉德认为虽然没有开设具体关于教学的课程，但她的教学实践就是给学生的教学示范，学生通过经历她的教学就可以模仿学习到教学方法。在特洛伊女子学校工作的近20年时间，维拉德形成理解、记忆与交流三步体系教学法。这种教学法最早在1814年米德伯里学校的时候就已经开始尝试。维拉德把每一次课都分成三个不同的部分：② 第一，大部分时间里她讲解材料，力图使学生理解。她很清楚教师讲解的时候，要务必关注学生到底学到了什么，她说，"那曾经是我的准则，不关注学生的学，教师就是失败的"。第二，她要求学生背诵学习过的内容，以确保她们已经记住。第三，她要求学生交流她们所学习到的内容，通过向他人解释，学生就能够展示她们的理解程度。理解、记忆与交流就构成了维拉德教学体系。维拉德认为她教授文学、科学与数学等的教学过程本身就是一个示范过程，就是教学法，虽然这不是具体的一门教学法课程。

另外，维拉德为特洛伊女子学校营造了一个投身于教学的氛围。一方面，维拉德会让那些高水平的学生通过向他人教学的方式来交流她们对于学科的掌握情况。通过这样的方法，特洛伊学校中的学科内容可以在同一时间内被教与被学，学生们会吃惊地发现，在这样的过程中她们已经不知不觉地成为了教师。另一方面，维拉德还给那些准备成为教师的学生提供贷款，只要她

---

① FOWLER H. Educational Services of Mrs. Emma Willard［J］∥ HENRY BARNARD（ed.）. Memoirs of Teachers, Educators, and Promoters and Benefactors of Education, Literature, and Science, Volume 1［C］. New York: F. C. Brownell, 1861: 125-168.

② FRASER J W. Preparing America's Teachers: A History［M］. New York: Teachers College Press, 2007: 32.

们承诺将来从事教学工作后会归还款项即可。在这样的过程中，特洛伊学校就向那些没有经济能力支付学费与生活费的学生打开了大门。因此，特洛伊学校培养了一批具有奉献精神的骨干教师力量。维拉德有意培养学生献身于教学的意识，培养学生将教师职业看作比其他职业可以提供更多的自我实现以及社会服务机会的天职。那么，特洛伊女子学校对于美国教育产生如此巨大的影响就毫不奇怪了。

安妮·斯科特指出特洛伊女子学校设置与其他学校一样的课程结构，是在告诉年轻女性，她们也可以像男性一样有能力学习任何课程，她们也可以独立生活，而不是依靠婚姻度日。同时特洛伊文化也令年轻女性了解到她们不仅有能力承担一份职业，而且这份职业是她们要追求的使命与责任。也正因如此，特洛伊女子学校成为一些世界知名女性主义者诞生的摇篮，培养了数百名教师，至少146名毕业生在各地建立了特洛伊分校。[①]

维拉德不仅是一名出色的教师与管理者，她还很擅长培养追随者，编织起庞大的网络，最终形成维拉德教师互助联盟（Willard Association for the Mutual Improvement of Teachers）。埃玛·维拉德与特洛伊女子学校作为典范远远不是推动女性成为教师的唯一力量，但特洛伊的确是从整体意义上彻底改变教师职业的一种具有非凡意义的不可忽视的力量。到1870年维拉德去世时，全国200515名教师中有一半多是女性，这种改变在很大程度上归功于维拉德第一个在思想层面做出的倡导。[②]与维拉德同样推动女性教师培养的还有康涅狄格州的西帕·珀丽·格兰特（Zilpah Polly Grant），她于1823年执掌阿达姆斯女子学校（the Adams Female Seminary），以及马萨诸塞州的玛丽·莱昂（Mary Lyon），她于1837年开办了曼荷莲女子学校（Mount Holyoke Female Seminary）。

三、凯瑟琳·比彻：拯救国家的女教师

尽管埃玛·维拉德强调女性应该走出家门，进入社会的起点是从事教师

---

① SCOTT A F. The Ever Widening Circle：The Diffusion of Feminist Values from the Troy Female Seminary，1822-1872 [J]. History of Education Quarterly 1979（Spring）：3-25.

② SCOTT A F. The Ever Widening Circle：The Diffusion of Feminist Values from the Troy Female Seminary，1822—1872 [J]. History of Education Quarterly 1979（Spring）：3-25.

职业，并且创办学校培养女性教师，但至少在 1830 年，教学还依然不是女性的职业。凯瑟琳·比彻（Catharine Beecher）在维拉德等人努力的基础上，进一步倡导女性主导教师职业，并使女性教师担负起国家命运。比彻于 1823 年创办了哈特福德女子学校（Hartford Female Seminary），但当时她创办学校的目的是培养年轻女性精英，培养学生成为有思想的、体贴周到的妻子，具有社会领袖所需的优雅雍容的社交能力的母亲，并没有强调女性职业问题。

随着比彻对女性道德本质思考的逐步深入，变化自然地发生了。比彻认为德行要求女性"不只是发光，而是要行动"。女性无权在懒惰、时髦与荒唐中浪费时光，完成教育的她们作为个体应该为社会所用，那么单身女性作为教师则是最恰当不过的了。凯瑟琳日益坚信教学工作对于受过教育的女性而言，既是道德责任，也是非同寻常的机会，通过教学"我们可以影响他人，可以获得尊重与独立"。1829 年，比彻写道："这个世界将从母亲们和教师们那寻求烙在每一代人身上的时代特征，因为教育这项伟大事业几乎完全由她（他）们来完成。通过考察发现，母亲们和教师们没有受到完成其职业所需的适当教育。妇女的职业是什么呢？难道不就是塑造不朽的心灵，看护、照料和抚育构造如此绝妙的身体系统吗？心灵的健康与良好状态是如此地取决于身体系统的控制与调谐。在家庭和学校中塑造不朽的心灵，这就是共和国妇女独特而重要的角色与使命。"① 正如凯瑟琳·斯卡拉（Kathryn Kish Sklar）所说，"凯瑟琳·比彻不只想拯救国家，她想让女性来拯救国家"。比彻还发表出版了一系列文章、演讲和宣传手册，来表达关于美国女性角色的新观点。她认为在新生共和国中，女性主要通过家庭和学校行使提高道德水准、缔造社会团结的至关重要的职责，而道德水准的提高和社会团结的缔造乃是共和国各种机构成功运作的最终依托。女性天生注定要担负这一神圣天职，并拥有相应的天赋，适当的教育就能使她们胜任这项职责。

相对一个学校的工作只能培养小部分的教师而言，凯瑟琳更愿意进入国家层面，投身于更广阔的事务。1832 年，比彻跟随父亲进入辛辛那提，从此

---

① BEECHER C. Suggestions Respecting Improvements in Education, Presented to the Trustees of the Hartford Female Seminary, and Published at Their Request [M]. Hartford, Conn: Packard & Butler, 1829: 7.

投身于轰轰烈烈的"拯救西部"的运动之中。1833 年，比彻按照早期哈特福德模式创办西部女子学校，但她并不满足于仅在该学校范围培养女教师，而是有意识要使其成为示范学校，建立全国性连锁学校体系，私募资金，为整个国家培养女教师。1835 年，比彻发表《论女教师之教育》一文，文章以 1818 年维拉德在纽约州议会的发言为基础，进一步指出，教学就是女性的工作。女性"由于在天赋、习惯、环境等方面的原因特别适合于帮助对我们这个国家的儿童和青年进行教育"。"女性最重要的特有的职责就是要维护这个伟大国家未来公民的健康，塑造他们的品格。无论女性的生活是什么样的，她都必须是婴儿的守护者、儿童的陪伴者、永远被效仿的典范。"教学是母性的延伸，教学应该被看作母职，是女性从事的职业。比彻在文中还提出建立教师培养学校的网络体系，并且在需要教师的学校与培养教师的机构之间建立联系，将师资进行全国性的调配与安置。比彻不仅提出建议，而且努力去践行。她呼吁东部地区出钱资助西部地区的重要地点建立接受捐赠的师资培训学校，为普通学校培训女教师，也倡导在东部广泛招募愿意前往西部地区学校担任教师的妇女，她说，"国家中每一位虔诚、善良的女性都要唤起对整个国家利益的关心，只要有必备的资格和时间，就可以应召，为实现国家利益而做出贡献"[1]。比彻在东部到处奔走，寻求资金支持建立机构——全国大众教育委员会（the National Popular Education Board），来协调确定需要教师的西部学校，征召愿意献身于此的东部女性去工作，并做出必要的安排，使二者相结合。委员会自身也开设教师培养项目。她的努力得到了当时其他杰出的教育家，其中包括贺拉斯·曼、亨利·巴纳德、塞缪尔·路易斯等人的认可、支持与合作。这项以女教师为主发展西部普及教育的事业取得了很多方面的成功。贺拉斯·曼担任马萨诸塞州教育委员会秘书长时，曾经在第二份年报中专门论述女教师的特殊资格要求，他独特地以"教育神圣殿堂"中的"一支由神任命的牧师群体"这一称谓来称呼她们。[2] 比彻的努力强化了

---

① BEECHER C. "An Essay in the Education of Female Teachers" [M]. New York：Van Nostrand & Dwight，1835：19.

② 克雷明. 美国教育史：建国初期的历程（1783—1876）[M]. 洪成文，等译. 北京：北京师范大学出版社，2002：151.

人们对于女性应该就读师范学院的认识。

戴维·提亚克和伊丽莎白·汉索特这样评价埃玛·维拉德、西帕·珀丽·格兰特、玛丽·莱昂和凯瑟琳·比彻对于美国教师教育的影响："围绕这四位女性形成一个广泛的受教育者联盟，通过这些联盟的关系，她们把女子学校的毕业生推荐到教学岗位，同时促进了女子中等教育学校的产生，以及男女同校的公立学校的普及。这些女性与她们的毕业生就像教育学的种子，撒向全国，生根发芽，建立学校。"[1] 后来的教育历史学家将目光聚焦到师范学校，他们发现至少到 1850 年以前，维拉德、格兰特、莱昂和比彻以及她们的追随者们建立的女子学院比师范学校培养出的教师更多，对教师职业本身塑造的影响也更大。到 1850 年，曾经以男性为主的教师职业已经逐渐变成以女性为主的职业。1870 年，美国 59% 的教师是女性；1888 年，女教师比例达到 63%，主要城市地区已经高达 90%。[2] 凯瑟琳·比彻关于女性取代男性主导教师职业的梦想变成了现实。

第三节
公立学校运动中的师范教育观

埃玛·维拉德 1818 年在纽约州议会的演讲并没有为她争取到资金的支持，但她于 1821 年创办的培养女教师的特洛伊女子学校，成为民间女子学校的肇端。1823 年，传教士塞缪尔·霍尔在佛蒙特州康科特建立的同样是一家私立教师培训学校，对教师培养具有零星的、偶然的、非正规的特点。各州政府开始纷纷拨款建立州立师范学校，但逐步形成正规化、系统化的教师培养体系，是在贺拉斯·曼和亨利·巴纳德等人倡导的公立学校运动兴起以后。这是因为随着公立学校日益增多，对于教师的需求也急剧增长起来。

简单来说，公立学校运动就是试图建立州教育委员会集中控制的州立学

---

① TYACK D, HANSOT E. Learning Together: A History of Coeducation in American Public Schools [M]. New Haven: Yale University Press, 1990: 43.

② FRASER J W. Preparing America's Teachers: A History [M]. New York: Teachers College Press, 2007: 41.

校体系来改善对年轻人的教育，州设置统一的课程与教学要求，在州的官僚体制内设置州教育局局长。于尔根·赫伯斯特指出，曼和巴纳德推动的公立学校体系体现的是当时辉格党的价值观，培养的是"一种中产阶级的道德，强调做人的品格，强调新教伦理，即只要基于勤勉劳动的天职而拥有的私人财产，在经济上就是安全的"[①]。无论是公立学校还是师范学校，都是通过共同语言——美国式英语——强化国家统一运动的一部分。在曼和巴纳德等人看来，公立教育的改革不仅是机会与权利，还是义务与责任。为了实现这样的理想，教师就需要学习一种普遍的职前培养课程，来掌握一系列的知识、技能与价值观。正如克雷明指出的，"曼所努力追求的体系化意味着理性化，而不是单一化。虽然在曼的报告中还是呼吁统一的——统一的教科书、统一的课程、统一的图书馆藏书、统一的方法、统一的纪律"[②]。当然还有统一的教师与教师培养，所有的统一都在曼与教育委员会严密的控制之下。其中州政府取得对教师培养的控制权是一个基本要素。这种控制当然也包括对教师资格的要求。早在 1825 年，俄亥俄州就建立了美国最早的教师资格证制度。当教育由一种临时性和自愿性的传递模式，转变为一种系统的和公众资助的模式时，教学便转变为一种公众信任的行业，这就需要系统的教师培训和专业认证，以确保教师能够承担国家对儿童教育的新型公共责任。因此师范学校需要建立一套标准，即规范，目的是让教师更好地教学。1838 年，马萨诸塞州颁布美国首部《师范学校法案》（*Normal School Act*），随后建立了第一所公立师范学校。

州立师范学校的一个普遍现象是校长以及管理人员一般为男性，学生大多为女性。管理者发现他们的学生缺少学术能力，因此设置内容简单的课程，他们倾向于认为女性的"天然"才能使她们适应小学初级教学，而不是更高水平的教学。管理职位通常选择男性的逻辑是男性校长和男性学区总监既能够帮助女教师处理教学与课程问题，还能够更有效地与支持公立学校的公众

① HERBST J. And Sadly Teach: Teacher Education and Professionalization in American Culture [M]. Madison: University of Wisconsin Press, 1989: 18—21.

② CREMIN L A. American Education: The National Experience, 1783—1876 [M]. New York: Harper & Row, 1980: 155.

选民们打交道。如果说关于女性能力有限的观念限制了女性接受更高层次的教育，那么在这种性别偏见形成的官僚制度影响下，女性在公立学校的职业发展也出现了天花板。

一、州立师范学校成立前关于师范教育的讨论

19 世纪初美国建国不久，人们都在思考怎样才能为新的民主共和国提供更好的教育，提供更好的教师。因此，关于师范学校的讨论日益热烈起来。1825 年，美国三位杰出的教育家——康涅狄格州的托马斯·加劳德特（Thomas H. Gallaudet）、宾夕法尼亚的瓦尔特·约翰逊（Walter R. Johnson）与马萨诸塞的詹姆斯·卡特（James G. Carter）纷纷发表评论，都呼吁各州建立专门培养教育的"机构"或"学院"。三人之中以卡特最为著名。他在1825 年 2 月发表在《波士顿爱国者》（*Boston Patriots*）的文中前瞻性地勾勒出州立师范学校的目的。卡特坚持认为，州立法会直接投入大量资金支持学校教育，或没有界定好资格标准就设置独立认定机构来审核教师资格，这些收效并不十分明显。改革应该从教师培养开始，当然不能限于教师培养。卡特指出，教师培养是一个复杂的任务，包括内容知识与教育学知识。因此，各州要建立一个新的专门机构来培养教师，让教师学会教什么以及如何教。他说，"教师的教育机构应该成为免费学校体系的一个重要组成部分。另外，该系统应该在各州的指导之下，这是因为我们要保证一个统一的、智慧的、独立的认定机构来判定教师的资格。……这个培养教师的机构将对社会，特别是对青年施加影响，它将会成为发动机，源源不断地影响着公众的情绪、公众的道德，以及公众的宗教，比政府任何其他的部门都更强有力"[①]。卡特特别强调培养教师才是改革努力的关键，同时分析了州政府要控制教师培养的理由。

1829 年，亨利·德怀特（Henry E. Dwight）出版了《德国北部的旅行（1825—1826）》，其中对普鲁士政府的教师培养机构赞誉有加。法国哲学家

---

① CARTER J G. Outline of an Institution for the Education of Teachers [J]. Boston Patriots, reprinted in Norton, 1825（February）：227-245.

维克多·库森（Victor Cousin）访问普鲁士并写了份报告，建议法国借鉴普鲁士教育体系。这份报告的英文版于 1835 年在美国出版，法语的 ecole normale 被翻译为"normal school"（师范学校），从此"师范学校"这个名称开始在美国流行起来。明尼苏达州威诺那州立师范学校校长马克斯维尔在 1923 年半开玩笑地说，"这些教师培养机构在德国观念的启发下建立，贴着法国的标签，在新大陆发展起来"①。

二、贺拉斯·曼的师范教育观

在马萨诸塞州，对于好教师的呼吁尤其热烈。美国政治家查理斯·布鲁克斯（Charles Brooks）在做政治演讲时，常用的口号就是，"有怎样的教师，就有怎样的学校"，他积极呼吁设立州立师范学校。由此，建立师范学校的观念在社会中传播开来，贺拉斯·曼（Horace Mann）就是在这样的氛围中于 1837 年被任命为马萨诸塞州教育委员会的秘书长的。当时的马萨诸塞州正面临着严重缺乏教师的困境，无论对于男性还是女性，教学都是一项暂时的工作，男性把它当作谋求更好的职业的跳板，而女性则是结婚后就离开学校回到家庭，由此教师的缺乏或不称职导致学校倒闭的情况比比皆是。

曼充分认识到培养教师的重要性，他说："没有师范学校，公立学校绝不会繁荣。公立学校需要补充足够的有能力的教师，如果没有师范学校，就像我们想穿衣服却没有裁缝，想戴帽子却没有制作帽子的人，想戴手表却没有制造钟表的人，想住房子却没有木匠或泥瓦工。"② 因此，曼大力倡导建立师范学校，培养受过良好教育并具备专业技能的教师，为全国州立公立学校教师提供典范，并借此推动公立学校运动的发展。曼表现出非凡的政治领导力，先后获得波士顿慈善家埃德蒙·德怀特（Edmund Dwight）与州教育委员会成员及州立法会的资金支持，率先在马萨诸塞州创办了一批影响深远的州立师

---

① MAXELL G E. Standards for Teachers Colleges［J］. The Journal of Education，1924，99（3）：69-72.

② MANN H. Twelfth Annual Report［R］. Washington D. C：Hugh Birch-Horace Mann Fund of the National Education Association，1848：48.

范学校。1839 年 7 月 3 日，在贺拉斯·曼的倡导下，第一所只招收男生的州立师范学校在马萨诸塞州的莱克星顿成立。不久，曼又成立了另外两所男女性均招的州立师范学校。可以说，曼是美国公立师范学校的创建者与推动者。

曼认为，师范学校的"教学课程应该针对教师量身定做，目的是使教师具备从教资格，因此务必与普通的学术课程有所区别"。于是，他放弃纽约州的做法，即支持现有普通学院开设教师培养部门或支持私立学校培养教师，成立专门培养教师的州立师范学校。在师范学校中教授所有在公立学校里开设的科目，期限是 1 年。师范学校的招生资格是已满 17 岁的男性与 16 岁的女性，其必须具备基本学习能力，必须具有获取资格成为教师的意愿。曼明确指出建立师范学校的目的，他说："我们要为公立学校改善教师质量，这样就学的儿童才能获得教育的最大益处，才能享受学校的生活。"

曼这样描绘理想教师的形象："他们的语言是精心选择过的，他们的声音与语调是正确的和有吸引力的，他们的举止是文雅优美的，他们所有的谈话题目是振奋人心且有教益的，他们要永久保持心灵的善良与宽容……无论他们身处何地，他们都能够散发出一种无法形容的魅力。这样的一个人应是每一所学校的教师。"①

曼在呈交给马萨诸塞州教育委员会的《第四年度报告（1840 年）》中描述了公共学校理想教师的特点：第一，教师要具备公共学校所教授学科的"完备"知识。他抱怨现有学校教学的主要问题是教师缺乏学科知识。第二，教师要具备教学能力。他担心不正确或者错误的教学方法可能会毁坏学生的道德品格。他这样描述封建时代的苏格兰：作为测量土地的惯例，把男性农民绑在地界上，用鞭子抽打，以使他们记住土地界限的知识，并用作任何诉讼的证据。他说，"尽管这种做法可能会给他一种生动的位置记忆，但几乎无法增进他们公正的观念……"第三，教师要具备管理和监督班级以及塑造品格的能力。曼认为课堂中道德教育的主要资源是教师的道德品格。第四，教师要具有"良好的行为"。关于良好的行为，他认为，"假如教师的行为举止

---

① MORGAN J E. Horace Mann: His Ideas and Ideals [M]. Whitefish: Kessinger Publishing LLC, 1936: 134.

被学生所模仿——假如他是一面镜子，学生对照这面镜子'修饰自己'，影响多么强烈呀，他应该理解那些难以形容的和数不尽的做法，诸如行为举止、穿衣戴帽、谈话方式以及所有的个人习惯，造成绅士和乡巴佬之间的差别"。也就是说，学校教师主要的行为规范符合被认可的社会习俗。第五，教师的道德要求。在"道德"这一标准下，曼认为重要的是教师必须具备"纯洁的品味、良好的行为方式以及示范性的道德"。他指出，地方学校委员会或者学校董事会对于教师的职业道德负有责任。"学校委员会的成员应该站在州的各教室的门口，监督不让任何衣冠不整者进入教室。"①

另外，曼指出女性比男性更适宜担任公立学校教师。他说，"女性具有更强烈的母性本能，她们对儿童群体天然的爱，她们性情中具有更优良的温柔和耐心——所有这一切都使得她们在管理儿童少年时温柔而不严厉，以期望而不是以恐吓作为行动的动机，运用各种鼓励的艺术而不是用烦恼和强迫"②。

三、爱德华·埃弗利特的师范教育观

爱德华·埃弗利特（Edward Everett）在1836年到1840年间任马萨诸塞州州长，是集权化的重要支持者之一。他建立州教育委员会，任命贺拉斯·曼为秘书长，支持成立州立师范学校。曼在莱克星顿成功开办师范学校三个月后，又于1839年9月3日在巴里成立第二所师范学校。曼为这一次的开学典礼做了充分的宣传，并力邀作为州长的埃弗利特在典礼上致辞。埃弗利特在他的开学演讲中阐述了师范学校应该实现的目标，提出师范学校教学应该具备的四个核心要素。

首先，埃弗利特坚持认为未来的教师要在师范学习期间掌握高水平的内容知识。师范学校应该提供课程为师范生详细梳理公立学校所开设科目需要的知识体系，做教师第一必备条件当然应该是要充分掌握他将要教授给别人

① MANN H. Fourth Annual Report（1840）[M]// LAWRENCE A. CREMIN（ed.）. The Republic and The School：Horace Mann on the Education of Free Men. New York：Teachers College Press，1958：50-52.

② 任钟印. 世界教育名著通览[M]. 武汉：湖北教育出版社，1994：775.

的东西。

其次，埃弗利特同样坚持强调"教学艺术"与课程知识具有同等重要的地位。詹姆斯·卡特早就提出培养教师的学校应该与其他普通学校不同，因为在培养教师的学校里，学生要掌握用于教师与学生之间沟通交流的明白易懂的语言，使教师有能力开放自己的头脑与心灵，来理解并接纳学生的想法与感受。埃弗利特在卡特观点的基础上提出，"师范学校的教学应该展示教授每一门知识所需要的独特的方法"。然而在当时，关于教育学的知识是非常有限的，因此教学艺术的培养远比内容知识的掌握困难得多。在当时的师范学校里，教育课程方面的发展极为有限，仅有几本关于教育学的教科书，包括塞缪尔·霍尔在 1929 年出版的《学校管理演讲集》（*Lectures on School-keeping*），以及 1847 年戴维·佩奇（David Page）的《教学的理论与实践》（*Theory and Practice of Teaching*）等。学生教学艺术的学习主要是模仿师范学校校长与教师们的教学，那时候的校长们大多都是教学专家，他们依靠自己的经验教学。曾经有学生回忆早年间布里奇沃特师范学校校长尼古拉斯·蒂林哈斯特（Nicholas Tillinghast）时说，"蒂林哈斯特先生自己就是我们教学理论与艺术的教科书"。

再次，埃弗利特认为师范学校培养的未来的教师也应该是管理学校的专家，他们在学会维持课堂秩序的实践技能的同时，要成为学校所在社区的道德典范。

最后，关于教学实践，埃弗利特强调师范学校一定要给予学生观察和实践的教学机会。他坚持每一所师范学校都应该附设一所本地区的公立学校作为实践学校。在这所实践学校里，师范学校校长带领年轻教师进行教学方面的实践，年轻教师将受益匪浅。莱克星顿师范学校校长塞浦路斯·皮尔斯（Cyprus Peirce）及其同事们的努力充分证明了这一点。莱克星顿师范学校与作为实践学校的区公立学校设在同一幢建筑里，繁忙的管理工作虽然损害了皮尔斯的健康，但这种直接的学校教育实践使得师范学校获得了成功。他们把那种在师范学校内部以成人为对象的教学练习称为伪教学。1865 年，伊利诺伊州诺玛尔师范学校校长理查德·爱德华兹（Richard Edwards）也认为直接对儿童的教学实践比给一群扮演儿童的成人上课更具有价值，他指出，"对真实的儿童进行教学是培养教师更为恰当的途径，因为这里无须假扮和想象"。未来的教师们在监督下进行教学，得到及时的反馈与评价，然后再进行教学，这才能够使教学艺术得以提高，无须任何其他媒介的恰当途径。正如律师、牧师以及医生的培养，都遵循着从理论到实践的过程，在实践中获得理论角度的及时反馈，这是职业教育结构一个崭新的、重要的突破。总之，职前教育课程教学实习是早期师范学校留给后来一系列教师培养机构的优秀传统。

埃弗利特的观点基本囊括了美国内战前马萨诸塞州师范学校的运行原则。另外，早期的师范学校充满着对教学的献身精神，以及进取创新的价值意识。克里斯廷·厄格伦指出，"埃弗利特具有敏锐的洞察力，预言了未来数十年美国州立师范学校发展的道路"①。正如马萨诸塞州第二所师范学校 1844 年的记事录上所言，"师范学校始终将公立学校作为关注的目标，师范学校的师生始终生活在公立学校的氛围之中，他们在这样的氛围中呼吸与共，蓬勃向上。这样的氛围在普通学校开设的教师培养部门中是无法产生的"。1850 年，马萨诸塞州立师范学校校长马歇尔·科南特（Marshall Conant）的观点代表了早期师范学校那一代人，他说，"师范学校追求的是唤醒对于教师而言最重要的责任与义务的意识"。

四、亨利·巴纳德的师范教育观

亨利·巴纳德（Henry Barnard）由于为美国教育做出了巨大贡献而被称为"美国的教育者"（the American Educator），是"书写美国教育历史的人"。他是第一任康涅狄格州教育局长、第一任罗德岛教育局长、第一任美国教育部行政长官。1890 年代历史学家布恩（Boone）曾经这样评价，"无论在教育规模的扩大上，还是在教育细节的深入建设上，以及从影响的深远性上来说，亨利·巴纳德在罗德岛为教育所做的贡献都可以与贺拉斯·曼在马萨诸塞州的贡献相匹敌。毫不夸张地说，曼与巴纳德可谓 50 年来在教育的全面性、系

①　OGREN C A. The American State Normal School: An Instrument of Great Good ［M］. New York: Palgrave Macmillan, 2005: 29.

统性以及普遍精神的建设上做出了榜样"。两位教育家既合作又互补，是并肩战斗的最亲密盟友，也是各展所长互相补足的战友。曼运用自己的政治智慧勇往直前，巴纳德则为曼充满活力的开拓性工作提供了知识与哲学的基础。①他收集大量教育统计资料，创办编辑出版《美国教育杂志》（the American Journal of Education），广泛介绍世界各地重要的教育理论与实践，推动图书馆建设。1867 年，在教育领域里耕耘了 30 年，获得了全美乃至国际声誉的巴纳德，成为美国教育部第一任教育行政长官。他撰写了塑造美国国家教育体系的第一批法律条文。

在教师教育方面，亨利·巴纳德被称为"美国教师教育之父"。他不仅像贺拉斯·曼一样关注教师的职前培养，而且更多地重视教师职后的继续进修成长、教师职业的发展，以及整个教师队伍的建设。比如 1859 年到 1861 年间，巴纳德担任威斯康辛大学校长期间创办了威斯康辛教师进修机构，设计了一个把学院、研究院，以及中学、中心师范学校联系在一起的教师培训与改善体系，同时他还以"写给教师的话"为主题出版了系列刊物四卷本，用以指导教师的工作。② 他在推广师范学校的运动中形成示范实践校的观点，并提出切实可行的规划。终其一生，巴纳德都致力于为教师建设专业组织，提高教师专业地位。

1829 年，巴纳德还在读大学期间，塞缪尔·霍尔就出版了《学校管理讲座》，该书是第一本在美国出版的作为教师指南的专业书籍，并且在康涅狄格州得到了广泛阅读。从耶鲁大学毕业的那一年，巴纳德接受了宾夕法尼亚州泰奥加县威尔斯波罗的一个学校教师的职位。基于这 3 个月的教师工作经验，他后来说，"如果我们没能够成功地让其他人生动地、完全地理解一门学科，那么就说明我们并没有真正掌握这门学科的知识"③。他也总是建议年轻人：检验自己是否掌握所学的最好方式就是去教学一年。

① JENKINS R C. Henry Barnard—Educator of Teachers [J]. The Educational Forum, 1939, 4(1): 25-34.

② JAMES L. HUGES. Henry Barnard, the Nestor of American Education [J]. New England Magazine, 1896: 570.

③ LAHEY H C. Henry Barnard's American Journal of Education [J]. Thought: Fordham Vniversity Quarterly, 1946: 693-696.

巴纳德正式进入康涅狄格州议会开始真正投身于美国的教育事业是在 1837 年。1843 年到 1849 年，他在罗德岛任职期间，曾经深入该州每一个遥远的角落，翻过每一座山峦，穿过每一条峡谷，为他的"新教育"传播福音。

（一）论教师以及教师教育的重要性

巴纳德第一次在康涅狄格州议会上的演讲中就指出，"如果我们没有好的教师就不会有好的学校"。"好的教师的出现则需要好的薪酬，以及更长久职位的提供。但人们也需要看到好的教师要专注于所教学科，好的教师要经历各种以培养教师为明确目的的培训班与研讨班的恰当学习"。1839 年，巴纳德在州众议院继续发表相似的观点，"有好的教师就会有好学校，学校变好是由于好的教师的劳动。……给我好的教师，我将在 5 年时间内使本州的儿童教育发生的不是一次改变，而是一次革命……每一位好的教师在教育改善的事业中都会将自己作为一个先锋，一个传播者"。

"我们应该将教师们聚到一起来学习以学校教学与管理最好方法为主题的教学课程，为期一周或一个月。他们应该受益于经验丰富教师的讲座以及实用秘诀。他们应该有机会购买阅读教学理论与实践方面的好书。他们应该组成协会，旨在互助提高教学品质，推动教师职业发展，促进州公立学校与教育的普遍改善。他们是这样伟大使命的天然守护者，即至少在教育正在成长的一代的问题上教师是父母的合作者，甚至会取而代之帮助孩子们顺利度过这一时期……"

巴纳德这一次演讲的目的是要争取州议会提供经费开办师范学校，可是遭到了拒绝，他只好自己筹措资金创办了最早的教师进修机构。

（二）关于教师进修机构的理论与实践

巴纳德创办的"教师培训班"（Teachers' Class）成为日后"教师进修机构"（teachers' institute）的滥觞。它既是"速成"的师范学校，也是师范学校工作的重要补充。同时，教师进修机构也是当时世界上美国独具特色的机构。罗德岛教师进修机构独具特色之一就是威廉·贝克（William G. Baker）的示范课教学。一辆四轮马车装满教具，载着贝克先生与他的 12 名学生在全州漫游，每到一个进修学校，贝克都要上小学不同学科的展示课，教学员如何教学。贝克先生声名远播，在教师、学生以及当时人们中间产生巨大影响，甚至成为传奇。

第一，巴纳德开设教师培训班的初衷与哈特福德地区教师进修学校的初建。1839年10月，巴纳德作为康涅狄格州教育委员会秘书长组织26个年轻男性形成一个班级，他们要学习由有才能的讲师与中小学教师教授的6周课程，并拥有去哈特福德公立学校见习的有利条件。23名经验丰富的教师接受巴纳德的邀请来到哈特福德为教师培训班的学员上课，教授3R课程、拼写课程、运用石板教授儿童学习的方法，以及使用地图与浑天仪的教授方法，等等。中心区学校校长为学员上示范课，学员去哈特福德最好的学校参观访问。巴纳德从开始就很清楚开办教师进修学校是他的第二选择。他原本想像曼那样开办长期稳定的州立师范学校，但是他未能取得康涅狄格州议会经济上的支持。1839年后的每一年，巴纳德都要组织4~6周的项目，学习内容包括讲座、在示范校的见习，以及教学艺术方面的展示课。当然，从1840年起，巴纳德也开始开设女性学员班。作为康涅狄格州公立学校委员会秘书的巴纳德在他提交的第一份报告中，请求建立"一个设有适当的负责人与助手的机构，特别是还要与一所示范校建立起紧密联系，这样，理论既能够被运用于实践，又能够树立起一个学区公校的榜样"。他写道，"教师进修学校是不错的，但是应该为现任教师们提供他们所渴求的、比那些临时性课程更好的帮助与支持"。

巴纳德建立教师进修学校的目的是为更好地改善普通学校教师的质量提供一个有实用性的新路径。这种路径可以为教师们提供机会来修正并丰富拓展区级学校里要求他们所具有的专业知识，以及教学与管理的最好方法，这些都由有经验的知名教师与教育家举办讲座逐一讲解。他认为连续三年每年两次学习这样的进修课程就相当于接受了师范学校的教育，更别说那时候的师范学校学制只有1年，并且许多学生还不能够完整地读完它。

巴纳德当时称自己所建立的教师进修学校为"教师培训班"，最早使用"institute"来描述这样项目的是纽约州汤普金斯县的督学丹曼（J. S. Denman），他继巴纳德之后在伊萨卡成立了为期2周的进修学校，截止到1843年4月培训了28名教师。这样，为教师提供每年1或2次短期2~6周课程的观念迅速流行开来。曼在 1845 年马萨诸塞州委员会会议上所做的报告中称，只有短短的几年，纽约州的大部分县、俄亥俄州、宾夕法尼亚州、新汉普顿州、罗德岛以及他所在的马萨诸塞州都成立了教师进修机构。卡蒙·罗斯（Carmon Ross）在 1922 年的研究中把教师进修机构放回到他们的历史情境中，指出教师进修机构的成立与州立师范学校的创建一样都是当时公立学校改革运动的一部分，也常常由同一拨人领导。师范学校与教师进修机构的建立都是对 1830 年代美国影响广泛的中小学危机的反应，特别是对于优秀教师的普遍渴求。

　　第二，巴纳德教师进修学校的内涵界定与罗德岛教师进修学校的发展。到 1840 年代，教师进修学校的基本架构已经发展得相当稳定和成熟。该学校所具有的临时性、偶然性特征要比永久性的、结构化的师范学校具有更丰富的内涵。一个教师进修机构的优点或弱点往往取决于谁来领导它。[1] 以"institute"为名的项目、机构或协会之类的有很多，其功能、作用各有不同。1845 年，巴纳德已经从康涅狄格州搬到了罗德岛，在他作为公立学校专员所做的《罗德岛公立学校的条件与改善报告》（*Report on the Conditions and Improvements of the Public Schools of Rhode Island*, *Commissioner of Common Schools*）中，他从教师培养机构的角度这样阐述罗德岛教师进修学校的工作："每一个城镇的教师都要不定期地召开会议……但是比这些不定期会议更重要更持久的是州立至少是县立教师组织的建设，即教师进修学校的建设。教师进修学校是一个系统运行的规划，每年都应该为年轻的以及经验丰富的教师提供机会来审视、反思他们所教的学科，来见证，甚至某种程度实践学校班级管理安排的最好方法，同时能够获得最优秀教师以及教育者关于教育所有重要话题的成熟观点，可以通过发表演讲、讨论以及座谈等方式进行。"同时，他还提议颁布新的学校法案倡导教师进修学校。他认为"教师进修学校是市镇或州县用来提高本地教师专业水平的组织，学校的运行方式包括长期或短期的集中面授，在公认的有声望的教师指导下对公立学校的学习进行全

---

　　① FRASER J W. Preparing America's Teachers：A History［M］. New York：Teachers College Press，2007：66.

面审视，也包括关于学校所教科目与教学多种方法的讲座、讨论与文章的交流"。

1846 年《美国教育杂志》刊登了巴纳德关于教师进修学校的观点，即"教师进修学校的惯例是共同的提高与彼此的激励。这里有新手教师，胆小害羞，缺乏勇气，需要接受入职教育；这里还有有资历的老教师，需要有价值的建议并且能够应用于实践。这里将点燃他们从教的热情……这些进修学校与一般培养教师的常规不同，常规的教师培养一般提供确定的东西，然后花时间去学习知识就好了"。另外，教师进修学校还包括师范学校那样的一般课程，既有学科内容知识，又有教学技能，同时他们也像师范学校一样是州立或区立，不是私立的机构。

师范学校的倡导者们爱德华·埃弗利特、贺拉斯·曼和塞浦路斯·皮尔斯完全同意巴纳德的办学目标。在他们看来，教师进修学校就是师范学校的缩小版。正如皮尔斯描述他的师范学校时，直截了当地说，"它就是一个常设的教师进修机构"，也就是一个制度化的，具有长期项目的、永久性的教师进修机构。那么我们也可以说，教师进修学校就是一个"速成"的师范学校，是师范学校的补充。巴纳德建立的教师进修学校也为师范学校的永久性建立开辟了道路。

(三) 论师范学校

1933 年新不列颠州立师范学校（the New Britain school）升格为康涅狄格州立教师学院（the Teachers College of Connecticut），威廉曼蒂克、纽黑文及丹伯里的师范学校保留原有名称，成为新不列颠州立教师学院下属的独立学院，在专业组织与服务方面与教师学院合为一个整体。威廉曼蒂克、纽黑文及丹伯里的师范学校完成四年制本科学生前三年的培养，第四年的教学则由康涅狄格州立教师学院来完成。亨利·巴纳德可以被追溯为康涅狄格州立教师学院的第一任校长。1850 年，康涅狄格州议会立法同意成立新不列颠州立师范学校，并于当年 5 月 15 日开学。同年，州议会授权巴纳德为整个康涅狄格州设计第二所师范学校，并为整个公立学校教育条件的改善做出全面规划。

巴纳德于 1851 年发表了一系列文章，并结集成册出版，书名为"师范学校与其他教师职业培训学校、机构与方式"①。内容包括师范学校的目的与教师的道德目的、师范学校的定位、校长的职责、教学与训练的方法、示范实践学校等问题。从中我们可以看到欧洲，特别是普鲁士与法国的师范教育对于巴纳德的影响。

第一，师范学校的目的。在《师范学校与其他教师职业培训学校、机构与方式》中，巴纳德首先对普鲁士与法国的师范学校体系进行介绍，在此基础上给康涅狄格州立教师学院提出建议。关于师范学校的经费问题，他发现普鲁士和法国的师范学校都是由公共经费支持的，大部分学生接受免费的食宿和课程学习，但是在课程结束时他们要完成政府规定的服务期限，否则就要归还所有款项。因此，在当时的康涅狄格州立教师学院，学生必须同意毕业后为本州公立学校服务 2 年，除非得到州教育委员会的特许。也就是说，一旦有人接受了州立奖学金，数额相当于学生的生活费，那么他就必须毕业后在有 1~2 名教师的学校里服务 2 年，除非得到州教育委员会的特许。

普鲁士既有小规模也有大规模的师范学校。这些学校的根本目的是为贫穷的人群、落后的乡村提供教师力量。法国也拥有不同规模的师范学校，小规模的师范学校是小学学校的附属。因此按照计划，康涅狄格州立教师学院也应该有两个小的分支。威廉曼蒂克与丹伯里的师范学校提供乡村课程，而新不列颠师范学校则提供中学教师和初级中学教师课程等，也正是追寻普鲁士与法国在大小规模师范学校功能上进行区分的轨迹。巴纳德认为，"那些在师范学校接受教育的人也许将来不会成为一辈子的教师。然而，他们还是比其他人更有可能将教学作为一个职业。即便他们将来只教几年书，也是完成了师范学校的目的"。

巴纳德从欧洲师范学校取得经验，还提出师范学校的其他目的，比如师范学校可以为初级教育开发课本，发现可以使学校不囿于传统的教学新方法，在延长教师任期的同时提高教师工资，还应该作为教师可以集合聚会的地方，从而形成教师专业组织。所有这些愿景都在康涅狄格州立教师学院得以实现。

---

① BARNARD H. Normal Schools and Other Institutions, Agencies and Means Designed for the Professional Education of Teachers [M]. Hartford: Case, Tiffany and Company, 1851.

第二，教师的道德目的。巴纳德指出，教师的道德目的根源在于宗教，他在书中记载了马丁·路德（Martin Luther）1526年说的话："如果我不再做牧师，那么我会成为一名教师，因为这是除了牧师以外最有用的职业。我并不确定二者哪一个更好，因为无论是牧师想改造成年罪人，还是教师想帮助年轻人成长，都是很艰难的事。"德国波茨坦初等师范学校的学生每周日都被要求去教堂。英国伦敦的伯勒路师范学校倡导这样的原则："虽然校务委员会公开放弃任何体现宗教精神的要求，但他们还是认为那些受托承担年轻人道德与宗教教学工作的人应该在生活中强化自己的基督徒品格，并且认真地关注培养年轻人服从于上帝的训导与养育。"在爱丁堡与格拉斯哥的师范学校里情况也是如此，他们宣称，"我们要永远记得教师即是一位道德教师，必须坚定地准备处理那些复杂微妙困难的事务。师范学校就是根据这样的要求来培养学生具有相应的资格的。每天早晨与晚上都要单独留出半小时时间用于祈祷仪式"。

康涅狄格的州立师范学校也一直保持高水准的道德要求，虽然学生已经不再被要求周日去教堂。纽黑文师范学校在其办学理念中明确表示，"我们相信，当一个人准备承担生活中许多重要责任时，最好的准备就是养成坚强的品格，牺牲自我的意愿，实现人生有价值目的的意愿"。所有的师范学校都有集会时间，其中一部分用来进行祈祷仪式。

第三，师范学校校长（director）的职责。巴纳德在欧洲旅行中发现师范学校的校长是一个非常重要的公务员岗位，特别是在普鲁士。1819年的法案规定："那些有能力和资格来改善师范学校运行的教师可以在普鲁士以及其他地方流动，这样可以使他们关于学校组织、教学与学科方面的知识影响范围更大。"校长们通常是从小规模的教师培养机构提升进入更大规模的机构。"校长必须是优秀的神学家，并且必须在相应的机构里得到关于学校各学科的全面培训，这样他们就能够及时回答学生的问题；校长必须是优秀的音乐家，必须是时刻准备就绪的有天赋的演讲者，这样就能够在带头祈祷和机构公开活动时触碰听众的内心。我认为这样的校长才能担负起管理学校的责任，才是所有教师们应该追随的人。"库森（Cousin）在1832年关于普鲁士公共教育状况的报告中说，"普鲁士建立师范学校的一般原则是：一位具有美德的校长就意味着一所优秀的师范学校。校长是学校的生命与灵魂。他必须长期坚持不懈地履行作为主宰者的职责。首先，要能够承担不同班级的教育类师范课程；其次，要能够承担几所师范学校的工作，以便他能够有足够丰富的经验来处理各种各样的困难；最后，在担任一所师范学校水平最高班级的班主任之前，他必须要先负责管理几个水平较差的班级"。

第四，师范学校的教学与训练方法 。在巴纳德的欧洲之旅中，他充分意识到法国与德国学校教师与美国学校教师相比，学术知识要丰富得多。他在书中还总结了教师对所教学科不能充分了解的负面影响。在第五份年度报告中，他这样说道："师范学校的管理者们一度并不支持这样的观点，即没有全面掌握某学科知识就可以教好该学科，或者在机构里培训几周或几个月就能够有能力获得关于人类心灵，特别是儿童心灵的知识……师范学校教授的是学科知识，而不是教科书，对于一门学科的教学可以通过比较与讨论该学科最优秀的几位代表人物成果的方法……"

巴纳德还在书中记载了当时师范学校校长们的看法。布里奇沃特的马萨诸塞州师范学校校长蒂林哈斯特（Tillinghast）这样说，"我们应该培训教师超越教科书"。马萨诸塞州州长埃弗利特在 1839 年马萨诸塞州巴里的师范学校开幕式上的讲话中说道："教师必须能够看到事件影响范围与结果等所有表面现象背后的真理，或者至少他不能仅仅停留在年轻人都能够理解的水平上。我们经常会听到这样的说法，一个成年人由于太博学而不能教授儿童。我却认为相反，他不能教授儿童不是因为他出类拔萃的智慧，而恰恰是由于他的无知。"

巴纳德参观了欧洲许多师范学校的课堂，仔细观察课堂教学的具体环节与步骤，并在书里做出一一介绍。巴纳德还讨论了教学过程中管理的两种不同取向，即纪律、规范与爱和自治。新不列颠州立师范学校的第一个年度招生广告上包括以下关于纪律的说明："我们相信，学生的年龄、进入师范学校的目的以及机构自身的精神，都需要一系列规则的必要性。"马萨诸塞州州长埃弗利特在巴里的演讲中说道，"约翰逊博士强调只有恐惧才能管理一所学校。但是我认为，更接近真理的是，只有耐心、启发、基督徒的爱，以及符合我们天性的重要原则才能管理一所学校。唯有这些才能消弭未开化人的残暴，将罪恶化为乌有。也唯有这些才是儿童管理中对儿童成长产生影响的无尽源头"。巴纳德还看到德国布鲁尔师范学校的报告这样说："当我们把一群年轻人聚集起来却不为他们制定任何规则，他们很快自己就会意识到为了彼此之间保持良好的社会交往而制定法则的必要性。"这成为康涅狄格州立教师学院制定学生自治政策的源头，该自治政策的表述为，"学生作为成年人，要参与他们的自我管理。学生要有意识努力制定与群体生活利益相一致的规则与约束"。

巴纳德还强调设置示范实践学校的必要性。他在书中记载了斯托的报告："学校顾问丁特尔（Dinter）告诉一位东普鲁士的贵族，如果建立一所没有示范学校的教师学校，就相当于开了一个没有皮革的制鞋作坊。"1850年10月召开的新不列颠州立师范学校董事委员会会议由巴纳德签名的通告上，写了这样一句话："该城（新不列颠）要为所有师范学校校长管理之下的乡村学校提供校址，这些乡村学校将作为师范学校的实践学校。"实践学校直到现在也是贺拉斯·曼—亨利·巴纳德式教师培养机构的重要特征之一。

（四）论女性教师

首先，巴纳德强调女性教师在教育中的重要作用。巴纳德第一次公开演讲就为女性获得教育的自由与平等而呼吁。1838年，他任康涅狄格州公立学校委员会秘书长的职务后不久就公开出版了《康涅狄格州公立学校期刊》（*the Connecticut Common School Journal*），他这样写道："未来相当长的时间内，我们都一定会处于缺乏大量优秀男教师的困窘之中。在我们努力培养男教师的同时，可以雇用那些优秀的女教师，我们要在当下的危机之中给予女性更多的信任。"他还敦促县级协会的副会长去"调研维持冬季学校运转的女教师的能力，如果可行的话，可以做一些试验"。在1839年的期刊上，巴纳德在"学校教育的改善"主题下面提出："首先，如果学区比较大，且学生平均出勤率超过50名，那么就可以请一位女性教师助理来参与到管理儿童的工作中来。"同年他又写道："努力要改善公立学校的人们应该付给女教师更恰当更充足的薪酬。我要毫不犹豫地说，在我所参观过的学校里，女教师一样优秀，一样忠于职守，具有奉献精神，在督促学生成长方面她们的确与男教师们做得一样好。"他还倡导师范学校招收更多女性，当女性接受充分的教育，她们就会有更多的机会成功地进入学校工作。巴纳德于1839年开设男教师培训班后，于1840年在哈特福德也开设了女教师培训班。在罗德岛的时候，巴纳德注意到，"我们要特别关注那些小学校。在这里教育对人们产生巨大影响，而这种影响则带来最大希望的成功。……而这正是那些具有不可或缺的机智的优秀女教师做到的，她们把这些小学打造成孩子们热爱的、开心的乐园……这也是拯救与督促孩子们成长的最有效手段……"

其次，巴纳德关注女教师的特质。他说，"女教师的内心由于深信宗教原则而变得非常强大，她们相信基督徒爱的力量能够坚定地重新塑造那些坏习惯，融化那些被忽视的孩子的粗糙顽固的倔强心灵，她们每一天早晨都极具耐心地开始工作，哪怕前一天孩子们只进步了一点点，她们时时刻刻都表现出善良的同情心，她们掌握音乐和绘画的技能及口授的方法，这些都有利于教育事业，也有利于其他所有的美好事业"。①

柯蒂这样描述巴纳德与曼两个人对待女性教育的态度："贺拉斯·曼和亨利·巴纳德对待女性教育的态度领先于他们生活时代的主流观念，可谓是先驱者了。他们都认为女性肩负神圣的教学使命，她们不但薪酬较低，而且在从事年轻人教育工作中更胜一筹。……他们都认为如果女性要有效参与到人道主义改革中来，那么首要的领域就是教育。他们一致认为，比起煽动女性争取选举权，让她们参与教育工作是纠正对待女性不公的更有效的办法。……毫无疑问，在支持女性做教师的观念上，以及倡导女性要接受更严肃、更高层次教育的问题上，他们都受到了裴斯泰洛奇的深刻影响。"②

美国教育总监威廉·哈里斯（William T. Harris）1897年1月25日在巴纳德的生日庆祝会上这样说："这个国家为在今天能够向过去50年里伟大的教育先行者致敬而深感欣喜。……在贺拉斯·曼、亨利·巴纳德以及他们的追随者的带领下，我们取得了教育的伟大振兴……教师从夏季的农场劳动者……发展到经过职业化训练，专门从事学校教学事务的教师。"

---

① BRUBACHER J S. Henry Barnard on Education ［M］. New York and London：McGraw-Hill Book Company，Inc.，1931：50.

② CURTI M. The Social Ideas of American Educators ［M］ // American Historical Association (Commission on the Social Studies). Report of the Commission on the Social Studies：Part x. New York：Charles Scribner's Sons，1935：178.

第三章

专业化发端时期的美国教师教育思想
（19 世纪末到 20 世纪 30 年代）：
教学的科学性追求

19世纪末到20世纪30年代的美国处于"进步时代"。"进步"的社会改革运动风起云涌，教育领域也被裹挟其中，鼎盛一时的进步主义教育运动拉开帷幕。在进步主义教育运动的大潮中，人们发现"天生"的教师并不足以适应现代工业社会背景下学校进步教育迅速发展的需要，因此，必须重新认识教学工作，进而改革教师培养模式。这一时期教师教育观念层面的"进步"主要体现为对于教师职业科学化取向的追求，也是教师专业化的早期特征。

教师职业科学化的追求主要包括两个路径：一是进步主义的教师教育思想，以杜威自然主义教育哲学关于教学观和教师培养的讨论为基础。杜威主张科学的综合研究，努力将教育学、心理学和哲学结合为一体，通过教育实验来检验、控制抽象的理论。杜威认为教学就是教师通过恰当干预，改造儿童经验，教师要了解学生内部智力的运转方式，因此培养教师就是要培养他们识别、激励与指导智力活动的能力。帕克与扬在教育改革实践层面上与杜威的思想相呼应，提出进步主义教师教育思想。帕克认为教学就是转化，教师要对所有学科知识都有较高水平的掌握，同时要具备引导儿童大脑转向各学科学习的教学技能。扬反对管理进步主义将教师变成机械，倡导教师的教学自主性，师范学校的功能就在于培养未来的教师有责任有担当的个性。米切尔等人则深受霍尔、杜威与桑代克等人思想的影响，在教育实验局以及后来的班克街教育学院的教师教育实践过程中，逐步形成培养完整教师的发展取向的教师教育观。二是科学主义教师教育思想，以桑代克与贾德心理学视角的教学观以及泰勒管理学为基础。桑代克与贾德将教学工作还原为技术，强调教育科学的发展要建立在控制性实验和定量测量的基础之上。博比特和查特斯等基于心理学和泰勒管理学的理论对于教师职业进行了以"效率"为特征的科学研究。他们认为有效的教学就是好的教学，一个好的教师就是要以最大效率完成既定任务。因此他们对教学工作进行行为要素的分析，针对这些要素所设计的具体任务，就是教师培养或培训的目标。

以上教师职业科学化取向的形成与发展是教师教育自身内部变化的线索。从整个社会的角度来说，"进步"潮流也让人们意识到教师教育需要承担外部社会责任的重要性，进而强调教师职业的社会功能。巴格莱的教师教育思想是其要素主义教育理论的一部分，他认为教师是人类精神遗产的继承人，教师要敏锐地评估教学内容对人类的贡献，教师要有健康的人格。他还把教师培养专业课程或教学方法与学科内容联系起来，提出"学科内容专业化"的概念。相对于巴格莱对于教师职业保守性的认识，改造主义教育理论的代表康茨则提出教师是社会变革领导者的观点，他认为教师肩负更重要的社会责任，就是要争取并利用手中的权力去影响下一代的社会态度、理想和行为，由此来推动社会变革。也正是康茨的改造主义教师教育思想开启了 20 世纪教师教育的社会重建传统（the social reconstructist tradition），该传统的核心是把学校教育和教师教育定义为追求更加公正社会的运动的关键因素。① 其主要推动力来自对美国社会和经济制度不满的潜流。

第一节

19 世纪末到 20 世纪 30 年代的美国教师教育

19 世纪的最后 10 年和 20 世纪的最初 20 年构成了美国生活中一个躁动不安的时代，亦被历史学家称为"进步时代"。这段时间里涌现出各种各样应对社会问题的改革，它们所具有的一个最大的特点是：绝大多数改革活动都汇聚成为一场运动，其目标是将 20 世纪的美国变成一个与现代工业社会的需求相协调的高效运作的社会。② 在这一时期，看待社会的视角与范式，以及相应的社会机制都发生了根本性的变化。1890 年代末期，社会达尔文主义从欧洲进入美国。1900 年代，进步的城市规划者努力使城市得到大规模发展。教育领域则推崇强调社会效益的发展范式。这个崭新的工业化国家正在运用科学大力推动社会、经济与政治的发展。但同时，美国也被笼罩在 1929 年发生的经济危机以及第二次世界大战爆发前的阴霾之下。

---

① ZEICHNER K M, LISTON D P. Traditions of Reform in U.S. Teacher Education [J]. Journal of Teacher Education, 1990：3-20.

② 厄本，瓦格纳. 美国教育：一部历史档案 [M]. 周晟，谢爱磊，译. 北京：中国人民大学出版社，2009：267.

一、美国教师教育的社会背景

19 世纪的最后十余年,美国的商业、政治与社会生活各方面都得到了飞速发展,但也正是这发展让人们发现了极为严重的社会问题。城市化进程的速度远远超出了传统政治组织可以承受的能力,结果造成地方政府各种形式的贪腐成风,自然资源被疯狂掠夺,个体财阀与大公司控制着矿业、土地、森林以及水力资源,以消费者、政府以及纳税人为代价来攫取巨大财富。总之,美国这一时期最典型的特征是前所未有的拜金时代。针对这样的社会现实,在 1900 年到 1912 年间许多专职的、业余的新闻记者等有识之士深入美国生活的各个方面,揭露社会的、政治的以及经济方面的病症,呼吁改革,西奥多·罗斯福(Theodore Roosevelt)总统将这些人称为"黑幕揭发者"(muckrakers)。他们的调查涉及城镇、州,以及联邦各级政府的贪腐,还有在工矿企业、血汗工厂对于妇女和儿童的剥削。霍夫斯塔德指出,进步主义时期的黑幕揭发的重要性在于其达到的程度,即全国性的特点以及引起全国注意的能力。[①]

在教育领域中,黑幕揭发运动的代表是约瑟夫·赖斯(Joseph Mayer Rice)。他原本是儿科医生,欧洲游学期间曾师从威廉·赖因(William Rein)与威廉·冯特(William Wundt)。1890 年赖斯回到美国后,在《论坛》(Forum)资助下开始对全国公立学校开展调查。第一次调查是在 1892 年 1 月 7 日至 6 月 25 日,赖斯访问了全国 36 所学校,与约 1200 名教师谈话,形成一系列关于美国公立学校现状的文章。第二次调查是从 1895 年开始的,他对 3300 名儿童进行拼写测验结果的观察与分析。赖斯无论是在 1892 年出版的《美国公立学校系统》(*The Public School System of the United States*)一书中,还是对于儿童拼写测验结果的分析中,都揭露了公立学校中教师教学能力欠缺,以及对学生冷漠等问题,并提出建议:"我们应该努力直接为学校提供有能力的教师。"[②] 赖斯的观点引起工商界和社会各界的关注,当时在全国范围

---

① 霍夫施塔特. 改革时代:美国的新崛起 [M]. 俞敏洪,包凡一,译. 石家庄:河北人民出版社,1989:156.

② RICE J M. Scientific Management in Education [M]. New York:Arno, 1969:99.

内，学校董事会工商界和社会各界的领袖也日益增多。在这样的情况下，学校管理人员要通过收集学校"效率"等准确数据来推动教育发展，回应赖斯的质问。劳伦斯·克雷明指出，"从一定意义上说，美国学校教育的进步主义运动始于赖斯"①。

赖斯所引发的整个教育领域追求科学化、效率化的转向也是受到当时社会环境的影响，特别是风靡一时的科学管理理论。当时闻名世界的工程师弗雷德里克·泰勒（Frederick Winslow Taylor）为计件工厂管理所发明的以"效率"为特征的管理方法已经成为许多其他机构（包括学校）进行管理的模式。在教育界，有关投入与产出的研究也一直是一个主要的研究领域，直到 1964 年詹姆斯·科尔曼（James Coleman）对它进行抨击。

从教师教育角度来说，师范学校蓬勃发展并由于生存压力而向普通学院演变。与此同时，中学以及研究型大学也开始逐步发展起来，并且都开始从新的角度涉足教师教育。这一时期教师教育的实践形式可谓多样性杂陈的时代，但在观念领域中的"进步"可以说就是"科学化"。

二、美国教师教育的实践

美国内战后，师范学校开始在全国范围内迅速发展起来，成为 20 世纪早期教师培养的主要形式之一，并得到社会的广泛尊重。到 1900 年，43 个州开办师范学校共计 139 所。高峰出现在 1927 年，46 个州中有 200 所州立师范学校在运行。州立师范学校注册学生人数也在不断攀升。据美国教育部报道，在 1874—1875 年间，所有州立、城镇以及私立的师范学校全部注册学生人数是 29, 100 名。到 19 世纪最后一个学年，注册人数已经达到 116, 600 名，其中州立师范学校 60, 300 名、私立师范学校 48, 700 名、城镇师范学校 7, 600 名。② 虽然师范学校在 19 世纪末期得到了迅速发展，但实际上他们所培养的依然是全国教师总数的小部分。同时，由于新型教师教育机构的冲击以及社

① 克雷明. 美国教育史（3）：城市化时期的历程 [M]. 朱旭东，等译. 北京：北京师范大学出版社，2002：256.

② OGREN C A. The American State Normal School: An Instrument of Great Good [M]. New York: Palgrave-Macmillan, 2005：213-235.

会要求的提高，师范学校自身也经历了跌宕起伏的发展变化。我们可以说，从19世纪末到20世纪30年代美国的教师培养处于"一个混乱的多样性的状态"①。

（一）师范学校被迫改变应对双重危机

美国南北战争后，出现了两种新型教育机构，对师范学校形成冲击。一种是中学的广泛普及，并提供教师培训课程；另一种是研究型大学的兴起，推动教育科学学科的研究建设以及教师教育课程的开发。

人们通常把1821年波士顿成立的"英式古典学校"（English Classical School）称为美国第一所中学。从那时起，这种建立在初等学校与语法学校基础上的新型教育机构就迅速发展起来，为市民们提供更高层次的正规教育，成为语法学校与大学之间的桥梁。到19世纪末，中学已经成为与学园、师范学校等同等层次的教育机构，中学已经成为全国中等教育机构的典范。中学的发展还导致了师范学校的转变，这是因为中学经常向公立学校的毕业生提供1~2年的教师培训课程，培养他们成为教师，从而与师范学校形成竞争。比如1894年的马萨诸塞州就规定具有中学文凭的毕业生与师范学校毕业生同等对待。在近一个世纪的时间里，美国中学的师范项目在教师培养结构体系中占有非常重要的地位。

高级中学的迅猛发展，令人们关注到了高级中学与大学的衔接问题。研究型大学开始纷纷成立教育学院，介入教师培养。教育学院以教育科学理论体系研究建设为基础，培养中学与师范学校等中等教育层次的教师，把小学教师的培养留给师范学校。通常认为成立于1876年的约翰·霍普金斯大学是美国的第一所研究型大学，许多学院发展成为大学，还有些州立大学通过1862年《莫雷尔法案》的资助蓬勃发展起来。这些研究型大学很快在知识的发展、传播与服务，以及知识的专业化方面担负起管理作用，作为这种管理作用的一部分，这些大学逐渐建立了教育学院和教育系。这种管理作用的具体体现就在于大学领导者对于高级中学和大学之间衔接问题的关注，同时这也是研究型大学对于师范学校产生冲击的关键。这些大学领导者的共识在于，

① FRASER J W. Preparing America's Teachers: A History [M]. New York: Teachers College Press, 2007: 130.

如果大学的教育系能够占有训练教师和教育管理者这一新的市场，这种紧密衔接就能实现。哈佛大学校长与马萨诸塞州教育委员会秘书长之间的矛盾和竞争就是一个典型的例证。哈佛大学校长埃里奥特希望中学与大学直接挂钩，为高等教育输送人才。然而，当时的马萨诸塞州教育委员会秘书长却想让中学成为州公立学校系统的顶点，同时让州立师范学校而不是大学来负责教师培训。二者之间的矛盾和竞争的结果就是哈佛大学开设一系列面向教师的课程。1890—1891学年开始时，哈佛大学为想当教师的男子学院和科学学院的男毕业生开设了13门短期课程。

面临这些新的挑战，师范学校被迫改变现状以应对危机。

首先是入学标准的提高。从早期入学要求具备公立学校教育或初等教育经历，提升为具有中学文凭。美国教育部报告，到1920年大多数师范学校都要求学生具备中学毕业文凭才能注册入学，38所师范学校已经改称自己为教师学院，69所师范学校或教师学院提供4年制课程，136所师范学校还保留2年制课程。①

其次是师范学校课程的变化。克里斯廷·厄格伦关于师范学校的研究结论指出，师范学校历史发展特征是在不同地点、不同时期却教授着相同的基本课程。课程学习时间在延长，入学要求在提高，课程的内容当然要更高深，师范学校教师与管理者把发展的目标指向了普遍的一般的方向。1901年，詹姆斯·洛夫（James E. Lough）教授对威斯康辛奥什科什州立师范学校的学生们说："仅仅因为个人利益教学的人是商人；因为爱，因为对教师职业具有理智与情感的兴趣而教学的人才是专业的。"头、手与心——内容知识、实践技能，以及将教学作为特殊天职的衷心承诺三方面都要做到最好——所有这些都是师范学校课程的核心部分。厄格伦引述华盛顿艾伦斯堡州立师范学校校长威廉·威尔森（William E. Wilson）1904年对于"一般知识基础与广泛文化背景"的理解，"教师的培养一定不能仅仅局限于学校教学工作的训练。师范学校必须培养学生对研究的浓厚兴趣，必须培养学生的探索精神，必须激

---

① MORGAN W. P. The Growth of the State Normal School [J]. Indiana State Normal School, 1923 (1)：56-65.

发学生学习的热情。为了达成这个目标，师范学校必须提供在有能力的教师指导下的，对于有关学习的重要基础等方面的充满激情与活力的追求"。① 仅有教学法是不够的，课程不能仅仅局限于学习教学工作的训练，师范学校也需要致力于超越教授普通学科教学法的学术层面的学习，需要致力于培养学生好奇心以及追求智识生活的强烈意识。

从 1914 年威斯康辛师范学校的课程表可以看到，师范生要学习的不只是初等学校中所涉及的学科，还包含其他更全面广泛的知识。② 学术课程包括语法、发音与阅读、作文、拼写、书法、文学、美国历史、公民学、欧洲历史、经济学或社会学、算术、代数、几何平面与立体、地理学、自然地理学或附加物理学、物理学、植物学、化学或动物学、农业，此外，还要加一门选修课。那些进行高级课程学习的学生可以在科学，包括微积分和三角学的数学、历史、艺术、英语写作与文学、教育史，以及德语或拉丁语中选择，作为辅助课程。另外，各师范学校还增加了各种实验室空间与设备，要求学生理解自然科学的基本原则，形成探究精神、观察的能力，养成独立思考的习惯。师范学校开设的课程不仅涉及每一门学科所涉及的全面性知识，还包括关于教学最佳方法的课程。如罗德岛普罗维登斯师范学校开设的"教学原则与方法（Principles and Methods of Instruction）"、俄勒冈和佛蒙特师范学校的"教学方法"（Methods of Teaching）、加利福尼亚圣何塞师范学校的"基础方法"（Primary Methods）及威斯康辛奥什科什师范学校的"教学理论与艺术"（Theory and Art of Teaching）。③

当心理学在研究型大学逐渐发展起来，它也在师范学校的教学中得到越来越多的重视，特别是教育心理学。布里奇沃特师范学校校长阿尔伯特·博伊登（Albert Boyden）这样说道："教师作为教育者必须了解不同的脑力状况，如它们发展的顺序、它们如何进行正确的活动。"威斯康辛怀特沃特师范

---

① OGREN C A. The American State Normal School: An Instrument of Great Good [M]. New York: Palgrave-Macmillan, 2005: 85-86.

② FARMER. A. N. Conditions and Needs of Wisconsin's Normal Schools [M]. Madison: State Board of Public Affairs, 1914: 404-407.

③ FRASER J W. Preparing America's Teachers: A History [M]. New York: Teachers College Press, 2007: 123.

学校的阿尔伯特·索尔斯伯里（Albert Salisbury）说，"对于儿童心灵现象与发展的实用的科学研究才是教师艺术的真正资源"。

教学法与心理学都是非常重要的课程，然而师范学校实用教师培养的核心却是后来人们所谓的以实践为取向的教育。在师范学校领导者们的话语中，我们随处都可以看到这样的表达：在实验室或培训学校的工作才是"学校生活的核心与精髓"，或是"教师培训的主体与灵魂"。亚利桑那坦佩师范学校1901—1902年纪事表中的话我们几乎可以在所有的师范学校纪事表里看到，它说，"最关键的是要使学生能够形成对教育理论的全面理解，要为学生提供机会观察并体验教育理论的实践运用"。阿拉巴马弗洛伦斯师范学校的纪事表中这样说，"学生的学习不是实验，也不是观察，而是真正的教学，就像医院里的实习医生为病人提供实际的内科或外科治疗"。

最后是这一时期人们对于师范学校的评价。美国这一时期蓬勃发展的师范学校其实并没有真正解决师资匮乏的问题，但它对于美国教育的贡献还是值得肯定的。一方面，师范学校作为"平民学院"（people's college）进行了有效的服务，至少为那些由于各种原因无法去公立或私立学院的人提供了学院教育的开端与可能，这些原因包括路途遥远、学费昂贵或达不到入学要求等。克里斯廷·厄格伦在他的研究中也指出，在美国历史上种族歧视最恶劣的时期，师范学校比那些白人学院与大学对于有色人种如非裔美国人，还包括拉丁裔以及美洲印第安人，无论在融合环境还是隔离环境上都更加开放。他们的确提供了教学工作的实际培训，也的确培养了许多教师，同时他们也为更多的人打开了一个更广大更充满活力的世界，帮助他们远离19世纪末20世纪初强加在许多市民身上的那种糟糕的隔离的美国生活，特别是乡村生活。厄格伦总结道："1870年到1900年代间进入州立师范学校的人们获得的是一种异乎寻常的体验。由于这些机构提供给学生们的是非传统的学习生活环境，师范生们尽情享受着充满活力的智识生活，充分抓住机会形成自己的职业精神。"① 也许这对于任何一种教育机构而言都是最重要的核心特征。当然，这

---

① OGREN C A. The American State Normal School: An Instrument of Great Good [M]. New York: Palgrave-Macmillan, 2005: 200.

也是日后师范学校融入地方州立大学的基础。

1923 年，伊利诺伊州诺玛尔州立师范大学的大卫·法姆利也指出师范学校的特殊作用。师范学校是州政府控制的基础机构，师范学校负有特殊职责，他们要建立标准、树立理想、打造职业精神，培养出可以称为教育领导者的人。也许大部分教师并不是师范学校培养的，但是师范学校培养的却是领导者与职业模范。①

（二）研究型大学教育学院的建立与发展

首先，研究型大学教育学院的建立。爱荷华州立大学于 1873 年设立美国第一个"教学论教授席位"（Chair of Didactics），随后爱荷华大学把中等教育层面的师范项目逐渐改造，到 1878 年使之成为大学科系；密歇根大学在 1879 年委任教育学的全职教授，直接开办了大学水平的教学科学与艺术系；威廉康辛大学于 1879 年开设了教育学系；哥伦比亚大学在 1887 年创建了教师学院。到 1892 年，31 所大学至少都有一位全职的教育学教授。截至 1899 年，全美 244 所大学设置了教育系或系主任一职。根据全国教育总监威廉·哈里斯（William Torrey Harris）提供的数据，1894 年到 1895 年间，200 多所学院和大学提供教师培训，其中有 27 所建立了教育学院或教育系。②

1890 年建立的纽约城市大学（后改名为纽约大学）教育学院的学年工作纪要中有这样的说明：本院的工作"在师范学校结束的地方开始"。本院的目的是"使学生能了解已经取得的科学研究成果，训练学生能够把教育科学研究成果成功地应用到实际工作中"。布法罗大学宣称它的教育学院"旨在绝不重复师范学校的工作，而是继续在更高层次上完成师范学校已经开始的工作"。大学录取的学生应该能够胜任"中学教师的工作，并能够训练学校的教师、校长和学区总监"。伊利诺伊大学教育系同样要录取"那些具有良好准备和耐心态度以达到教育思维能力的最高水平的学生"。有人曾经评价，伊利诺

① FELMLEY D. The Collegiate Rank of the Normal School [J]. Indiana State Normal School, 1923 (1)：41-45.

② BRICKMAN W W. Pedagogy, Professionalism, and Policy：History of the Graduate School of Education at the University of Pennsylvania [M]. Philadelphia：Graduate School of Education, University of Pennsylvania, 1986：20.

伊大学教育系"要成为州立师范教育的皇冠"，一个"对教育进行持续深入研究"的地方。纽约教师培训学院（后更名为教师学院），成为哥伦比亚大学附属的独立机构。它声称自己是"优秀的师范学校"和"教育实验基地"，其大胆进取的工作能够帮助改进整个国家的公立和私立学校，以及教育特殊人群（印第安人、黑人以及贫穷白人）。

　　本杰明·弗雷泽（Benjamin W. Frazier）追溯大学真正介入教师培养应该是始于密歇根大学 1879 年教学科学与艺术系的创建。密歇根大学认为建立教学系，"由于它的重要性、它的影响、明确的对象组织，并把该系课程界定为大学学历课程"。威廉·佩恩（William H. Payne）出任教学科学与艺术第一位教授时就确定了该系的培养目标："第一，培养大学生满足公立小学系统对于高学段教育人才的需求。第二，促进教育科学研究。第三，教授教育史，以及教育制度与学说的历史。第四，保证职业的权利，包括优先权与相应利益。第五，通过建立中学与大学的紧密联系来打造美国教育体系，加强一体化。"① 一方面，我们可以看到这些目标表达了强有力的大学对于改善密歇根公立学校品质，特别是高级中学品质这一使命的承诺，它将大学以及大学在教师培养中的角色与高中直接联系起来，与师范学校形成对垒局面。另一方面，这些目标同样也代表了大学对于公立学校，特别是高级中学的认可，它们是迅速发展的新领域，大学应该站在这一发展的潮头，特别是在公立学校体系中高学段所需人才的培养方面，包括未来的高中教师、管理者，以及师范学校教授等。佩恩 1884 年提出的关于将大学的教师文凭作为密歇根州立教学资格证书的提案并没有获得通过，但接替佩恩教学法讲席的伯克·辛斯代尔（Burke A. Hinsdale）1891 年的提案获得批准。辛斯代尔力主赋予大学权利颁发教学资格证书，不必像通常情况那样必须由地方政府颁发，从而提高大学项目的声望。②

　　1907 年，密歇根大学教学科学与艺术系简化为教育系，1921 年密歇根大

---

① FRAZIER B W., et al. National Survey of the Education of Teachers · Special Survey Studies (Volume V) [R]. Bulletin 1933, Number 10. Washington, D. C.: Government Printing Office, 1935: 33-35.

② CLIFFORD G J, GUTHRIE J W. Ed School: A Brief for Professional Education [M]. Chicago: University of Chicago Press, 1988: 64.

学校长玛丽安·伯顿（Marion L. Burton）将教育系提升至独立的教育学院，任命艾伦·惠特尼（Allen S. Whitney）为院长。惠特尼很欣喜于能够跳出依据学科主题的"学术主导"逻辑的指挥，独立的教育学院可以"开展与自己的标准与理想相一致的工作"。惠特尼强调既培养教师也培养教育管理者，但是他强调比起学科内容的专家来，他更希望所培养的教师是接受过科学训练的教育者，也就是心理学专家。教育学士学位需要 100 个小时的学术课程，包括 31 个小时的心理学，15 个小时的教育学。教育学包括教育史、教学原则、教育心理学以及教学实习。1920 年代新的教育学院不仅开设学士学位课程，还开设硕士甚至博士学位课程，同时还有一所大学附中作为合作伙伴。教育学院的领导者决定要以教育科学学者的专长为基础，在大学里寻找自己的位置。教师的专业培养依旧很重要，但已经让位于学院其他的使命。

其次，研究型大学教师教育课程的诞生。当密歇根大学从实践层面打造基于大学的教育项目的结构式范例时，约翰·霍普金斯大学年轻的格兰维尔·斯坦利·霍尔则从知识理论的角度提出将教育作为大学研究的主题。霍尔设计了一系列学科，包括历史与哲学，形成他所谓的一门新的教育科学。霍尔还强调心理学为教育者的工作与学习提供了坚实的科学基础。因为它"是今天的，也是明天的教育学的核心，一名教师在实际工作中一定要运用教育科学与哲学，他必须耐心地研究，必须热爱成长、游戏以及作为学生的儿童与年轻人的心理学，唯有如此，他才能具有权威，才能真正参与到学生成长的过程之中"①。霍尔在 1888 年就任克拉克大学校长，成为将西格蒙·弗洛伊德的理论引入美国的第一人，并以科学心理学为基础建立作为严肃学术学科的儿童研究与教育研究。跟随霍尔学习的博士们将他的观点带到爱荷华、印第安纳、斯坦福、俄亥俄等地的教育学院。在开创一个独立的教育学术研究领域方面，霍尔的影响难以估量。

19 世纪末和 20 世纪初，很多教育学科在研究型大学建立起来，为教育提供更高水平的研究。桑代克于 1902 年在哥伦比亚大学教师学院建立教育心理

---

① FRASER J W. Preparing America's Teachers: A History [M]. New York: Teachers College Press, 2007: 143.

学系。他通过一系列著作宣传自己的主张，包括关于学习的狭隘行为主义和简单决定主义的观点，以及对于定量测量和统计分析的强调。在桑代克 1941 年退休以前，他的学生们就已经在国内的师范学校和教育学院担任显要职务，他们继承和传播了桑代克的教育与教育研究思想。

密歇根大学的威廉·佩恩对于师范学校过度追求传授对教育工作者最为实用的知识持批评态度，认为历史研究具有极大价值。由于佩恩的支持，教育史成为全国各地大学的主要学科。哥伦比亚大学的拉塞尔也鼓励保罗·孟禄（Paul Monroe）研究教育史，孟禄 1898 年开始教授教育史，到 1905 年前已经完成若干部著作，其中包括《教育史教程》（*Text-Book in the History of Education*），标志着史学和哲学与教育研究之间关系的转折。孟禄的目的是从历史"事实"中寻找教育研究的科学基础。20 世纪前 20 年里，史学成为教师学院大多数研究生学位论文的题目，但是 1920 年代以后，史学的地位已被学校调查研究所取代。

（三）教师培养调查报告和师范学校标准

自从卡内基基金会主席亨利·普利哲（Henry S. Pritchett）委托亚伯拉罕·弗莱克斯纳（Abraham Flexner）1910 年完成著名的报告《美国与加拿大的医学教育》（*Medical Education in the United States and Canada*），卡内基基金会就在美国教育领域内逐渐声名显赫起来。人们一直都呼吁要有自己的"教师培养的弗莱克斯纳报告"，其实这样的报告在医学报告发表后不到 10 年就出现了，普利哲委托威廉·勒恩德（William S. Learned）与威廉·巴格莱（William C. Bagley）撰写《美国公立学校教师的专业培养》（*The Professional Preparation of Teachers for American Public Schools*），但是颇具讽刺意味的是，该报告从未能与弗莱克斯纳的医学教育报告的影响相匹敌。

勒恩德-巴格莱报告关注的焦点过于狭窄，它只是关于密苏里州税收支持的州立师范学校的研究。但不管怎样，这也还算是一个全面详尽的研究。报告的目标像弗莱克斯纳医学教育报告一样广泛，涉及教师教育的方方面面。1914 年，密苏里州州长艾略特·梅哲（Elliott W. Major）邀请基金会来研究设立教师培训课程的州立大学、5 所师范学校以及 75 所高级中学，回答这样的问题："什么才是最好的教师培养？州政府的职责是什么？如何保证州政府在教师培养中能够以最小的代价获取最大的利益？"报告的作者们决定聚焦州立师范学校。他们发现当时的密苏里还需要依靠高级中学培养许多教师，因此建议应该将中等水平的职业课程限制在高级中学的高年级课程范围内，课程重点应该放在学科内容知识上，但也应该包括教学实习及教育心理学简单原则在内的初等教育学课程、乡村学校管理课程，以及乡村生活问题课程。最重要的是，他们建议整个教师培养机制应该尽快从中学水平提升至本科水平。在最后的建议部分，勒恩德与巴格莱等人对于密苏里州师范学校提出评价和建议。其中一条非常重要的建议是"州政府支持的教师培养机构应该把教师培养视为唯一的任务且不遗余力地为之奉献，这一点应该被视为一项基本原则"。

1919 年全国州立师范学校校长理事会任命成立标准与调查委员会（Committee on Standards and Surveys）。1923 年该委员会（现在已经成为已更名的美国教师学院联合会的一部分）建议所有师范学校都应该提供本科水平的项目。他们指出，"美国教师学院或师范学校的标准是要具备 2 年制、3 年制、4 年制课程，课程的设计应该为那些将要在中小学教学的师范生提供最适切的普遍的以及专业的教育"[1]。他们对于入学标准也有明确说明。"这些学校的入学要求是申请者要在得到授权许可的中学，以满意的成绩完成 4 年的学习，或者完成同等学力课程。"师范学校专门提供本科水平课程。另外，2 年制课程提供毕业文凭，4 年制课程提供学士学位。委员会还提出，师范学校的教师应该至少具备学士学位、3 年的教学经验，当然具备硕士学位更好。

上面提到的 1920 年卡内基报告以及 1923 年美国教师学院联合会的标准，可以表明 19 世纪末期的那种混乱的多样性状态已经被相对清晰的标准所取代，即便这些标准还不是在所有地方都能够得到贯彻执行。师范学校不再是某种意义上高级中学的替代品，而是中学后的本科水平机构。在接下来的 20 年里，我们看到师范学校从美国的教育舞台上逐渐消失，取而代之的是教师学院，继而又相对迅速地转变为多目标的州立学院或者城市学院。在执行

---

① MAXWELL G. E. Standards for Teachers Colleges [J]. Indiana State Normal School, 1923 (1): 100-113.

1923 年教师学院标准的 20 年时间里，美国的师范学校无一幸存。

总之，早在二战结束前，教育就已经在全国的研究型大学中站稳脚跟。克里斯廷·厄格伦在关于师范学校的研究中指出，师范学校认识到自身较低的地位，而努力要在教育等级中提升自己。他说，"在师范学校每一步进化的过程中，都会发出他们如释重负的慨叹。例如，阿尔巴尼纽约州立教师学院（当时的名称）1940 年代的内部历史报告中这样记载：'最后的 2 年制学生终于毕业了。这是卸掉师范学校时代最后精神负担的时刻，从这一刻起，机构的所有系别都完成了全本科化的地位转变。'其他的教师学院用喷砂器打磨建筑物去除那个可耻的词——'师范'，并注意到他们城镇的师范道变成学院道，继而变成大学道"。① 就这样，伴随着物质实物与精神象征双重层面的变化，师范学校从美国教育舞台上消失了，大部分在第二次世界大战爆发之前很久就已经变形为州立教师学院。"师范学校"使用长达一个多世纪的名称在美国的教育史上消失了。与此同时，高中的发展及其高中师资的需要促成了大学教育学院与教育系的持续增长。

第二节

美国教师教育思想的基础：杜威与桑代克等的理论

19 世纪末到 20 世纪 30 年代美国教师教育思想的基础是杜威与桑代克的理论。杜威与桑代克几乎同时在哥伦比亚大学工作，一个在哲学系，一个在教师学院，他们同样阅读威廉·詹姆斯的《心理学原理》，却形成完全相反的行为概念、完全相反的教育研究方法，对教学工作的认识也大相径庭，从而形成后世两个研究教师专业的不同路径，影响着教师培养的方向。对于人类行为的理解来说，杜威认为人的行为既是全面性的又是有目的性的；桑代克则强调人的行为只不过是刺激与反应这样简单的联结而已。桑代克认为教育实践必须以心理学，而不是以哲学或其他社会科学为基础，同时教育实践与

① OGREN C A. The American State Normal School：An Instrument of Great Good ［M］. New York：Press，2005：2-3.

心理学、哲学和其他社会科学之间没有相互影响。进一步说，教育面对"人类的本性"相对来说是束手无策的。杜威认为教育研究应该使教育成为促进有计划、有意识的社会变革的重要工具。桑代克的观点为大学教育学院和教育科研的学科基础提供了一个符合教育界日益明确的组织模式所需要的思路。杜威的教育研究方法主张跨学科的综合研究、各角色之间的公开对话和合作，因此他的方法与不断发展的专业化潮流相对抗。桑代克的方法则强调依赖专业化知识，并努力鼓励促进教育研究成为一门专业科学。贾德接替杜威在芝加哥大学教育学院的工作，与桑代克交相辉映，共同倡导控制性实验和统计测量成为教育研究的基本方式。

一、杜威自然主义哲学视野中的教师教育

盖尔·肯尼迪（Gail Kennedy）这样讨论杜威哲学的主题："把科学方法的一般运用到每一个能够探究的领域中，这是解决工业化民主唯一恰当的方式。"① 杜威从哲学转向教育的一部分原因是他在密歇根大学教学经历的影响。由于密歇根大学是公立大学，属于州立学校系统的一部分，因此教授们的职责包括监督中学的学习标准，他们要去地方中学进行查访，保证地方中学为大学输送合适的人才。另外，杜威1884年从霍普金斯大学毕业到密歇根大学任职，在那里，他与威廉·佩恩共同执教三年，直到1887年佩恩离开。佩恩在密歇根大学兼任教学科学与艺术时主张教育的"科学性"。在短短的三年里，他们在工作上联系紧密，一同访问密歇根中学，合作创建密歇根校长俱乐部（Michigan Schoolmaster's Club）。我们可以认为佩恩在心理学、哲学和教育学相联系的重要观点都对杜威有一定的影响。佩恩认为，"心理学和教学的关系就像解剖学和医学的关系一样。教师的艺术是开发智慧，如果要把这一艺术理性化，如果要以科学和专业的精神管理教学，那么教师就应该掌握许多精神哲学的知识"②。杜威在回忆这段经历时说："对这些地方的访问使我认识到建立一个民主的公立教育系统的重要性。"杜威传记作者之一的乔

① GROSS R（ed.）. The Teacher and the Taught: Education in Theory and Practice from Plato to James B. Conant [M]. New York: The Dell Publishing Company, 1963: 141.

② WILLIAMS B A. Thought and Action: John Dewey at the University of Michigan [M]. Ann Arbor: The University of Michigan Press, 1998: 16.

治·德克霍伊森认为，这些经历"促使杜威寻求一个能把教育学、心理学和哲学结合为一体的教育理论"①。

在密歇根大学任教 10 年后，杜威被聘为芝加哥大学的教授。芝加哥大学对杜威的吸引力在于它注重实验研究，杜威寻求建立一个教育实验室。当时的芝加哥大学哲学系承担了全校的教育学课程，杜威抓住这个机会来检验他的心理学与哲学观点。他对当时社会泛滥流行的各种教育理论感到愤懑，同时指出，"学校是社会生活的一种形式，它是经过理论抽象的，也是可以控制的，是可以直接进行实验的"。因此，在芝加哥的数年中，杜威创办了实验学校，这所学校于 1896 年开学，有 16 名学生和 2 位教师。1902 年学校鼎盛时期有 140 名学生、23 位教师和 10 名研究生，杜威是学校的负责人，人们通常把它称为"杜威学校"。同时，他还转向社会行动主义的研究。他与简·亚当斯及其社会组织即赫尔社区（Hull House）建立了紧密的联系，他不仅成为赫尔社区的第一届理事，还举办了讲座，就当前的社会重要问题进行讨论。1897 年，杜威在芝加哥大学建立教育科学，指出"教师永远是真正上帝的预言人和上帝王国的引路人"。

（一）论教学

对于杜威来说，所有教育的目的都在于促进成长与发展。成长总是通过学习者的经验发生的。教学是一种能力，教师能够将生活经验最大化以帮助学习者。杜威教与学的观点深深地植根于他的自然主义思想。② 对于杜威来说，作为成长的教育延续纵贯人的一生，任何人没有绝对意义上的所谓接受了完整的教育。因此，杜威既反对教师与学生之间的绝对划分，又拒绝把学生看作小大人。他指出，"一个人在一个阶段的生活和在另一个阶段的生活，是同样真实、同样积极的，这两个阶段的生活，内部同样丰富，地位同样重要"③。从某种意义上说，学生与教师从自身角度而言都是学习者。因此，

---

① DYKHUIZEN G. John Dewey and the University of Michigan［J］. Journal of the History of Ideas, 1962（23）：513-544.

② GREENWALT K A. Dewey on Teaching and Teacher Education［J］. Encyclopedia of educational philosophy and theory, 2016（1）：518.

③ 杜威. 民主主义与教育［M］. 王承绪，译. 北京：人民教育出版社，2001：60.

"教育就是不问年龄大小，提供保证生长或充分生活条件的事业"。

传统观点认为，教育经验是可以在未来帮助学习者继续学习的。随着学习者了解世界越多，我们就越有责任来塑造与指导这种教育经验。据此观点，教师的工作就是在生长的过程中通过推动学习者进步发展以及丰富经验来帮助他们。杜威对这种教师工作总结为"从其现时具有的经验中挑选出在未来经验中有用的东西"，也就是说为了未来而牺牲了现在。

杜威认为教师最典型的特征是善于及时恰当地干预。他既关注教师施加于学生的部分，也关注进步教育强调教师不在场的倾向。杜威认为唯一值得追求的目的必须是当下情境的产物。目的是学习者唯一可以提供的东西。那么教师就必须利用这个目的来帮助学习者"观察、选择和计划，使活动得以顺利进行"。此外，教师还有一个重要的作用就是要帮助学习者挑选，组织不同情境来提升和拓展目的。教师是可以提建议的，他们的能力体现在巧妙且卓有成效的建议。因此，教师的责任就在于"从现有经验的范围内，选择那些有希望有可能提出一些新问题的事物，这些新问题能激起新的观察和新的判断方式，从而扩大未来的经验范围"。"生长的连续性原则必须成为教师长久不变的座右铭。"①

（二）论教师培养

基于以上对教与学的理解，那么什么样的专业素养能够给予教师启发并指导学习呢？教师的职前培养又应该如何进行？杜威指出，教师的职前准备一定要建立在科学的基础之上。其目标应该是帮助教师候选人成为"教育的深思熟虑的意识敏锐的学生"。教师职前培养应该帮助教师候选人了解并试验一系列教育原则，对于这些教育原则的把握将会澄清他们工作中的目标与手段。

杜威认为所有教师教育课程都应该包含实践的要素，这些课程中的实践应该是"典型且强化的，而不是宽泛且纠缠于枝节的"。"典型且强化"意味着实践学习要服务于实验室的目的。它应该能够通过生动的现实使教师候选

---

① 杜威. 我们怎样思维·经验与教育 [M]. 姜文闵，译. 北京：人民教育出版社，2005：285.

人对于教育原则的意义与生命力有充分的认识。但这并不是说要让候选人具备能力即刻准备好就进入课堂，然后利用大量的熟练技术教学，杜威是要首先为教师构建智识方法的知识，然后达成最后的目的，即培养技术精湛的教师。

因此，杜威并不关注教师候选人是否迅速掌握了技术，他认为所谓准备好去教学并不意味着熟练技术的直接展示。杜威恰恰担心的就是教师在从教之初就使出浑身解数，因为这样的话教师在整个职业生涯过程中就很难保持继续生长了。杜威认为教师候选人需要解决两个主要问题：一方面，他们需要弄清楚如何把课程内容教给学生；另一方面，他们需要弄清楚如何管理课堂。这两个问题对于任何想要成功的教师而言都相当重要。但是我们的教育训练常常会让教师候选人直接把注意力只放到前者身上，"精通课程内容才具有教育价值与意义"。

杜威指出对外部注意的服从并不是学习的标志。因此，教师候选人必须重视内部注意的形式，内部注意意味着"向课程内容毫无保留地交出全部的心灵"。实际上，具备引发、保持，以及认识学习者这样内部注意的能力才是教师最真实真正、最名副其实的标志。"为了能够追踪这种智力运转，为了识别这种智力运转在场或不在场的标志，为了了解这种智力运转是如何发起、如何保持、如何通过获得的结果对它进行检测，以及如何通过这种智力运转来检测表现出来的效果的，这些都是一位教师的最高目标与准则。这意味着要洞察灵魂的行动（soul-action），要能够识别真实与假象，要有能力弘扬真实、贬抑假象。"[1] 教师职前培养只有一个目的，就是培养识别、激励与指导智力活动的能力。

对于杜威而言，课程内容就是教学知识，因为课程内容是引发并赋予智力活动以意义的材料。如果没有课程内容，我们就没有任何东西来让心灵关注。课程内容是组织化的，也就是说课程内容本身已经遵循了一种控制的智识原则、一种方法。这种科学的方法正是心灵自身的运转："通过分类、理

---

① DEWEY J. The Relation of Theory to Practice in Education ［J］. Teachers College Record, 1904 (6)：9-30.

解、解释以及概括等科学方式，课程内容成为研究的分支，虽然从表面上看这些科学方式并不存在于与事实相分离的心灵之中。"如此看来，心灵、方法与物质是单一关系中的不同方面。教师的职责就是对其进行深入理解并将理解运用到工作之中。杜威希望教师拥有关于课程内容的广博而又深刻的知识。唯有如此，教师才能够掌握工具，识别出学习者智识萌动的可能性与倾向性。唯有如此，教师才能够提供材料与学习条件，帮助学习者形成知识技能与品质。唯有如此，教师才能够在思考学习者未来生长的方向时来评估学习者以往教育经验的性质。"只有教师得到高水平智识方法的全面训练……他才有可能尊重儿童智力的完整性与自身的力量。"

这样，杜威要求教师候选人参与的实践学习就成为深入探究的前提，我们要深入探究的是组织化的课程内容如何引起学习者持续的、有组织的，以及系统化的生长。杜威认为这意味着要避免个别课程的零散教学，这样实践学习才能够培养教师候选人有能力看到系统化课程内容的学习是如何使学习者获得进步与发展的。一方面，这种实践学习可能只是包含对于横跨不同学段的学习课程的范围与顺序的深入反思。那么仅仅在社会研究或数学课里考虑单独的一节课，甚至单独的一个单元都是远远不够的。相反，教师候选人应该思考跨越不同年级的智力发展的课程内在一致的可能性。我们所需要的是形成一种习惯，即把整个课程看作持续的生长，同时要反思智力自身的生长。这样，课程内容本身就在学习如何教学方面提供了丰富的教学材料。另一方面，在课堂中面对学生的现场教学实践是杜威设想的教师教育中很重要的组成部分。不管是早期的见习课经验，还是在传统学生教学实习阶段，这样的教学自身应该是集中的、持续的，而不是分散的、偶然的。杜威认为唯有如此，教师候选人才会得到一个逐步积累起来的经验体系，他们才能够反过来去体会学习者的变化，去理解协调推动学习者智力生长的课程内容。这样的教学实践也能够帮助所有教师形成他们最终必须获得的技术专长。

教师职前培养的所有阶段都应该坚持通过全面指导，来唤醒教师候选人对于"心灵如何应答心灵"的重要性的认识。如果教师候选人早期阶段的教育比较成功，那么他们就应该在督学最小的干预与最少的批评情况下获得教学实习经验。杜威认为，在这样理想的条件下，教学实习才可能达成实际上并不太高的目标，即发现不适合从事教学的人。

教与学是发现、会聚、专注与协调的过程。教师的职前培养要依赖教师候选人经验增长过程中理论与实践的恰当结合才能够奏效。它设法提供关于学校课程内容、学习者心理以及二者结合的实践与理论研究。这样，教师候选人再将所有知识带回到它当初发生的根源，使解决问题的能力得到提高。他们在儿童对课程内容的把握与智力萌动中能够看到人类成就最高形式的可能性。"科学、历史与艺术课程内容是向我们揭示真实的儿童。我们既不了解儿童倾向的意义，也不了解儿童行为的意义，除非我们将他们看作发芽的种子、开放的花蕾、即将成熟的果子……拉斐尔与科罗的艺术能够使我们珍视儿童画画涂抹时产生的冲动。"① 教师一定能够在过去的时光与未来的希望中看到现在的大师。

二、桑代克与贾德教育心理学视角下的教师职业

桑代克于 1902 年在哥伦比亚大学教师学院建立教育心理学系，开始编写一系列教材，包括 1901 年出版的《儿童研究笔记》（*Notes on Child-Study*）、1903 年出版的《教育心理学》（*Educational Psychology*）、1904 年出版的《心理与社会测量理论导论》（*An Introduction to the Theory of Mental and Social Measurements*）。直到 1913 年他出版三卷本的《教育心理学》时，教师学院注册人数已经超过 3000 人。他通过一系列著作宣传自己的主张，包括关于学习的狭隘行为主义和简单决定主义的观点，以及对于定量测量和统计分析的强调。在桑代克 1941 年退休以前，他的学生们就已经在国内的师范学校和教育学院担任显要职务，他们继承和传播了桑代克的教育与教育研究的思想。

作为"测量运动之父"，桑代克的研究为 19 世纪发展的女教师和男主管的性别等级制度提供了理论依据。他认为教师应该认识到他们在教育等级里的从属地位，并在 1906 年出版的《教学原理》（*The Principles of Teaching*）

---

① DEWEY J. The school and society and the child and the curriculum ［M］. Mineola，NY：Dover Publications，2001：103-123.

中指出，"决定学校工作的目标及其实现这一目标的计划是学校高层当局的事情。他们在做出改革决定后交给教师们来具体执行。教师的职责是在学校生活环境下尽可能有效地落实教育改革的决定"。桑代克把教学定义为技术性和从属性的工作，暗中把学校行政人员和像他一样的教育心理学家提到教师之上的上层地位。他预言，随着教育心理学的发展，"它将能确定每个刺激物的效果和美国人产生反应的原因"，那么将会有更有力的预测手段，而教学从某种意义上会变得更加简单。桑代克的心理学是狭隘的行为主义心理学，排除了意识的因素，把人类活动局限于对刺激的反应。作为心理学家的桑代克一直醉心于"纯"学术的追求，在那个时代，实用心理学家屈尊为教师、监狱看守、医生和牧师寻找"实用的法则"，被认为低人一等。教育领域的"思想家"与"实用家"形成隔阂，前者大多是男性的大学教授和学校的行政管理人员，后者则大多是中小学校的女教师。

杜威在芝加哥大学的继承者查尔斯·贾德也在努力促进教育研究的专业化。贾德与桑代克一样都是卫斯理学院的毕业生和心理学家，但他在德国心理学家冯特的实验室工作过，冯特复杂的社会精神观念对贾德产生影响，他对心理学的研究避免了支撑桑代克研究的狭隘行为主义。对于贾德而言，使人积极主动学习的高级神经反应过程比桑代克所注重的简单刺激和反应的联结更为重要。此外，贾德也不像桑代克那样认为学习是一个不变的过程。在1915年出版的《学科心理学》（*Psychology of School Subjects*）中，他就强调学习是一个随着学习内容和任务不断变化的过程。贾德的学生拉尔夫·泰勒在贾德去世时说，贾德深信"教育政策和教育实践的坚实基础必须是客观的事实和经过检验的理论，而不是主观的推测或各种'最为实用的做法'"[①]。

贾德认为，只有通过分析社会和研究学习来决定教材的目的和内容，学校才会有良好的教学效果。贾德比桑代克的观点更社会化，但从根本上来说他仍是保守的，他认为学校是在为学生进入社会做准备，而不是像杜威所认为的，学校是创造理想社会的途径。贾德从在纽约大学工作的时候起就开始

---

① TYLER R W. Charles Hubbard Judd（1873—1946）［J］. The School Review, 1946, 54（6）: 375-376.

对学校问题感兴趣，关心应该如何科学地研究这些问题。桑代克则一直看不起教育研究，而专注于作为教育实践的心理学基础。他们的共同之处在于都强调教育科学的发展要建立在控制性实验和准确的定量测量的基础之上。

杜威与贾德之间的区别在于，他们都认识到实验对教育的必要性，杜威把学校看作教育的实验室，而贾德则认为学校主要是实施实验结果的场所。一个人可以通过学校调查来研究效率问题，也可以用同样的方法评价考试的优点，但形成指导原理的具体工作必须由大学的学术人员完成。[①] 杜威和贾德的这种不同认识源于两个相反的观点：杜威认为教师和研究人员大同小异，他想让两者都能为教育系培养出具有技能的学生。贾德则认为教育的改进需要教育专业化，这就要求教师和研究人员担任不同的角色。教师应当教书，在教学过程中用研究人员发展的知识来传授专业知识，组织课堂，接触儿童。由于这些不同的作用，贾德认为男女性别的角色也应有所区分，女性为教师，男性为研究人员；教育的层次级别也应有所不同，教师不用进行研究生培训，而研究人员应有博士学位。

第三节

进步主义教师教育思想

弗朗西斯·帕克和埃拉·扬都是 19 世纪末到 20 世纪初进步主义教育实验的先驱人物。帕克强调教师的教学就是要把儿童对社会的兴趣转化为从不同学科视角来理解世界，扬则针对管理进步主义的官僚等级体制，倡导教师要有自主性。他们都秉持自己的进步观念，在教育实践变革领域与杜威的理论相呼应，在轰轰烈烈推动进步教育运动的同时，积极开展教师教育改革，努力培养符合进步教育观念的教师。1916 年深受杜威等人思想影响的露西·米切尔等人成立教育实验局，后来改为班克街教育学院。他们强调教师的教

---

① 拉格曼. 一门捉摸不定的科学：困扰不断的教育研究的历史 [M]. 花海燕，等译. 北京：教育科学出版社，2006：67.

学要适合儿童发展，因此亦被称为发展取向的教师教育，它既是对进步教育思想的践行与发扬，也是为进步学校培养现代教师的一种新的尝试。班克街教育学院逐步发展为融儿童教育、研究生教育以及继续教育为一体的综合性教师教育机构，特别是它的教育研究生院主要负责硕士层次的职前教师及其他教育领域工作者的培养，提供包括普通/特殊教师教育、教育领导等一系列教师教育专业，并且成为 21 世纪美国"新时代教师"（Teachers for a New Era）改革计划认定的四个模范教师教育机构之一。

一、弗朗西斯·帕克："转化"的教学与教师培养

弗朗西斯·帕克（Francis W. Parker）是进步主义教育实验的先驱者。他生活经历丰富，无论是作为士兵、学生、教师，还是作为领导者、管理者与思想者，都能够恪尽职守。他在为教育的最高理想奋斗时所展现出来的勇气与力量，足以征服对手，战胜困难，无不彰显着先行者的高尚品质。1875—1880 年，帕克被聘请为昆西市督学，他将自己的想法付诸昆西教育改革之中，提出"教育要使学校适应儿童，而不是使儿童适应学校"的原则，对课程、教材和教法进行改革，形成著名的昆西教学法。昆西学校实际上是美国第一批新教育理论实验室的代表。正是在这些实验中，帕克逐渐认识到新教育的核心是关心儿童的成长。同时，帕克意识到教师的重要性，他强调教师即是学校。因此，1880 年后帕克把自己的进步主义教育思想带入教师教育的实践之中。

当帕克 1880 年来到库克师范学校时，当地教育正处于飞速发展时期，至少每年需要补充教师 300 名，包括新增岗位的需要以及退休教师的替换。帕克在师范学校中传播"新教育"的理论与实践知识。近 1200 名教师在他就任校长时期完成学业，还有许多其他人参加业余课程的学习，研究他的教育原则，采用许多他的教育方法。帕克认为教师肩负着最重要的社会功能。他坚信，对于一个人而言，能够为社会所做的最好的事情就是运用智慧、行为与品质来帮助指导和激励人们最高效地完成自己的工作，而不是去关注那些及

时行乐、转瞬即逝的事情。① 教师所有对精神生活、智识力量、道德自由以及正义的追求，即是善。那些跟随教师的人们能够感受到他们的工作是上帝赐予的，他们的工作是神圣的。他们应该富有勇气、自信、热情、奉献的精神，所有这些都可以在自由的空气中得以培养，不只是自尊自制，所有美德的基础都可以由学习而来。

（一）论"转化"的教学

1893年，帕克成为美国著名的进步教育家之一，他所领导的库克师范学校成为进步教学的榜样。其最突出的特点就是库克师范学校的师范生学习的是如何在文学、科学与艺术的学科教学中利用小学生熟悉的世界进行教学。库克师范学校后来成为芝加哥城市师范学校不久，帕克这样总结他的办学核心思想：我们要审视隐藏在小学儿童教育真相背后的基本观念。小学儿童的学习首先要通过直接观察，随后借助阅读……借助观念的展示、恰当地表达、写作、制作、示范、制图、绘画等媒介，才能得以实现。他们要从生活形式中学习，在现实中发现熟悉的几何形式，在思维中对事物进行测量、称重、联合与分离，这样，初步的算术学习就自然地发生了。因此，在对思维中的真实事物进行学习的过程中，对于熟悉世界的研究花费如此多的精力与时间，虽然是辅助性的、偶然性的，但是必要且有助益的。②

杜威称帕克为"进步教育之父"。帕克作为进步教育的代表始于他对于儿童，以及儿童对于世界的天然的不断增长的好奇心的关注。但是与后来的那些进步主义者不同（他们由于极端强调儿童中心而被嘲讽），帕克的进步主义从来不是简单地任由儿童的创造性无目的地自由发挥。帕克认为教师的工作就是要在儿童的好奇心与熟悉世界的研究之间建立起直接的联系，教师要确保能够把儿童对于世界的兴趣转化为从数学、植物学、动物学、历史学等各种不同的学科视角来理解世界。对于教师而言，这种转化是很复杂艰难的一项任务，它要求教师对所有学科的知识都有较高水平的掌握，同时要具备引

---

① SPALDING J L. Francis W. Parker [J]. The Journal of Education, 1902, 56 (12): 199-200.

② FRASER J W. Preparing America's Teachers: A History [M]. New York: Teachers College Press, 2007: 166.

导儿童大脑转向各学科学习的教学技能。库克师范学校就是第一个培养这样的教师的地方。

帕克不断要求延长教师培养的时间。他认为有很多要学习的东西，"毫无疑问，教学出现问题的根本原因在于对于所教学科的忽视，也正是因为忽视所教学科，才导致了对于教科书的滥用。同样，仅有对教学方法本身的研究并不能弥补所教学科知识匮乏带来的问题"。如果教师对所教学科没有非常深刻的理解，那么就不会有创造性教学的产生。另外，师范生还要掌握相当高水平的关键技能。未来的教师需要学习心理学，需要学习帕克所谓教育的科学与艺术，他们还需要在严格督导下进行教学实习，以获得自己的教学经验。帕克认为教师培养最后的关键环节就是让师范生与他的学生面对面，只有如此，他们才能感受到自己未来在学校课堂中所要承担的重要的责任与工作义务。帕克指出师范生培养最根本的措施在于激励，师范学校应该激发师范生"正向的具有决定性力量的动机，即要使他们每一个人都能够深刻感受到自己要承担的责任"。帕克于 1899 年退休，也就是在同一年他希望提高教师培养年限的目标实现了，师范学校课程延伸到高中毕业后两年。

（二）论"进步"的师范学校教师

帕克认为一所学校的历史就是该学校的教职员工的历史。正如杜威所说，"学校是一个自我形成的社会"。那么教师的功能就是要促使生活、社会、州，以及国家成为他们本来应该有的样子。一所师范学校的功能就是为这样高远且重要的职责来培养人。师范学校应该有比培训教师更广阔的范围，它应该是一个实验室，是一个教育实验基地，它的影响应该渗透、弥漫甚至改善所有的教育实践以及教育思想。师范学校应该由最好的教师组成，他们不但要在教育上是最好的，在文化上，在专业训练上，在经验上，都应该是最好的。

帕克要求师范学校的每一位教师都要深入学校整体工作之中，思考他自己学科的内在价值以及与其他所有学科的关系，并从他特殊的专业角度来发现提高工作的价值。他说，"我们的目标是建立行动的完美统一体，与最伟大的人性自由保持一致，要充分认识到人性自由是使个体有益于群体的一种手段"①。若想实现一致的目的，就一定会经过许多冲突，及真诚的、漫长的争执。连续不断的改变、淘汰、创新、试验、尝试性的结论，所有这些都是进步的方法。

教师的教师应该是在各个方面都伟大的教师。他应该是真诚的、奉献的、思想开放的学生，对于可能性有无比的信任；他应该是一个充满智慧的人，时刻准备放弃无效的东西而采用实用的东西；他不应该是一个囿于偏见或反复无常的人；他应该是一个脚踏实地的人，态度谦恭，愿意倾听与理解，同时还具有坚定的品质与承受错误的公共舆论与个人影响的勇气。

首先，教师的教师要实施的影响是他工作的精神。如果他显露出对正义的渴求，如果他显示出谦恭与思想开放，以及对儿童与全人类的无比热爱，那么他的精神就会传递给学生，激励学生为他们所能做的事情竭尽全力。其次，现场的实际教学是教师职业的最高点，但它并不是教师工作最主要、最困难的部分。为每一个学生、为不同年级学生的智力发展寻找并设计课程内容才是最主要和最难解决的问题。自然地理学、地质学、生物学以及其他自然学科的研究在学习领域内表现出的是完全崭新的面貌。科学领域内所有非凡的发现都在19世纪的后半部分，实际上它们的发明者大都还活着，并且还比较年轻。最后，知识本身是一回事，知识的教学安排却完全是另一回事。如一位高效的师范学校教师能够合理安排学科知识的教学，不只是为了当下的学生，而且也为了这座乡镇、这个县城、这个州与这个国家。他一定是他所属学科领域中最合格的学生，非常了解它所有的最新发现。他必须从某种程度上验证他所选取的事实，继而根据儿童持续不断的学习状况改写这些事实。

（三）论实践学校的目的与功能

帕克指出，没有实践学校，我们就不能说教师得到了实用的、有效的培养。实践学校为师范学校的师生提供了不可或缺的手段来进行密切详细的调

---

① PARKER F W. An Account of the Work of the Cook County and Chicago Normal School from 1883 to 1899 [J]. The Elementary School Journal, 75th Anniversary Issue, 1975, 75: 8-27.

查与研究。这个世界充斥着许多未经运用的理论，它们毫无意义，这些理论在空中安静地漂浮，对于那些从不参与实践的灵魂是一种甜蜜的抚慰。"没有实践过的信念是死的。"我们决定将每一个得到普遍认可的理论最终都拿到课堂中进行测试。在讨论中，每一位教师的观点也要得到所有其他教师的纠正与批评。没有一项计划或理论可以草率地进入实践学校。整个师范学校的成员都会针对每一个新举动进行批判性审视，不断发起新的讨论。这样他们就能够全力以赴地聚焦于对儿童的关心、对待儿童的方式，以及训练与教学。

许多职业训练班并没有提供给师范生实际运用所学知识的机会。知识对于他们而言只是意味着要通过考试获取分数，然后升入高年级而已。这样师范生就缺乏对知识内在功能的体会。而且，到了工作中大部分师范生很快凭经验就会了解到自己所储备的知识太少，根本不足以支持教学使用，他们的技能也远远不能满足学生的需要。在实践学校的课堂中，师范生被迫直接面对教学问题，当场学习如何把所学应用于实际。在真实需要的压力下，师范生开始了前所未有的学习。因此，实践学校是让师范生发现自己缺陷的最适合的环境。

实践学校还有一个非常重要的功能，即为本地城镇与县城的教师，以及学生家长与公众，提供有影响的教学实例。实践学校可以充分证明教育是科学，教学是艺术，这里的科学与艺术意味着持续不断的改进，意味着个人精力的节省，它还能够证明知识与技能是品格发展的手段。实践学校是一所师范学校真正的核心与关键。它需要师范学校全体人员最详尽的关注与研究。实践学校存在的目的是对师范学校的师范生培养进行解释说明，那么整个学校的工作重心都应该放在教学实习上。实习指导教师也是各年级主任，他们直接管理实习班级，同时管理师范生的班级。

各系主任与专业教师要研究不同年级的需要，针对各自学科制定学习课程。他们要咨询实习指导教师关于实践学校课程内容的类型与安排。他们也要在实践学校上课，目的是充分了解核心问题。每一堂给师范生上的课都是为实习教学做准备。师范学校的每一位成员都要教授各自学科的心理学、教学法与方法论。

二、埃拉·扬：教师的自主性与教师培养

埃拉·扬（Ella Flagg Young）是一位教师、教授以及管理者，她为芝加哥城市教育体系的建设奉献了近 50 年的时光，是著名的芝加哥进步教育家。扬在 1909 年成为全美第一位庞大城市学校体系的女督学，倡导成立教师组织，曾经担任过芝加哥教师委员会主席，后来也是第一位全美教育联合会女性主席。同时，她还凭借探究的头脑与改革的精神作为演讲者、写作者，以及编辑的角色出现在世人面前。在 1895—1904 年间跟随杜威一起学习、工作之前，扬就已经做了许多年学校教师以及管理者，也就是说，她是带着丰富的教育工作经验与当时作为心理学家、哲学家的杜威相遇的，而刚刚从密歇根大学来到芝加哥大学的杜威也正在转向研究教育问题。简·杜威曾经指出：在教育方面，扬是杜威最重要的导师之一，特别是在杜威对于教师与教学的理解上。根据杜威对于芝加哥时期的回忆，扬对于他当时教育理想的形成具有非常重要的影响，特别是"关于学校教育的民主观念"[1]。扬的博士论文《学校教育中的孤立》（*Isolation in the School*）可以看作研究杜威心理学的产物，讨论的焦点是教育政策与实践问题。文中，扬认为自己是一个擅长运用实践哲学的人。当扬成为杜威的学生的时候，美国的公立学校教育正在经历着重大的变革。大部分小学毕业的孩子依旧继续待在学校里，学校管理层与课堂教学人员也越来越在功能上区别开来，并且前者逐渐处于高居于后者的位置。越来越多的大学设置教育院系，目标在于培训校长与其他教育领导者，同时进行教育研究。结果，学校逐渐与大学形成多样化的等级制关系。大学教授开发测验与教科书供学校使用，同时他们也服务于学校董事会的咨询，像杜威那样通过演讲与写作来阐释教育问题。

扬通过自身的观察与经验，看到在这种变化过程中出现了对于教师的许多消极影响。由于日益加强的官僚化以及专业化，像芝加哥这样大城市中心的教师明显地失去了自主性与地位。在如何管理学生方面，教师日益服从工

---

① DEWEY, J M.. "Biography of John Dewey." [M] // Schilpp, P. A. (ed.). The Philosophy of John Dewey. LaSalle, Ill.: Open Court, 1951: 29.

作规则，变得越来越服从管理者的领导。由于小学教师本身接受学校教育更少，他们也逐渐失去了与中学教师比肩的位置。正是基于她对于当时教师所处现状的认识，扬提出要重视教师的作用，大力倡导教师们践行自己的教育理想。可以说，扬是美国历史上第一个也是最重要的"教师倡导者"，同时，她也是一位经验丰富的政治家。[①] 扬同样非常关注教师教育问题，并在1905—1909 年间担任芝加哥师范学校（Chicago Normal School）的校长。

（一）论教师的自主性

作为"教师倡导者"，扬强调教师在教育中的重要作用。她批评当时在泰勒管理理念影响下的教师队伍管理现状，认为在所谓的管理进步主义取向下，教师角色被机械化，失去主动性，不能充分发挥作用。她指出，教师应该拥有尊严和重要地位，教师在实际工作中的经验绝不应该被忽视，这使她成为课堂教师的朋友，而潜在地成了管理进步主义者的敌人。[②] 当时的学校管理包括两个阶层，一个是管理者与督学，另一个是课堂教师。扬对这种划分极为反感，特别反对对教学群体的监督。她指出这种过分的监督导致产生麻木的效果，教师不仅被剥夺了教学与规训这种强调个性的工作的发起者地位，而且他们只是被委任为另一个阶层的助手，职责只是执行更高阶层向全体人员发出的教学指示。[③] 扬在《学校教育中的孤立》中指出，若想全面改善教育，最重要的是要强调教育体系中所有参与者的社会平等，如学生与教师的平等、教师与管理者的平等。这种平等的先决条件是合作与持续不断的协同讨论，对于实现有效教育的目标进行修正与重申。毫无疑问，她强调要重视教师的知识与教学自主性。扬批评那些"不参与教学的督学"，指出"我们一定要充分认识学校生活的法则，要仔细分析学校内部体系中承担不同职能的不同成员的权力与职责，一定要给予教学群体以自由，让他们去探索在个体与群体中如何自由地思想"。扬努力让芝加哥的教师们意识到他们拥有表达自由的权

---

① LAGEMANN E C. Experimenting with Education：John Dewey and Ella Flagg Young at the University of Chicago ［J］. American Journal of Education，1996，104（3）：171-185.

② 厄本，瓦格纳. 美国教育：一部历史档案 ［M］. 周晟，谢爱磊，译. 北京：中国人民大学出版社，2009：308.

③ YOUNG E F. Isolation in the School ［M］. Chicago：The University of Chicago Press，1901：55.

利与责任，教师们应该就学校教育的任何问题表达意见，并将之反馈给学校督学与地方教育委员会。扬认为要保证教师具有这样的自由，各地教师就要成立教师委员会，其作用不只是在代表教师争取福利，更重要的是要回应立法机构提出的问题。

（二）论师范教育

首先，关于师范学校的功能与目的。1904 年，扬离开芝加哥大学去欧洲开展为期一年的国外学校教育体系的研究。1905 年 8 月，她接受芝加哥督学埃德温·库利（Edwin G. Cooley）的邀请就任芝加哥师范学校校长。扬认为师范学校的功能并不在于提供教育哲学所建构的那些完整理论体系，而是一定要提供源自于该理论体系，但能够帮助人们解决新任务的概念与原则的教育哲学。1907 年，扬发表作为师范学校校长的第二份工作报告，其中关于师范学校功能，她这样说道：“人们通常都认为师范学校应该培养出接受过教育与训练的教师进入教育体系工作，但是关于一名接受过教育与训练的教师到底应该具备什么素养却是众说纷纭。这个城市共有 250 所小学，每一所学校校长都有对于地方教育委员会规则指导下的学习课程与纪律手段等学校管理的最终管辖权，那么不可避免的是，即便是处理小问题也是会有许多种方法。对于师范学校来说，如果它试图教教师掌握某种单一方法，那么就可能会忽视大部分其他也能解决问题的方法；如果它试图教所有方法，又可能会导致更加令人讨厌的混乱。如果强调城市学校的需要，那么培养受过教育与训练的教师就必须把重点放在为教师打造更宽阔更深厚的基础上；放到教师必备的智识理解能力上，教师必须了解学习者及其智力活动的自由性与有限性，也必须了解支持或阻碍自由活动的条件；放到教师所应具有的强烈的责任感上，教师有责任通过给予学生接触更好事物的自由培养学生的品质。”她还进一步说道：“教师所应具备的责任感与同情心依靠对教师的培养。师范学校要使未成熟的教师掌握进一步调查论证所必备的知识；要让年轻教师以个性化的方式开启职业生涯，让他们以持久的热情来组织材料，这些材料本身即是具有一致性的明白易懂的课程内容；最后，师范学校关注与讨论的焦点应该包括目的与方法，因此才能形成自觉的目的与方法。”在报告的最后，扬这样总结：“概而言之，从师范学校的角度来理解，师范学校的功能就是要培养学生有责任担当的个性，为学校教育的心智活动与社会活动做准备。由此，毕业进入教学队伍的年轻人才不会令他们自己或他们的学生成为不敢表达自己思想的受害者。"①

其次，对师范生的要求。扬强调师范学校的学术性，她认为师范生应该具有一流的才干。师范生一流才干培养的基础首先是他们的心智成熟。扬在第三份工作报告中建议，师范生在高级中学毕业后推迟一年进入师范学校，利用这一年的时间在外面的世界或者在家里工作，这样他们就会在开始学习教师教育项目提供的心理学等其他课程之前就得到一些额外的成长。她的论点是，如果教师教育项目由于学生的未成熟以及他们早期锻炼的不充分而效果减弱，那么师范学校就不能把教师培养工作做到最好。扬进一步解释，"没有研究比心理学更了解判断力与品性的未成熟。一些年轻学生能够顺利地快速完成小学与中学的学习，成功地通过入学考试，自信地进入师范学校学习，比起可能拿到的学校学习的完整背景而言，这里的学习更需要对生活拥有更深厚、更严肃的兴趣，然而他们却只有一个目的，就是拿到文凭。如果他们能够在推迟的一年里、在外面的世界中或在家庭里工作期间取得收获，并了解珍视这些收获，……那么他们为教学所接受的教育就会是完全不同的品质"。扬认为师范生一流的才干还包括英语语言的使用。她把能够流畅准确地演讲作为每一个师范生从师范学校获得文凭的必备条件。她认为任由师范生把错误的母语使用习惯教给他们的学生是一个巨大的错误，同时公众也会拒绝一个词汇贫乏、只会使用某种方言的人作为儿童的教师。

再次，对于师范学校教师的要求。扬要求来芝加哥师范学校应聘的人应该是经过学术训练的经验丰富的教师，而且具备成熟的品性。教授未来教师的人一定是接受过良好教育的人，要有自己擅长的学科专业领域。但是扬并不认为像英语、数学或科学教师也必须具备能力教授教育史或教学原则，那样的话反而严重削弱了教师队伍的力量，使得整个师范学校的学术品质受到质疑。因此，教育学科教师可以在其他系比如数学系、科学系、音乐系或英

① DONATELLI R. The Contributions of Ella Flagg Young to the Educational Enterprise [D]. The University of Chicago Press, 1971.

语系等进行教学来提供支持。有人认为任何人都能够承担教育系的工作，这就取消了教育系教师参与其他系教学的资格。扬指出，如果教育哲学历史的教学或教育原则的教学只是需要教师从未成熟心智的角度来考虑课程内容，那么教育系的确是没有存在的必要了。扬认为道德教化与寓有情感的哲学思维是教育原则的基础。我们的教师不能认为运用自己生活经验积累的关于人性与品格的陈旧观念就可以充当适切的教育理论来管理班级。因此，由专家研究教育是必要的。①

扬还通过英语教学的发展来说明教育学科的重要性。她说，不久前对于英语教学的态度与对于教育教学的态度相似，任何敏感于诗歌与优秀小说的人都有资格教授英语。那些大学英语教授们指出文学教学实践的普遍谬误，即教授文学不是依靠在一部文学作品中搜检出道德教训，而是要在心智与灵魂层面为了开创更广阔的生活而激发学生去欣赏。这并不意味着道德不会影响到读者，也不意味着教育理论教师会把生活道德排斥在学科教学以外。因此，在当前的课程条件下，专业教育与其他学科专业应该是并行不悖的。扬提醒大家，英语不是教育原则的学习，正如教育不是英语的学习一样，二者彼此依靠、互相帮助，但是谁也不能替代对方。如果科学、语言与文学、数学或艺术的教授们认为学科内容就是教育的历史与原则，就是他们在教学内容与目的上产生了混乱。扬表达需要设置专业教育课程，这样才能使学生获得在专业领域内关于教学的特殊训练。

扬强调芝加哥师范学校的入学申请者需要具备成熟的品性，她对于教师的要求亦如此。她的一个同事回忆，作为师范学校校长的扬不仅仔细审核未来教师的证书，还会观察该教师的教学以审查他的即时表现。扬并没有从观念上提出教师的成熟品性到底如何，她只是通过与之交谈、观察做出自己的判断。

扬的继任者芝加哥师范学校校长威廉·欧文（William B. Owen）这样评价，扬"擅长解决教育问题，无论是理论的还是实践的"，同时她还展示了作为管理者的"卓越才能。"

---

① YOUNG E F. Editorial ［J］. The Educational Bi-Monthly，1907（Ⅱ）：88.

三、米切尔等：儿童发展与完整教师的培养

20 世纪早期，美国"新教育"领域中的女性先驱者露西·米切尔（Lucy S. Mitchell）等人深受霍尔、杜威和桑代克等人思想的影响，在积极进行儿童研究、大力推动进步教育实验的同时，提出为进步学校培养现代教师的理念，其教师教育思想的核心就是要培养未来教师具备适合儿童发展的教学知识与能力，如果教育目的在于培养"完整的儿童"（whole child），那么教师教育的目的就应该是培养"完整的教师"（whole teacher）。蔡克纳将这种以满足儿童发展为宗旨来培养教师的教师教育取向称为发展取向，并指出该取向发源于格兰维尔·斯坦利·霍尔（Granville Stanley Hall）发起的儿童研究运动。① 也有研究者指出发展取向的教师教育代表了一种人文主义传统。

（一）霍尔的儿童研究与发展取向的教师教育的基本观点

霍尔是克拉克大学第一任校长，约翰霍普金斯大学心理学实验室的创建者，美国心理学会的创建者。他师承美国心理学先驱威廉·詹姆斯，以及德国心理学家冯特，注重把进化论与心理学结合起来，强调心理发展的观点，他的心理学也被看作发展心理学。同时，他将所学的心理学方法应用于儿童研究和教育研究，被认为是"美国儿童心理学的创始人""儿童研究之父"。另外，霍尔还主张根据儿童心理的发展来修订教育学，使得教育学有了现实的心理学基础，也使教育学成为大学研究的科学。② 因此，他也被称为"美国教育心理学的开拓者"。

1880 年，霍尔对波士顿和堪萨斯两地的入学儿童关于知识面以及感兴趣的事物等方面进行了调查。根据这次调查，霍尔建议教师应当利用自己的经验和技术探索儿童心理，了解儿童已经掌握的知识，从而使自己所做的努力不至于落空，同时霍尔还认为师范学校应当教给师范生探索儿童心理的方法和技术，并将此作为师范训练的主要内容。1883 年，霍尔根据调查结果发表

---

① ZEICHNER K M, LISTON D P. Traditions of Reform in U.S. Teacher Education［J］. Journal of Teacher Education，1990：3-20.

② 郭法奇. 霍尔与美国的儿童研究运动［J］. 华中师范大学学报（人文社会科学版），2006（1）：122-127.

《儿童心理的内容》（*The Content of Children's Minds*）一文，成为美国儿童研究运动开始的标志。1891 年，霍尔参加全美教育协会年会，召集对儿童研究感兴趣的大约 150 名参会人员进行讨论。1893 年，全美教育协会还成立了分支机构，即儿童研究部，霍尔担任第一任主席。1901 年，霍尔发表《基于儿童研究的理想学校》一文，论及教师中心的学校和儿童中心的学校的区别。他在文中指出，理想学校的首要任务是根据儿童各个发展期的不同需要为他们提供有利的环境，并给予适当的帮助，这样儿童得到重视，成为教育的中心。① 在后来进步教育家的思想中不难看到霍尔的影响，特别是霍尔提出的儿童中心论成为进步主义教育运动的核心观点。美国教育委员会（American Council on Education，ACE）"十五人委员会"基于儿童中心论提出关于教师工作的看法："现代教育强调儿童而不是强调学习科目的观点，是教师工作的指南。了解儿童是最重要的。"② 杜威曾在霍普金斯大学跟随霍尔进行短暂的学习，并于 1894 年到 1904 年间积极参与并推动了儿童研究运动的发展。1917 年，衣阿华州立大学建立儿童福利研究站，标志着历时 30 多年的美国儿童研究运动结束，但它对于美国现代教育实属意义非凡。可以说，现代教育的开端是以儿童研究为基础，以促进社会发展为指向的。美国进步主义教育运动的实验及其研究可以说是儿童研究成果推行和宣传的实验场。③ 同时，美国的教师教育也形成以满足儿童发展为旨归，为进步学校培养教师的发展主义传统。

　　教师教育的发展概念来自进步主义教育的信念。在进步主义教育看来，儿童是特殊的、独一无二的，并不是一块成人可以任意捏造的黏土。文明对儿童的影响并不能使人振奋、增进美德。因此，在教师的意志下把一套固定的知识强加给儿童的传统教育不仅是一种无效的教学方法，而且是误导和有害的。基于这种观点，进步主义提出自然主义教学法和技能课程。自然主义教学法产生于儿童的需求、兴趣和能力，并响应儿童的意愿；技能课程侧重为儿童提供学习技能，用来获得他所希望得到的任何知识。因此，秉承自然

① HALL G S. The Ideal School as Based on Child Study [J]. Forum, 1901, 32 (1)：24-39.

② 克雷明. 学校的变革 [M]. 单中惠，等译. 济南：山东教育出版社，2009：93.

③ 郭法奇，张胜芹，张玲. 杜威与美国的儿童研究运动 [J]. 教育学报，2008 (2)：21-25.

主义的进步教学法包含两个重要的组成部分：发展主义与整体教学。① 发展主义强调既然学习是自然的，那么教学就要适应学习者的自然发展能力，教师要根据学生发展阶段的需要来提供特定的教学主题和技能。适合发展的教学实践和课程是进步主义愿景的核心。整体教学认为，当学习以整体的形式进行时，学习才是最自然的。那么教学就要把多种领域的技能和知识整合到主题单元和项目学习之中，而不是作为单独的学科进行教学。因此，教师教育的发展主义取向最显著的特点就是假设学习者的自然发展为公立学校的学生学什么和教师教什么提供了基础。发展主义取向培养的教师应该具有创造力和想象力，了解发展主义哲学（the Developmentalist philosophy）与儿童成长和发展的模式。

维托·佩龙总结早期教师教育发展主义取向包括三个中心隐喻：教师作为自然主义者、教师作为艺术家、教师作为研究者。② 教师作为自然主义者强调教师要具备在自然环境中观察和研究儿童行为的能力，同时建构与儿童发展模式、儿童兴趣相一致的课程与教室环境。教师教育改革发展主义取向的关键特征就是师范生要学会观察儿童，并且在观察的基础上设计儿童活动。教师作为艺术家包含两个维度的含义：一方面，作为艺术家的教师要对儿童发展心理学有深刻的理解，能够通过为儿童提供在一个刺激性的环境中精心设计并起引导作用的活动来激发儿童的学习热情。为了能做到这一点，师范生需要通过学习成为一个非常清醒且心智健全的人。另一方面，发展主义取向的一个共识就是要为师范生提供舞蹈、创造性戏剧、写作、绘画以及讲故事等各种各样丰富的经验，使他们能够成为学生在探究性、创造性和开放的态度方面的榜样。教师作为研究者强调教师对于实践的实验态度。儿童研究是教师探究的基础，教师教育者要为师范生提供指导，告诉他们如何在自己的课堂上发起并维持对于特定儿童学习的持续探究。

---

① LABAREE D F. Progressivism, Schools and Schools of Education: An American Romance [J]. Paedagogica Historica, 2005, 41, (1&2): 275-288.

② PERRONE V. Teacher education and progressivism: A historical perspective [M]. New York: Teachers College Press. 1989.

（二）米切尔等人"完整教师"培养的理论与实践

儿童研究和进步教育的观念在教育实验局（The Bureau of Educational Experiments）以及后来的班克街教育学院（Bank Street College of Education）的建设发展中得到了良好的践行和发扬。教育实验局成立于 1916 年，是班克街教育学院的前身。其联合创始人是 20 世纪美国"新教育"领域中那些女性先驱者，包括露西·米切尔、哈里特·约翰逊（Harriet M. Johnson）、实验教育家卡罗琳·普拉特（Caroline Pratt）等。实验局的成立试图将儿童研究与实验学校联结起来，目的在于通过儿童研究实验，打造最适合儿童成长发展的学校环境。随着儿童研究的深入，教育实验局发现很难找到适合进行教育实验的教师。于是在 1930 年他们开发新的教师教育项目，即实习教师合作学校（The Cooperative School for Student Teachers，CST），目的就是为现代实验学校培养教师。之所以称为"合作学校"，是因为这个新教师教育机构主要通过与当时的 8 所实验学校展开方方面面合作的形式来培养新教师。实习教师合作学校建立的核心是儿童研究，而不是所要教授的学科或使用的教学方法。它被称为教师教育实验的"实验室"，实验遵循的原则是"通过科学的方法，通过共同的思考来进行"。1943 年第一个班克街工作坊成立，开始实施在职教师教育，旨在帮助经过传统培训的教师将新思维融入教学之中。

米切尔等人进步教育改革实验的理论基础来自霍尔、杜威以及桑代克等人的思想。他们都读过霍尔的书，也许还听过他的演讲，特别是接受了霍尔关于心理学和学校教育之间关系讨论的影响，比如学校教育取得进步的关键在于不干涉儿童发展，这是生理因素决定的观点。米切尔还参加了杜威的教育哲学讲座和桑代克的教育心理学讲座，特别是接触到 1916 年杜威出版的不朽著作《民主主义与教育》中的思想。杜威的观点对米切尔的教育思想和实践产生了巨大影响，她也在自己的写作中重构了这些观点。尤其是杜威对于教育的定义——教育是"经验的改组或改造，这种改造或改组，既能增加经验的意义，又能提高指导后来经验进程的能力"①，以及民主主义的教育为变

---

① 杜威. 民主主义与教育 [M]. 王承绪，译. 北京：人民出版社，2001：87.

革和社会改革埋下种子等观点。米切尔对教育的兴趣源于她对社会改革的兴趣，即为每个人提供"美好生活"的可能性。米切尔接受桑代克的影响主要体现在方法论层面，她将桑代克的科学方法和统计分析运用到教育实验局的儿童研究之中。

教育实验局认为学校教育的目标是个体的全面发展，即完整儿童的成长，强调关注儿童成长的需要以及成长模式。米切尔强调最迫切的需要就是对受发展阶段制约的儿童行为进行科学研究，并在这种成长研究的基础上规划学校环境。① 因此，为了给儿童们创造良好的学习环境，教师必须了解儿童科学研究所揭示的儿童"真正的"样子。教学知识内容和教学技能并不能造就教师，掌握儿童成长需要和成长模式的知识才是最重要的。同时，米切尔指出现代学校教师需要一种与传统教师教育项目不同的教育。现代学校中，以儿童为中心的环境，课程倾向于活动型，而不是以学科为基础，那么就需要教师经常对课堂生活和学习做出大多数关键的决定。这样的教学环境需要一套与传统教学环境不同的技能和知识，而获得这些技能和知识的一个关键因素就是教学实习。

米切尔认为培养"完整儿童"的首要条件是要培养"完整教师"。

首先，"完整教师"要体验儿童完整的学习过程。新的教师教育项目的核心是以儿童为中心。教师教育课程的中心既不是教学方法，也不是教学内容，而是儿童在学习过程中可能感受到的深度兴奋点（the deep excitement of learning）。就"学习过程"而言，米切尔认为"学习过程"对于儿童和成年人来说是一样的，都先后包括吸收与输出两个过程。因此，实习教师合作学校的教师教育项目综合了科学家和艺术家的视角和方法，打造包含成人的吸收与输出两个方面过程的课程。吸收强调与环境之间的相互作用，其间经过消化，大脑图像被重建。输出是大脑图像完成了重建后的外显表达，它包含了一个新观点，因为它看到了两个旧观点之间的新关系。这个外显表达可能是一件艺术品或一些科学数据，也可能只是一种思考某事的新方式。

① MITCHELL L S. Cooperative schools for student teachers [J]. Progressive Education, 1931 (8): 251-255.

就儿童在学习过程中可能感受到的深度兴奋点而言，培训中的教师最需要的就是要感受儿童学习的兴奋状态。为了能够胜任现代学校的教学，为了能够在了解儿童经验的基础上进行教学，实习教师不仅要阅读相关文献和讨论绘画、跳舞、唱歌、实地考察、实验、写作、测量、计算等这些活动，还要充分地参与。实习教师合作学校需要提供第一手经验，也就是让实习教师去亲身经历（first hand experience）。米切尔强调的亲身经历包含两种体验[①]：第一种体验就像实地考察一样，把真实世界作为收集数据的信息来源，而不是用"书籍"等"替代"来源。在米切尔看来，这是一种"吸收"。第二种亲身经历的体验则是，亲身经历意味着直接参与社会与物理世界，如作为实习教师要进行教学实践，作为儿童要直接和不受约束地参与课堂活动和学习。在这两种情况下，我们看到教师教育的核心原则是真实世界和生活作为学习的基础经验。实习教师通过积极的体验来重新捕捉儿童心灵的奇迹和能量，从而学习教学。此外，还有一些研讨会和课程帮助实习教师了解儿童，了解儿童周围的物质和社会经济世界，即"科学、人文地理或环境和社会环境"；还有课程帮助实习教师明确建构他们的教育哲学，即关于儿童、学校和世界的理想和目标，以及成为教师意味着什么；还有课程帮助实习教师掌握课堂技巧等。[②]

基于以上两点认识，实习教师合作学校并没有开设学术课程，取而代之的是生动活泼、令人难忘的周末研讨会和专题研究的工作坊。这些研讨会和工作坊的主题包括实习教师对于社区运转过程中各种关系的探索；儿童成长过程中的因素分析；观察记录儿童，并讨论事实与解释之间的区别；实习教师自身在教学实习和课堂经验情境下的个人成长等。另外还开设了一些工具性课程。具体课程安排包括：前两个月围绕观察练习，观察成人和儿童的行为、外部物理环境、地理因素和世界上的工作模式、偏见及其他"社会条件作用"。接下来的两个月进一步扩展观察，实习教师要了解在看见发生之前与

① CENEDELLA J. The Bureau of Educational Experiments：A study in progressive education ［D］. Teacher College, Columbia University, 1996.

② MITCHELL L S. Two Lives：The Story of Wesley Clair Mitchell and Myself ［M］. New York：Simon and Schuster, 1953：472.

他们的观察和理解相关的东西。研讨会包括儿童发展、科学的思维方法和两门课程的导论。最后四个月主要集中在课堂教学、特殊技能以及与教学密切相关的内容，主要包括课程研讨会（两门课程），阅读教学、写作教学和算数教学技巧，地图制作的类型与技巧，人格发展等。学习的过程中也要安排艺术经验的获得，如舞蹈、唱歌与绘画等都是贯串全年的课程。米切尔认为为了了解儿童，教师需要体验儿童的观察、感觉和认识的方式，需要采用儿童更开放的、实验性的和好玩的心态。

其次，"完整教师"的培养需要合作学校的教学和研究与实习教师的学习过程同步进行。教育实验局以及8所相关合作学校进行教学和研究的核心原则在很多方面都与教师的学习过程交织在一起。第一，实习教师合作学校设计的教师教育课程从"完整的教师"立场出发，特别体现在咨询指导的过程之中。课程鼓励支持实习教师把他在合作学校的经验与他自身结合在一起，也就是把他的专业与个体自我结合在一起。第二，实习教师在许多不同领域，如艺术工作坊、讨论小组以及实地考察中，在经验、实验与真实社会和物理世界的自由表达中学习。专业教育是建立在生活以及对环境的理解基础之上的，正如对儿童的教育一样。第三，为实习教师提供机会进行教学实验和演练，是对发展中的教师的尊重；这正如教师要允许儿童成长而不是将成人的形式强加于他，是对发展中的儿童的尊重一样。这两种情况下都为真正的学习提供了时间和空间。第四，作为教师核心知识基础的儿童生活和成长的科学知识，不仅来自儿童发展与观察的课程，还普遍存在于要求教师像儿童一样感受和体验的课程项目之中。最后，个体与社会发展的相互关系在"长途旅行"中得到了特殊的表达。所谓"长途旅行"，就是对社会和物理环境的实地考察。

再次，"完整教师"的培养需要科学与艺术的结合。米切尔认为，教师既是科学家又是艺术家。教师作为科学家意味着教学要运用科学的方法，包括仔细观察儿童收集证据，采取实验的态度来筹划儿童活动课程，实验的态度体现在通过测验数据并根据发现来及时修正计划的灵活性上。教师作为艺术家意味着教师在制定课程时要具有创造力，而不是一味地拘泥于某些思考和制定计划的模式。因此，在1931年米切尔指出："教师教育的目的是培养师范生具备科学的工作态度和生活态度。对于我们来说，这意味着一种热切、警觉的观察态度，并且根据新的观察不断质疑旧的工作和生活的方式；利用世界和书籍作为素材；一种实验性的开放心态；在可能的情况下，努力保持可靠的记录，以便在对过去经验真正了解与把握的基础上建设未来。我们的目标是培养师范生能够像艺术家那样来对待工作和生活，对于我们来说，这意味着一种享受的态度，一种情感驱动的态度，一种真正参与某些创造性工作阶段的态度，以及一种愉悦和美的感觉，是所有人——无论老少的合法财产。我们对延续任何特殊的'思想学派'不感兴趣。相反，我们感兴趣的是培养出具有实验性、批判性和热情对待工作的教师，作为成年人，他们必须积极参与世界的社会问题。如果我们做到了这一点，我们就准备把教育的未来留给他们。"[1] 米切尔指出教学是一种"使命"。

最后，培养"完整教师"的典型模式是咨询指导。到 20 世纪 40 年代，实习教师合作学校的咨询指导模式逐渐发展成熟，成为班克街教师教育观念中最独特、影响最为深刻的部分。咨询指导中的指导教师都具有坚实的背景，包括直接的学校经验和良好的人际交往能力。实习教师可以分为不同的讨论小组，讨论小组创意的形成源于两点需要[2]：一方面是年度学习应该根据学生亲身经历产生的开放式课程，而不是事先计划好的课程。另一方面是学生应该有一个可以互相学习和帮助的舞台。无论是一对一讨论还是小组会议，指导教师观察和评论被指导者实地实习以及建议的内容，通常都来自被指导者自身以及他们作为实习教师的经验。指导教师帮助确定问题，鼓励被指导者根据问题产生的诸多具体情境和感受来解决问题。咨询指导背后的理念是教学不仅仅是知识和知识传递的问题。正如芭芭拉·比伯（Barbara Biber）所说的那样，这是一个"人际关系专业"，教师在知识和技能方面的能力不能与作为人的教师分开，一个人成为什么样的教师很大程度上取决于他是什么样的人。埃德娜·夏皮罗认为，"教师的主要资源来自自我……以及与他人的互

① MITCHELL L S. Cooperative schools for student teachers [J]. Progressive Education, 1931 (8): 251-255.

② CENEDELLA J. The Bureau of Educational Experiments: A study in progressive education [D]. Teacher College, Columbia University, 1996.

动"。因此，教师教育除了要重视加强教师知识内容和程序的基础，提高教师的反思能力，发展教师的专业意识，还必须关注教师作为人的发展。事实上教学是一项社会性活动，既是道德上的，也是政治上的。① 咨询指导的过程需要对儿童、课堂、指导教师进行反思，更重要的是对自己，对成为一名教师的感受和想法进行反思。

班克街的咨询指导以及督导下的实地考察项目旨在有意识地整合新教师在获得技能、态度和知识时所经历的复杂挑战，这些技能、态度和知识将推动他们成为一名教师。现代术语中，这里的咨询指导就是阿吉里斯（Argyris）和舍恩（Schon）的"行动中的理论"（theory in action）。这也就是米切尔所说的"输出"，米切尔把"输出"设想为一种个体经验的表达，一种个性化的具体记忆形式，本质上是一种创造性的、活跃的东西。② 作为教育实验，作为一个"坚定不移的社会理想"，班克街在一个民主人文主义价值体系中成功地保持了一整套关于教与学的独特思想。正是通过班克街以及类似的机构，进步教育的理念才得以继续蓬勃发展。1950 年，实习教师合作学校成为研究生院，教师教育成为该机构的核心，其中明确树立的一个显著特点就是强调从实地工作的经验中学习。

第四节

科学主义教师教育思想

作为与人类活动共生的自然的教学源远流长，但是作为教学"科学"则是从 19 世纪晚期才开始的。关于教学的科学研究最早对于公众意识有影响的就是赖斯对于美国教育实践黑幕的揭露。赖斯提出的教师问题引发教育学界研究者的思考，他们在风靡整个美国社会的泰勒管理理论的影响下，对教师职业进行了以"效率"为特征的科学研究。泰勒首次在美国机械工程师学会

---

① SHAPIRO E K. Teacher：Being and Becoming ［J］. Thought and Practice 1991，3（1）：5-24.

② MITCHELL L S. Two Lives：The Story of Wesley Clair Mitchell and Myself ［M］. New York：Simon and Schuster，1953：276.

（American Society of Mechanical Engineers）年会上宣读了他于 1895 年写的论文。他所描述的计件管理方法旋即成为各行各业投入-产出关系的"效率"的代名词。到 1910 年的时候，这个关于协调效率的简明提法就已经成为众人瞩目的焦点，整个西方世界无论是商界还是政府部门都为之倾倒。

在这样的背景下，一批学者提出既然"天生"的教师并不能满足学校体系迅速发展的需要，那么我们的教学研究就必须直面什么是好的教学这个问题。教学构成包括教学质量、教学特点与教学行为，相应地，教师教育应该充分利用这些研究来为学校提供具备好的教学能力的教师。在泰勒管理理论的影响下，人们一致认为有效的教学就是好的教学。一个好教师就是要以最大效率完成既定任务。这里需要解决两个问题：一是规定什么是好的教学的标准；二是发现获得这种好的教学的最有效的方式。因此在 1920 年代，人们主要依据泰勒在工业管理中采取的工作分析的形式，来寻求一种恰当的行动课程来发展科学化的教师教育。正如劳伦斯·克雷明在 1953 年反思 20 世纪早期教师教育发展时所指出的，"20 世纪 20 年代，出于对科学的信念，人们进行了无数次尝试，试图将教学任务分解和分析为各个组成部分，并围绕这种技术分析设计教师教育项目"[1]。本节以博比特和查特斯等人作为科学主义教师教育思想的代表。

一、约翰·博比特的科学主义教学观与教师培养

约翰·博比特的科学主义教学观认为，"科学"应该是教育新时代最重要的基调，我们不仅要有科学化的学校管理、科学化的课程设置，还要通过科学化的方式来发现一个好的教师的品质。[2]

（一）博比特教育管理科学的基本观点

博比特 1907 年进入克拉克大学开始博士学位的学习，受到教育学教授威廉·伯纳姆（William H. Burnham）的重要影响。伯纳姆是学校管理领域中效

---

① CREMIN L A. The heritage of American teacher education ［J］. Journal of Teacher Education, 1953, 4（2）: 163-170.

② KLIEBARD H. The Question in Teacher Education ［M］∥ Donald J. McCarty and Associates (ed.). New Perspectives on Teacher Education. San Francisco: Jossey-Bass, Inc. 1973: 8-24.

率与经济的早期倡导者，1903 年他在《大西洋月刊》（*the Atlantic Monthly*）上发表的一篇文章中把公立学校的管理机器描述为"笨重的、复杂的、已经不能适应新的环境，也不能满足当下的需要了"。他把学校事务管理与大型企业管理联系起来，指出现代工业采用的管理原则也应该同样运用到学校管理中。[①]

博比特接受伯纳姆的观点，1913 年他在美国教育研究学会（National Society for the Study of Education，the NSSE）的《第十二份年度报告》中发表了 89 页的文章。在文章中，博比特提出自己的教育管理科学，他认为学校管理能够与工厂管理采取相同的方式。实际上他直接运用工厂的语言来讨论，学校督学就是工厂的经理，教师就是工人，学生就是教育产品。正如泰勒提出对工厂生产过程进行科学研究一样，博比特也提出要对教育过程进行科学研究。泰勒认为工业管理科学是由所有的传统知识汇集在一起形成的，因此要将这些知识还原为规范、法则与公式。相应地，博比特也认为学校管理科学需要通过对教育过程进行科学研究而得出真理标准。"通过这些确定的标准，……督学就可以组织他所掌控的所有力量，指挥他们，监督他们，来保证所需产品的生产。"[②] 博比特希望运用公式化的科学标准来取代统一的教育观念，并建议用该标准来判断教育产品是否合格，教师行为是否得当。"有效的方法依靠具体的标准"，在当时研究标准很成功的人包括柯蒂斯（S. A. Courtis）、艾尔斯（L. P. Ayers）与桑代克。博比特根据泰勒对自行车厂女工的研究，提出两项基本任务可以帮助人们识别和培养好的教师。第一，寻找专业领域内表现最好的前 5% 来做分析的样本；第二，分析并用合理的明确术语来界定这些优秀教师所展示出来的个性特征。

在追求科学化的思想氛围中，1913 年美国教育研究学会的大会上教育家们热烈积极地讨论教师效率标准的制定，大部分人的观点是教师效率标准的制定是现实可行的，制定标准的目的是更好地监督教师的工作。博比特就是

---

① BURNHAM W H. Principles of Municipal School Administration [J]. Atlantic Monthly, 1903: 105-112.

② BOBBITT F. "Some General Principles of Management Applied to the Problems of City-School Systems" [M] // Twelfth Yearbook of the National Society for the Study of Education, Part I [M]. Chicago: The University of Chicago Press, 1913: 11.

其中代表性人物之一，他同样把教育管理科学的观点应用于教师教育之中。

（二）博比特教育管理科学视域中的教师教育

可以说，博比特为20世纪的专业教育工作者提供了一种作为专业术语的概念和隐喻。这种专业术语是创造专业光环所需要的，没有这种光环，专业教育工作者的霸权就无法建立。科学不仅仅是一种应用于教育的工具，还是一种可以授予专业地位并排除那些外行人的方法。

博比特指出，"教师培训机构就是一种职业学校，训练教师履行其职业功能"。既然如此，确定教师培训机构目标的过程就与其他职业培训机构无异。第一步就是职业活动分析或工作分析。如果我们能够发现一名水管工必须要完成165个任务，那么我们为什么不能用同样的方式来分解教师这个公认的更为复杂的工作呢？"研究者为了发现教师培训的目的，应该进入教师应该完成工作任务的现场。他将罗列一个有能力的教师完成工作所需要的200或500或5000个任务。完成这些任务所需要的能力就是教师培训的目的——完成工作所需要的各种能力就是目的，并没有其他。"①

博比特把教师活动分成六大领域：第一，教师要把每一个儿童都看作个体，确定每一个儿童天赋本性的特点。这个任务就是要评估测量每一个儿童成长的可能性，并利用他自身本就具有的力量展现来推动他的未来成长。第二，教师的第二项任务是预测儿童在成人世界中的未来状况，预见未来他能够参与哪些于社会有益的活动，还要预测他从事这些活动所需要的特定能力、人格与社会品质如何。第二项任务决定了儿童培养的特定目标。第三，教师必须决定学生的各种活动与经验。教师的任务就是确定每一个儿童的能力，以及这些能力通过正常的影响而发展成为成熟形式的可能性。第四，教师必须提供必需的材料设备。教师首先要研究哪些物质条件是帮助还是限制学生提高能力，继而帮助设计提供最有利于儿童成长的那些条件。第五，教师要提供有利于学生健康成长的人类环境。教师的任务就是要研究个人与社会的状况，并分析在这些状况中哪些因素是限制还是鼓励学生能力正常发展的，

① BOBBITT F. Discovering and Formulating the Objectives of Teacher-Training Institutions［J］. The Journal of Educational Research, 1924, 10（3）: 187-196.

还要帮助家长与学生设计并提供最有利于儿童成长的环境状况。第六，教师要持续不断地观察儿童能力是否按照我们希望的方向与程度发展。希望就是目标，就是测量学生成长的标准，只不过这些标准是个体化的。我们绝不能用统一的标准来衡量所有的学生。博比特提出教师工作的 6 大领域，并进行功能分类。他认为如果我们能够把这 6 项工作细化，每一项都设计出特定具体的任务，那么我们就拥有了教师培训的活动目标。

二、沃雷特·查特斯的教师培训要素分析

沃雷特·查特斯（Werrett W. Charters）于 1904 年获得芝加哥大学的博士学位，1907—1917 年间在密苏里大学教育学院的教学与研究工作奠定了他的基本教育研究范式，也赢得了教育管理改革方面全国范围的声誉。他曾经是杜威的学生，但是他前两部著作出版的过程，包括 1909 年的《教学方法：功能视角的考察》（*Methods of Teaching：Developed From a Functional Standpoint*）与 1913 年的《公立学校教学》，体现了他的写作与哲学化、概念化、理论化的杜威思想渐行渐远。然而，他从未真正放弃过杜威，因为他认为自己所运用的"功能效率路径"观念是对杜威教学思想的进一步扩展以及深化。

1919 年查特斯被任命为匹斯堡卡内基理工学院零售部培训研究部的主管，从那时起他开始从事于工作分析/活动分析（job analysis/activity analysis）。工作分析是一种结合泰勒的科学化管理理论分析不同工作要素的方法。查特斯运用同样的方法分析教师的工作，将教师称为"教育的工程师"。例如，如果一名教师从上午 8：40 到 9：00 之间完成三个活动：订正作业、规划课程，以及跟学生打招呼，研究者要及时地关注这些活动，顺利完成这些活动所需要的能力——就是教师教育项目的目的。[①]

1919 年到 1942 年查特斯退休之前，他从事的成人工作分析以及成人课程发展都是与若干大学的许多研究生合作进行的。1925 年，他获得联邦基金的支持，展开主题为"联邦教师培训研究"的一系列关于教学的科学研究，这

---

① CHARTERS，W. W. "The Objectives of Teacher-Training" ［J］. Educational Administration and Supervision，1920（6）：301-308.

也是美国教师教育课程科学化最早最显著的努力之一。查尔斯与道格拉斯·韦普尔斯（Douglas Waples）合作对教师所承担的工作进行了一个大规模调查。1929 年，他们共同发表《联邦各州的教师培训研究》（*The Commonwealth Teacher Training Study*），调查试图通过科学的方式发现能够代表"好的教学"的特征与活动。一旦发现了"好的教学"的特征与活动，它们就会立刻成为教师教育课程的新要素。查尔斯和韦普尔斯批评教师教育项目缺乏明确的目标定义和程序逻辑，他们试图证明对教师的职责和特点的全面描述将为系统地决定教师应该教什么提供基础。

查尔斯和韦普尔斯研究的第一步是要确定能够表征优秀教师的特质。他们采取共识路径，具体包括分析专业文献与访谈专业人士两种方法，而不是假设哪些活动与特征是教师需要的。起初他们列出了 83 个特质，经过归纳整理，最后编制科学确定的高中教师特质表，指出高中教师应具备的特质，包括良好品味和礼仪等 26 个特质。还有初中教师特质包括传统（道德）和思想开明等等。确认教师的这些职业特征后，查尔斯与韦普尔斯进一步确定每条特征对学校系统不同水平的教学的重要性。最后，他们又列出"各种教师的活动"，这些活动内容非常广泛，包括从"遵循社会传统"到"主动进行有效工作"。查尔斯与韦普尔斯的目的是给教育学院提供一个衡量和改进课程的标准，可是其结果却是把一向称为艺术的教学简化成各种细小行为的图表、表格和公式。为了保证教师活动特征的全面性，他们发放 22000 份问卷到 42 个州有经验的教师手中，包括超过 6000 个可用的回答指向 211890 个教师活动。另外，各种各样关于教师活动的分析研究纷纷展开，这些研究提出大概 300 多种特征，最后形成关于教学的 1001 个活动。教师培训机构使用这些特征与活动形成教师教育项目，来反映课堂的世界。[1]

在抽离出好教师特征运动中有重要影响的还有巴尔等人。[2] 人们认为识别

① KLIEBARD H. The Question in Teacher Education ［M］// Donald J. McCarty and Associates（ed.）. New Perspectives on Teacher Education ［C］. San Francisco：Jossey-Bass, Inc. 1973：8-24.

② BARR A S Characteristic Differences in the Teaching Performance of Good and Poor Teachers of the Social Studies ［M］. Bloomington，Ⅲ：Public School Publishing Company, 1929：25.

出优秀教师特质以及教学活动的特定组成部分，可以构成教师教育项目课程的基础。这种观点和原则也体现在 20 世纪六七十年代基于表现/能力的教师教育实践之中。

第五节

要素主义教师教育思想

20 世纪 30 年代最杰出的要素主义代表人物是威廉·巴格莱（William Bagley）。巴格莱从密执安农学院毕业后，在一所只有一间房子的乡村学校获得教职，在那里他既是校长，又是教学人员和管理人员。这段经历激发他对教学艺术与科学的兴趣。1901 年，巴格莱获得康奈尔大学心理学博士学位。1934 年，他出版《教育与新人》，对过去 35 年关于教育问题的思考进行了总结。1938 年，针对进步主义运动给美国教育带来的问题，巴格莱与德米亚西可维等人一起组织了"要素主义者促进美国教育委员会"，对进步教育进行强烈批判，并亲自起草发表《要素主义促进美国教育的纲领》。

巴格莱从 1905 年开始在蒙塔纳州立师范学院、奥斯威戈师范学校等地工作时起，就一直专注于教师教育问题，1917 年，他获得了去哥伦比亚大学教师学院工作的机会，从而对整个美国教师教育的发展产生影响。从某些方面来看，巴格莱在师范学院任职期间承担的就是非官方的国家师范教育"部长"的角色。[①] 埃德尔·哈恩（Edell M. Hearn）等将巴格莱称为"教师之师"，认为巴格莱的历史地位首先是由于他对师范教育所做的贡献而被肯定的。巴格莱认为要在学校中取得真正的持续的进步，必须先有高质量的教师队伍。

一、巴格莱论教师的功能

首先，巴格莱通过分析课堂程序模式，特别是设计教学和活动教学，指出美国学校教育降低了教师的教学功能，低估成背景陪衬活动，夸大了教师

---

① J. WESLEY NULL. 一位谨慎的进步教育家：重新解读巴格莱 [J]. 金传宝，译. 当代教育科学，2004（13）：27-29.

的考试功能和指导功能。① 他认为设计教学和活动教学的确对教育有巨大贡献，但完全相信它们能彻底取代直接的、系统的、连贯的教学则是另一回事。比如口头讲授教学对学习教科书的内容就很有利，口头讲授是一个三维空间活动，不仅仅利用语言信号，还增加了口语重音强调、面部表情以及手势姿态的配合，讲解人还能调节自己，以满足学习好的或学习不好的学生各自不同的需求。

其次，教师的功能还特别应体现在用人类的经验教育学生，鼓励学生有生活热情，加深学生对生活意义的理解。因此，教师必须敏锐地估价他教学内容的重要性，应清楚教学材料对解决人类的什么问题有贡献，还应清楚教学用的材料如何有助于理解人类生活与工作的基本条件。教师是精神（与物质相比较而言）遗产信赖的继承人，每一代人都接受并吸收了精神遗产才使人类不断向更高级水平进步。

教师的功能还在于发现各层次学生中间特别具有"天赋"或能力的学生。另外，教师人格作为教育资源对于学生的影响最为重要，许多人投身于某领域做贡献的时候，往往这个选择是接受了教师影响的结果。教师的工作对象是人，不是物，因此教师有责任培植学生热情的人生态度。教师要经过精神卫生学的教育和训练，通过这种教育和训练，教师可以区别一般的心理损伤及不良的行为与严重的心理障碍之间的不同，这一点无论是对于自己还是学生都是有益处的。

二、巴格莱论教学是艺术

巴格莱在 1900 年时坚信未来教师的艺术将建立在科学原理构成的坚实基础之上，正像医生的技艺已经具有了科学的基础一样。当时的教育领域已经出现了科学地研究教学问题的现象，关于学生的成绩测验或诊断性测验方面的研究都有一些成就，但并没有对普遍教学实践产生影响。通过实验方法对学习过程的研究基本上令人失望，特定时间形成的所谓"规律"似乎在实践验证时都令人不解地崩溃了。教学是一个复杂且充斥着大量可变因素的领域，

---

① 巴格莱. 教育与新人［M］. 袁桂林，译. 北京：人民教育出版社，1934：154.

科学研究，特别是实验研究相当困难。

因此，20 世纪 30 年代巴格莱写作《教育与新人》时指出，把教学比作艺术从许多方面看都是十分有益的。作为一个艺术型的教师，他与画家、作曲家一样，将利用任何可以利用的技术，但是教师的工作基本上还属于一种艺术，而不是技术。[①] 这样，把教学比作艺术就是承认了教师素质的基本意义，这些素质包括对学生存在的困难有洞察力、有直觉印象，能敏感地意识到学生的困难，同情并理解学生的需要。把教学比作艺术还等于承认了教师敏锐地鉴别人类遗产的重要性，教育过程中常常需要教师对人类遗产中的知识、技能、观念及道德规范准则等进行鉴别。还要注意哪些遗产能够给教师带来生命的活力和生活的意义，教师怎样能够将它们编织到学生的生活经历之中。

在巴格莱看来，教学的艺术与教学的技术之间的区别在于情感因素。教师不应该缺乏对学生有感染力的热情，不应该缺少对学生存在的困难同情理解的那种"敏感"特征，不应该缺乏对自己所从事学科的真诚热爱和鉴赏能力，否则也不会有强烈的欲望去唤起别人对该学科的了解、热爱与欣赏。

三、巴格莱论教师教育课程

关于教师培养，巴格莱最重要的贡献就是提出"专业化的学科内容"（professionalized subject matter）的观点，运用这一观点尝试解决教育专业课程与学科内容的割裂问题，同时这一观点为 20 世纪 80 年代舒尔曼的学科教学知识概念打下了基础。

1918 年完成的《密苏里报告》（the Missouri Survey）代表了巴格莱关于教师培养项目课程形式与内容日渐成熟的观点。卡内基基金的威廉·勒恩（William S. Learned）与巴格莱等人设计调查评估密苏里州教师培养机构的有效性。巴格莱负责撰写调查的课程部分共计 145 页。在报告中，他呼吁要改善培养未来教师项目，加强对社会愿景的关注。

巴格莱进一步深入讨论课程话题，批评当时缺乏学科内容的低质量的教

---

① 巴格莱. 教育与新人 [M]. 袁桂林，译. 北京：人民教育出版社，1996：162.

师培养课程，并提出教师教育课程的目标应该是"专业化的学科内容"，即把教师培养专业课程或教学方法与学科内容联系起来。在巴格莱看来，教育培养过程中如果没有所教学科内容是不充足的。教师的主要任务之一，也就是教师培养项目的主要任务之一就是理解学科内容知识，使之专业化，也就是将学科内容知识转化或教授给学生。这种专业化行为超越了学科内容知识，还包括了许多其他能力。这些能力包括要了解被教学生的知识与兴趣，要过一种学者的生活，要致力于社会服务，要掌握教育理论知识、教育历史知识、关于学习的心理学知识，要充分理解民主社会中教育至关重要的作用，等等。巴格莱在后来还把"专业化的学科内容"描述为"对于人性化知识的追求，揭示它的真实意义，说明它如何从人类经验中演化出来，又如何帮助人们解决问题，特别是要说明未来一代的经验如何吸收它"。① 虽然巴格莱专业化的学科内容的概念内涵一直都不是很明确，但是它始终强调要充分关注教师如何能够帮助学生理解与处理学科内容体系，为后来的教师教育课程发展提供了一个新的视角。

在巴格莱所完成的《密苏里报告》部分的最后，他提出关于师范学校课程的建议。除了普通教育以外，他认为一个标准的教师教育项目还应该为未来的教师开设如下课程：（1）心理学；（2）教育史；（3）教学一般方法或原则；（4）学校管理；（5）观察、参与以及教学实习。巴格莱认为心理学课程具有一般属性，比起严格的心理学，班级授课要更多一些关于教学方面的介绍。但对于心理学巴格莱一直持有怀疑态度，认为心理学并没有形成一个理论体系，能够令初学者从中推断出成功实践所需要的规律与准则。他反对将学科内容与教育专业课程人为地分割开来，他鼓励师范学校的学科专家将课程内容专业化，同时他也要求教育学教授深入学科科目之中。巴格莱整个职业生涯都在强调教师文化，强调课程教学的过程与内容的融合。

正是由于对美国心理学在未来教师培养中的重要性产生怀疑，巴格莱在1920 年左右开始强调历史知识以及教育史对于未来教师的重要性。巴格莱重

① BAGLEY W C. Twenty Years of Progress in the Professionalization of Subject matter for Normal Schools and Teachers Colleges［R］. National Education Association Proceedings and Addresses，1928：906.

视历史的转向体现了他希望教育者要从他自己的错误以及其他人的错误中获得经验。当时流行的趋势是教育者们大都认为心理学能够解决教育问题，而巴格莱指出历史的知识完全有可能消解问题。巴格莱还指出教育史能够与教育专业由于紧跟时髦的狂热而产生一些令人不安的趋势作战。因此，巴格莱在哥伦比亚大学教师学院工作时，与著名的历史学家查尔斯·比尔德（Charles A. Beard）在之后的 20 年里合作，为小学以及中学撰写历史教材。巴格莱支持开设本科生教育历史课程，因为它可以成为帮助教师批判性评价教育计划的基础。巴格莱认为教育史课程能够为未来教师提供不同视角，以及当他们做决策时所需要的广阔的"阐释基础"。巴格莱指责师范学校与大学的教育学院只是因为那些当下可用的实践性，以及有用的课程而取消教育史。实际上，巴格莱认为教育史应该"反映那些重要现代教育改革者从裴斯泰洛奇、福禄贝尔、赫尔巴特与斯宾塞到当下的领导者杜威等人的基本思想"①。

四、巴格莱论理想的教师教育项目

在一篇题目为"中学数学教师的理想培养：一位教育家的观点"的文章中，巴格莱描述了他心目中应该在全国推广实施的教师教育项目的理想模式。② 巴格莱在文章中首先讨论教师学院培养教师的理想范式：第一，从事教师培养的机构只能拥有单一的目标即培养教师，同时该机构还需要一个附属实验学校。第二，所有未来教师都需要在完成中学学业基础上进行四年制的本科项目学习，并且这些未来教师应该是中学毕业班里成绩排名前四分之一的学生。第三，由于文章讨论的是中学数学教师的培养，巴格莱强调未来教师应该至少成功完成三年的中学数学学习。另外，巴格莱希望培养未来数学教师的教师学院应该具备数学资源，包括适合数学概念展示的工具性材料等。他还指出教师学院要拥有一支高水准学术水平与专业能力的师资队伍，这些

---

① LEARNED W S, BAGLEY W C, et al. The Professional Preparation of Teachers for American Public Schools: A study based upon an examination of tax-supported normal schools in the state of Missouri [M]. New York: Carnegie Foundation for the Advancement for Teaching, 1920: 186.

② BAGLEY W C. The Ideal Preparation of a Teacher of Secondary Mathematics from the Point of View of an Educationist [J]. The Mathematics Teacher, 1933 (26): 271-276.

教师要积极致力于鼓励学生终身从教。

巴格莱将4年制教学分为专业基础课程与专业内容课程两部分。假设一共有120学时的课程，学生需要完成40学时的专业基础课程、60学时的专业内容课程。余下的20学时包括2年的外语学习，实验校观察，除此之外，至少还有10学时或者可能12学时的教育类课程。至于观察与教学实践，巴格莱认为学生要在课程学习的整个过程中都与实验校建立起紧密联系，这种联系的建立在项目开始与结束两个关键的时刻尤为重要。

在文章中，巴格莱还对专业基础课程与专业内容课程做了进一步阐释。专业基础课程指的是学生专业领域之外的课程，比如历史、英语、艺术、生物（一学年）与自然科学等。这些课程为未来的教师提供"广阔的视野与丰富的文化"，使他们能够成为"教师-学者"，能够发现不同学术内容体系之间的联系。巴格莱希望指导者在教授这些课程的过程中自始至终都要重视调整学术内容以满足学生个体需要。他希望教师要把教育哲学与心理学整合进他们的课程，但是这些课程也需要扎根于不同的学术科目。总之，巴格莱希望教师在这些课程中把学术内容专业化，不仅通过教授明确构成学术科目基础的基本原则，还要强调适时恰当的教学方法。在这样理想的教师教育项目中，巴格莱希望由学术院系的教师来教授所有的专业基础课程，而不是教育学院教师。

关于专业内容课程，巴格莱希望这些课程集中在学科内容方面。巴格莱理想的未来数学教师应该在两个学术领域内具有专长，比如数学与历史。他应该完成30学时数学专业与30学时历史专业的学习。另外，他还应该在数学学习中达到较高水平，也应该进入更为复杂的历史主题研究，巴格莱希望完成这些课程的学生能够广泛阅读学术与专业的文献资料。例如在他的想象中，参与教师教育项目的学生学习数学专业，不只是阅读数学期刊，还要阅读那些以数学教学为主题的期刊。与专业基础课程一样，巴格莱希望所有的"专业内容"课程都由学术学科的教师来教授。

关于教育类课程，巴格莱并没有详细讨论其内容，但他认为要包括课堂管理或一些方法类课程。不管怎样，他为具体的教育类课程留出了空间。一旦学生完成了110学时的课程，巴格莱就要求他们到实验校进行至少9周时间的教学实践。在这 9 周时间里，师范生需要指导教师以及学术院系导师的紧密督导。巴格莱理想的中学数学师范生需要接受来自数学系而不是教育系教师的指导。

在 1930 年代早期，巴格莱理想的教师教育项目并没有得到多少学校青睐，但是它所表达的一些观点是值得重视的。巴格莱拓展了他在《密苏里调查》中提出的学科内容专业化的观点，并把该观点贯彻到他理想的教师教育项目之中。巴格莱希望所有参与教师教育过程的教师包括学术专家与教育专家，能够把教学方法与学科内容结合起来。最后，巴格莱理想教师教育项目体现了学术科目在他的教育哲学中的重要性。

有研究者对于巴格莱理想教师教育的问题进行分析。[①] 第一，学术科目的教师并不想与巴格莱"学科内容专业化"的观点有任何瓜葛。他们只想专注于自己的学科，并不想用关于教学方法的模棱两可的讨论来冲淡学科内容。第二，教育类课程教师希望保持完整的专业性，并且只教授"一般方法"。结果就是，巴格莱的理想也只能是理想而已。

第六节
社会重建主义的教师教育思想

无论是帕克和扬对于教师自身素养与自主性的倡导、博比特和查特斯等人对于效率的强调，还是巴格莱的要素主义教师教育思想，对于教师的认识都发生在教育领域之内。乔治·康茨（George S. Counts）则把教师推向更广大的社会背景之中，突出教师职业的社会功能，认为教师应该成为社会变革的领导者。康茨于 1916 年在芝加哥大学获哲学博士学位，先后任教于华盛顿大学、耶鲁大学、芝加哥大学和哥伦比亚大学。早在 1920 年代他就发表了一系列具有社会批判倾向的著作，但真正使康茨出名的是 1932 年经济大萧条顶

---

① NULL J W. A Disciplined Progressive Educator: The Life and Career of William Chandler Bagley, 1874—1946 [D]. The University of Texas at Austin, 2001.

峰时期，他在巴尔的摩的进步教育协会发表的题为"学校敢于重建社会秩序吗？"（*Dare the School Build a New Social Order*?）的演讲。他在这本小册子中对教师的角色提出新认识。教师并不只是杜威、帕克他们强调的促进儿童经验重组与改造的角色，也不只是像查特斯所说的"教育的工程师"，他还肩负更为重要的社会责任，他应该有意识地去争取权力，并利用手中的权力去影响下一代的社会态度、理想与行为，由此来推动社会变革。由此，康茨成为美国教师教育思想社会重建取向的代表，强调学校教育和教师教育都是追求更加公正社会运动的关键因素。社会重建论者认为，如果教师要在社会重建中发挥作用，那么就必须对教师教育进行重建。

康茨 1932 年在《学校敢于重建社会秩序吗？》一文中强有力地阐明其重建主义立场。这一改革观点在"杜威协会"（the John Dewey Society）中，在 1934—1939 年间出版的《社会前沿》中，以及后来 1939—1943 年间出版的《民主前沿》中都得到了持续的表达与讨论。

一、康茨论教师作为社会变革的领导者

康茨认为，在社会变迁中，教师应该是社会重建的核心参与者，是社会变革的领导者。康茨这里所说的教师既包括高层次的科学家和学者，也包括在各级各类教育体系中工作的教师。他认为，"如果教师群体能够提高他们的勇气、智慧和远见，那么他们就有可能成为一股有力的社会力量"。当时的美国社会缺乏领导能力，因此还是有可能接受教师的领导的。教师通过强有力的组织至少可以激发公众的良知，并且对学校实施前所未有的控制。康茨坚信，"教师们应该自觉地去争取权力，然后利用权力来达到目的"[1]。教师肩负重大责任来保护和促进人们共同的、持久的利益。教师应该勇敢地承担起责任，在学校课程和教学程序许可的范围内，积极地影响下一代的社会态度、理想和行为。在康茨看来，教师没有权利选择中立，只需要行动。教师需要时刻提醒自己，他们是未来年轻一代心智的塑造者，那么他们就一定要参与

---

① COUNTS G S. Dare the School Build a New Social Order? [M]. New York: John Day, 1932: 28-30.

到国家乃至整个社会世界的发展中来。① 要做到这些,教师绝对不能虚伪或耍花招。"他们不能说,自己仅仅是传授真理,也不能说自己不愿意去运用手中的权力。前一种观点是错误的,而后一种则是他们无能的表现。"

当教师拥有权力后,又如何施加影响呢?康茨认为,我们肩负何种责任首先要取决于时代的状况。如果是安宁的时代,我们可能要将注意力集中在儿童的天赋培养上;但如果是一个深刻变革的时代,我们就不能放弃对所处时代的特殊需求。因为恰是在变革的时代才孕育着各种可能性,教师要肩负起责任,努力影响学生去实现最人性化、最美好、最宏大的文明。其次,教师为了完成责任,施加有效的影响,要坚定信念。教师必须完全抛弃"奴隶心理学"(slave psychology),要坚定地站在自己的立场上为人民大众的理想而奋斗。教师必须积极地为学校与社会搭建沟通的桥梁,教师必须主动关注教育问题,他们必须在学校教育上施加有效的领导,他们必须积极主动地打破经济财阀对于教育委员会制定决策的垄断,充分表达立场,这样公立学校教育才能更有效地保护与促进民主的发展。只要学校操控在经济财阀手中,他们就不会去积极地维护民主价值。康茨坚信教师有责任去唤醒人们的心智,积极关注控制问题,这样才能产生真正有代表性的教育委员会。②

教师也需要警惕他们的责任免于学校管理者的侵蚀。在等级制结构的管理模式中,学校管理科学就是要摧毁教师的主动性与个性。康茨认为学校管理者的职能应该是促进教师的成长与完善,赋予教师以勇气与力量。若的确如此,有才华的年轻人就会不断地被吸引到教师职业中来,教育也就能够在国家政策这样最深刻的问题上施展拳脚,有所作为。

在美国,教育组织要想承担起为民主而战的角色,就需要教师具备丰富的智识与高尚的道德,他应该是一位精通专业技能的专家,同时能够充分理解更宏大目标的意义。此外,教师应该是一位学者,掌握专业知识;教师应

---

① COUNTS G S. The Social Foundations of Education [M]. New York: Charles Scribner's Sons, 1934: 4.

② COUNTS G S. The Prospects of American Democracy [M]. New York: John Day Co., 1938: 308-309.

该是一位公民，承担共同体生活的责任；教师应该是一位民主主义者，认同与大多数人共同的利益与财富。

二、康茨论教师培养

康茨指出，如果教育要影响历史进程，那么教师质量就是职业标准要考虑的核心问题。特别是对于社会科学的教师而言，教师质量就更为重要。康茨认为，若想提高教师质量，就需要提供视野更为宽广的培养项目。该项目一定要超越课堂教学的技术层面，把更多的关注放到教育的社会、文化与哲学基础上，应该具备自由的、人性的基本价值取向。教师的教育应该在专业教育与学科内容上保持平衡。专业教育部分应该关注国家政策问题，而纯粹的技术层面应该是次要的。我们不仅要把国家政策问题当作智识训练手段来讨论和理解，还要把这些问题当作教师教育项目的培养目的。康茨认为这样的教师教育项目才能够培养出开明的、意志坚定的教师，他们才能够成为有能力的领导者，才能够战胜私利的诱惑，全力支持人民大众的事业。①

社会重建论者争论的最主要的问题之一就是教师和教师教育者应该在多大程度上有意识地向学生灌输社会主义和集体主义价值观，以及依靠实验主义和反思探究的方法来促进社会改革。② 康茨是那些主张刻意灌输社会主义价值观和思想的代表。他在《学校敢于重建社会秩序吗?》中明确指出所有教育活动都无法避免党派之争，社会的各个方面都无法避免资本主义和个人主义价值观的主导，因此，教师也好，教师教育者也罢，都需要有意识地培养支持新社会秩序的理念和价值观。

康茨认为，比培养模式更为重要的是教师的生活与工作条件。只有给予教师更多的社会机会，赋予他们更多的社会责任，他们才会拥有丰富的智识与高尚的道德。寻求更多的机会与担负更多的责任同样也是教师追求的目标。

---

① COUNTS G S. The Social Foundations of Education［M］. New York：Charles Scribner's Sons, 1934：557-558.

② ZEICHNER K M, LISTON D P. Traditions of Reform in U.S. Teacher Education［J］. Journal of Teacher Education, 1990, 41（2）：3-20.

此外，所有期待学校教育为美国民主事业发展而服务的公民都应该支持教师。

康茨认为教学专业要承担教育的发展与传播责任，要捍卫发展民主价值。显而易见，教师不必使用多少权威就能够使教育的任何特殊观念得到流行传播。因此，他们要积极推动关于学校教育工作的讨论，并激发普遍的关注。只要他们愿意，他们就能够把教育问题变成重大公共利益。他们应该呼吁伟大的第二次教育唤醒，唤醒人们用教育的民主观念来抵制贵族观念。教师需要认识到这样的努力会不被某些阶层欢迎，他们一定会冒着失去领导力的风险。康茨还指出，如果教师有效地参与到教育决策与项目中，他们就必须全面地组织起来。

三、社会重建主义教师教育的发展与实践

在 1933 年出版的《教育前沿》一书中，克伯屈和包括杜威在内的同事们批评传统教师教育，认为它在脱离更广泛目的的情况下强调技术，并呼吁要重视培养未来教师形成恰当的社会和教育哲学，以及改善我们共同文明的热情。[①] 社会重建论者认为教师领导社会秩序智识转向的能力取决于未来教师关于教育和社会发展思考的取向。与当代社会重建论者仅仅专注于培养未来教师社会意识和改革能力的教师教育规划不同的是，这些早期"前沿教育家"认识到"教师的教师"群体之中逐渐趋同的主导倾向，并将他们的努力集中在唤醒教师教育者的社会意识上。[②] 克伯屈指出，在教师教育中，没有一个因素比专业机构教师的社会态度更重要。如果未来教师要拥有社会愿景，那么他们就必须拥有充分的社会观。在普通学院或师范学校中关于社会的落后教学除了使教师对于我们的社会状况一无所知、毫无智慧可言地关注之外，几乎不会有任何其他的结果。因此，克伯屈强调必须要使所有的专业工作人员都持有一种明智和积极的社会观。我们必须竭尽所能使教师培养机构中的所有教师，也就是教师教育者都拥有更明智的社会观，唯有如此，我们才能培养出拥有恰当社会意识的教师。

---

① KILPATRICK W H. （Ed）. The educational frontier ［M］. New York：Century，1933：270.

② ZEICHNER K M, LISTON D P. Traditions of Reform in U.S. Teacher Education ［J］. Journal of Teacher Education，1990，41（2）：3-20.

　　这些激进的进步主义者观点在教师教育实践中有两个比较显著的例证：一个是 1932—1939 年哥伦比亚教师学院开展的一项实验性和示范性教师教育项目，即新学院（New College）；另一个是教师教育项目中出现的一种关于综合社会基础的组成部分。新学院努力将培养未来教师成为社会重建领导者的教师教育理念付诸实践。学院的第一个公告就引用了康茨 1932 年的宣言，提醒未来教师"在下一代社会秩序的发展中发挥重要作用是教师的独特使命"①。新学院实践中的重要元素是它整合了研讨会、基于问题的课程以及社区生活各个方面的亲身体验。新学院的教师们认为专业教育的主要任务是培养师范生对于人类生活基本问题的广泛兴趣和深刻洞察力，这样才能使他们能够在更大的社会需求背景下来看待自己的具体工作。② 新学院课程为师范生提供接触生活的机会，这样有助于他们社会观念的发展。所有的师范生都要在北卡罗来纳州西部的一个师范生经营的农场里度过至少一个夏天，他们在那里生活和工作，从而培养他们的社区规划、生活和领导能力。师范生也需要在工业界工作至少一个夏天，并参加实地考察，了解纽约市的文化和商业机会。为与教师教育强调直接经验的价值保持一致，教师还试图在师范生中促进政治活动的开展，并且不允许任何不懂政治或对政治漠不关心的人从这个项目毕业。

　　第二个将社会重建观点用于教师教育实践的早期例证同样是在哥伦比亚的教师学院，学院在教师教育项目中设计开发了"教育的社会基础"这样的课程组成部分。科恩认为拉格（Rugg）和克伯屈在 1934—1935 年开发的"教育的社会基础"（Social Foundations of Education）课程是 20 世纪美国教师教育领域中最著名、最有影响力的创新。③ 拉格在 1952 年出版的《教师的教师》（*The teacher of teachers*）一书中提出这样的观点：关注学校、社会和文化这些基本问题的教育基础课程将有助于未来教师发展他的社会和教育哲学，使

　　① CREMIN L A, SHANNON D A, TOWNSEND M E. A history of Teachers College, Columbia University [M]. New York：Columbia University Press, 1954：222.

　　② NEW COLLEGE. Teachers Colleges Record [J]. 1936, 38（1）：1-73.

　　③ COHEN S. The history of American education 1900—1976：The uses of the past [J]. Harvard Educational Review, 1976, 46（3）：298-330.

他们能够在制定教育政策方面发挥领导作用。这种发展综合社会基础课程的努力与采用打破传统学科边界的方式来重建教师通识教育的尝试相辅相成。20 世纪四五十年代，教师教育社会基础运动的领导者转移到了伊利诺伊大学，在那里，威廉·斯坦利（William Stanley）、肯尼斯·本（Kenneth Benne）、邦尼·史密斯（Bunnie Othanel Smith）和阿齐博尔德·安德森（Archibald Anderson）形成社会基础团队的核心。教师教育项目中新开发的社会基础课程部分和教授这些内容的教育家成为学术取向改革者如贝斯特和凯尔纳等人批判的主要目标，他们指责基础课程跨学科的方法破坏了学科的完整性。

第四章

专业化探索时期的美国教师教育思想
（20 世纪 40 年代至 70 年代）：
学术和师范之争与效能取向

20 世纪 40 年代至 70 年代是美国教师教育思想专业化的探索时期，核心问题就是专业化取向下的学术性与师范性之争，这个问题的出现与当时美国的社会时代背景和国家发展的要求息息相关。在正规教师教育项目产生之前，传统的文科教育等同于为教学做准备，也就是说，独立的教师教育机构产生之初的教师培养活动呈现单一的学术性取向。这种取向认为，健全的文科教育加上在学校内的学徒制，就是培养教师最明智的方式。这种教师教育取向强调了教师作为学者和学科专家的角色。随着师范学校、教师学院、大学教育学科以及教育院系的形成，教育学教授开始强调师范生的专业教育课程的比重，即教师教育的师范性取向。以学科教授代表的学术取向与教育学教授代表的师范取向的争执一直都是针锋相对、各执一词的。

第二次世界大战后，美国最重要的目的是在冷战中占据国防优势，强调教育要培养能够掌握现代科学技术的人，因此关注儿童兴趣的进步主义教育运动遭到激烈批评。最早倡导学术取向教师教育思想的是以对医学教育贡献闻名的亚伯拉罕·弗莱克斯纳。弗莱克斯纳批评教育专业课程，教育学教授与学生智识水平低下也成为众多批评者的焦点问题。到 20 世纪 40 年代至 70 年代，教师教育领域强调学术取向的代表是阿瑟·贝斯特。贝斯特坚持学术取向的教师教育思想，强调永恒价值，反对实用主义，提出教师要成为某个学科的专家，学术学科内容应该成为教师教育的主要内容。在教师教育思想学术取向影响下的教师教育实践包括福特基金会努力推动的各种研究生教师教育项目，以及全国教师团项目。科南特和贝斯特都是要素主义者，但科南特持调和态度，指出对于教师而言，学术性和师范性都很重要，因此他认为教师既要接受学术性科目的教育，又要有专业教育的高深训练，即教育学专业课程的学习。在教师教育实践中，科南特主持的哈佛大学教学硕士项目的改革可以看作调和取向的代表。全美教育协会成立教师教育和专业标准委员会，于 1958—1960 年间连续召开三次全美教师教育研讨会，邀请人文学者与教育学者共同讨论，促进教师专业标准的建设，试图调和学术性与师范性。

同时，科南特还强调效能取向的教师教育。蔡克纳认为社会效率传统是

20 世纪美国教师教育的改革传统之一。① 社会效率传统认为，对于教学的科学研究能够为教师教育课程的构建提供基础。这一传统主要出现在学校、院系和教育学院之中，被人们视为加强教育工作者在大学内部认同度战略的一部分，也就是加强师范性，追求专业化的努力。20 世纪 30 年代科学主义和管理主义影响下的对于教师职业活动的要素分析，逐渐演变为对教师能力的讨论，从而推动以行为主义为基础的基于表现的教师教育运动的兴起，其目的是提高学校和教师的效率、效能。同时，基于表现的教师教育也是对 70 年代教育问责运动的呼应。伊利诺伊大学教育学教授邦尼·史密斯等人接受《国防教育法案》全国高等研究所关于处境不利的青年教育指导委员会（the Steering Committee and Task Force of the National Institute for Advanced Study in Teaching Disadvantaged Youth）的委托，建立特别工作组撰写《面向现实世界的教师》。该书认为教师教育应该是一个整体，而不是一个游离的碎片化状态。碎片化教师教育的缺陷之一就是处境不利的青少年教育的失败与不足。史密斯等人提出关于教师教育项目改革的思想包含三个重要观点，即元知识、教学逻辑和知识的阐释性使用。同时总结了不同的培养路径，即模拟、微格教学、音像材料分析、基于师范生个体差异的真正的实习。与科南特或凯尔纳关于教师教育的著作相比，该书在语气上更积极，在概念上更大胆；它与 20 世纪初的那些教学硕士项目形成鲜明对比，因为那些项目的伪实习既不是基于培训，也不是基于教学理论。② 该书于 1969 年由美国教师教育学院协会出版，书中的教师教育设想指导了 70 年代的教师教育改革。③

---

① ZEICHNER K M, LISTON D P. Traditions of Reform in U.S. Teacher Education ［J］. Journal of Teacher Education，1990：3-20.

② JOHNSON M. Reviewed Work（s）：Teachers for the Real World by B. Othanel Smith ［J］. Journal of Aesthetic Education，1970，4（2）：145-146.

③ 纽曼. 师范教育修业计划 ［M］//陈文宁，译. 瞿葆奎. 美国教育改革. 北京：人民教育出版，1990：565.

第一节

20世纪40年代至70年代的美国教师教育

一、美国教师教育的发展

20世纪二三十年代，美国社会处于都市文化价值与早期乡村传统文化价值之间的撕裂时期，再加上经济大萧条，整个社会陷于混乱与迷茫。二战后的美国发展可谓目的明确。国家的目的是保持它作为政治、战争、经济和文化的国际领袖的首要地位，并在冷战中维护它的世界霸权。《1958年国防教育法》明确宣告："国家的安全需要最充分地开发全国男女青年的脑力资源和技术技能。"目前的紧急状况要求为所有有能力的学生提供更多的且更适当的教育机会，国防有赖于掌握以复杂的科学原理为基础发展起来的现代技术，也有赖于发现和发展新原理、新技术和新知识。那么国家有赖于科学、技术技能和经过训练的人力去实现它的目标，因此学校教育就成为社会关注的中心，需要什么样的教师以及如何培养也受到相应的关注。冷战的后果是刺激并强化了教育重点的变化。冷战保持了战时对人力发展、防卫的关注，但随着战争性质的变化，为战争做准备的概念也随之改变。战争不再需要传统步兵作战，而是需要经过高深训练的人力，去操作复杂而昂贵的机械，这些机械同样是由智慧的、掌握高超技能的人发明和创造的。同时冷战要求美国在各条战线（军事、科学、经济、文化等）开展竞争，学校必须培养科学家、工程师和商人，以使美国保持超过当时苏联的技术优势。冷战还要求美国通过证明其生活方式是优越的，来"征服"那些不结盟国家的人民。

正是由于国家目的的改变，二战后人口增加带来的教育需求、新技术的产生，导致当时盛行进步主义与生活适应教育的公立学校于1950年前后开始遭到激烈的批评，并随后经历巨大变革。这些批评来自大学或学院的教授、冷战期间致力于保持美国世界霸权的人，以及希望自己的孩子能够获得充分的本科前教育的中上层阶级的父母。他们对学校中的现代主义和进步主义发难，批评公立教育的无目的性，批评进步主义过于强调适应，过于强调鼓励孩子自己的兴趣、个性发展而忽视了那些重要的学术性强的学科。① 教育的改革必然带来对教师的新要求，因此，有识之士也发出了改革教师教育的呼声。如全美教师教育和专业标准委员会的报告书《教学专业的新视域》（*New Horizons for the Teaching Profession*，*Lindsey*，1961）、詹姆斯·科南特的《美国教师教育》（*The Education of American Teachers*，1963）、詹姆斯·凯尔纳（*Koerner*，*J*）的《美国教师的错误教育》（*Miseducation of American Teachers*，1963）、史密斯的《面向现实世界的教师》（*Teachers for the Real World*，1969）和《一所师范学校的设计》（*Design for a School of Pedagogy*，1980）、哈伯曼和斯蒂奈特（*Haberman M. & Stinnett T. M.*）的《教师教育与新的教学专业》（*Teacher Education and the New Profession of Teaching*）、卡内基高等教育委员会的报告《连续性与不连续性：高等教育与中小学》（*Continuity and Discontinuity*：*Higher Education and the Schools*，1973）、瑞安（*Ryan K.*）主编的《教师教育：全美教育研究学会第七十四次年鉴》（*Teacher Education*：*Seventy-fourth Yearbook of the National Society for the Study of Education*，1975）以及豪萨姆等（*Howsam R. et al.*）的《培养一种专业：教学专业教育二百周年委员会报告》等。

　　学者们对于教师教育的批评建立在全面调查的基础之上。1930—1931年间埃斯特·纳尔逊走访了57所提供四年制教师培养项目的州立师范学院。② 纳尔逊发现，无论是2年制还是4年制的师范生到毕业的时候，他们所接受的人文教育以及专业教育都是不充分的。也就是说，在1930年代教师学院并

---

　　① 注：这些批评包括史密斯（Smith M.）在1949年发表的《狂热地教学》（And Madly Teach），同年贝尔（Bell B.）出版《教育中的危机》（Crisis in Education）。1953年，林德（Lynd A.）发表《公立学校的大话》（*Quackery in the Public Schools*），贝斯特（Bestor A.）出版《教育的荒地》（*Educational Wastelands*），赫钦斯（Hutchins R.）发表《教育中的冲突》（*The Conflict in Education*）。1954年史密斯发表《萎缩的头脑》（*The Diminished Mind*）。1959年，里科弗（Rickover H. G.）出版《教育与自由》（*Education and Freedom*），科南特（Conant J. B.）1958年出版《今日美国中学》（*American High School Today*）。

　　② NELSON E M, An Analysis of the Content of Student-Teaching Courses for Education of Elementary Teachers in State Teachers Colleges ［M］. New York：Bureau of Publications，Teachers College，Columbia University，1939：132.

没有形成它的独特价值，因此在许多非正规途径培养教师的挑战中并没有获得胜利。从 1930 年代早期开始，联邦政府连续出版了系列六卷本的《美国教师教育调查》（*National Survey of the Education of Teachers*），该系列调查其实就可以代表教师教育领域与弗莱克斯纳高度主观却有巨大影响的 1910 年医学教育报告相匹敌，甚至涉及范围更为广泛深入。联邦政府的调查报告对于大萧条期间教师资格标准提供了深入周密的思考，即在其他领域失业的人们纷纷涌进教师队伍的情况下，允许各州提高教学标准。到 1930 年，已经有 31 个州对于高中教学工作设置了独立的标准，大多数州要求高中教师必须具备大学学位，另外 21 个州要求高中教师应该接受过学术类课程与教育类课程的综合性教育。[①] 1963 年两本调查报告的出版撼动了教师教育的根基，一本是凯尔纳的《美国教师的错误教育》，另一本是科南特的《美国教师教育》。凯尔纳访问了 63 所学院，访谈了当时的教师，回收了 827 份研究生问卷，并在《大西洋月刊》等期刊上发表文章。凯尔纳调查的结论是："美国教师、学校行政人员以及其他专业人员的教育，与其说是成功的，倒不如说更多的是失败。之所以这样，是因为无论这些培训计划中的通识部分还是专业部分都远未接近自己的理论目标。"[②] 凯尔纳认为之所以专业教育失败，教育领域教师的理智素质是根本性的局限，另外学教育的学生能力也差。教师专业培训从根本上缺乏必要的智识基础。

所有的批评家都指责了专业教育的确立、师资培训和教师证书的授予过程。许多人指出，教育学院是高等教育中最薄弱的部分：学生差，软性学程（soft courses）[③] 常常缺乏理智内容。师资培训机构太注重训练教师如何教，而太不重视训练他们教什么。同时教育学院采取垄断性措施，使得那些修习了软性教育学程的人能够获取证书，得以在学校找到教书的工作，而那些在

---

① FRAZIER B W, et al. National Survey of the Education of Teachers · Special Survey Studies（Volume V）［R］. Bulletin 1933, Number 10. Washington, D. C.: Government Printing Office, 1935: 44-48.

② 凯尔纳. 美国师范教育的失误［M］//张必芳，译. 瞿葆奎. 美国教育改革. 北京：人民教育出版社，1990：237.

③ 注：所谓软性学程指无目的地从短暂兴趣的一点转换到另一点而没有持续的理智努力。

基础学科准备更充分的人却被排斥在外。从而，师范院校就破坏了公立学校的学术或理智使命。教育家和他们的培养机构不在科学的主流之中，从事的充其量只能算是假的科学，即用不可识破的但事实上无意义的行话来掩饰的假科学，所以他们没有能力给那些将要生活在原子时代的人规定合适的教育。凯尔纳把学校的失败归咎于"教育学教师的智力"。① 海曼·里科弗将军认为摆脱"目前的教育混乱状态"的唯一途径就是建立"一个由专业学者组成的理事会"，来确定高中毕业的全国标准与"教师学术能力"的全国标准。②

这些批评家提出的教育解决方案可以分为两种，一是以贝斯特与史密斯为代表的以"人本主义"为目标的方案，二是以科南特与里科弗为代表的以"效能"为目标的方案。③ 这两种教育解决方案也自然引出两种教师教育的方案。贝斯特认为教师应该将自己视为某个学科的专家，学术学科内容应成为教师教育的主要内容。同时，要为教学建立起知识与学问的高标准，才有可能把目前教学职业转变成真正的专业。为了提高教师的学术素养，以贝斯特为代表的学者重新挥舞起要素主义的旗帜，提出在学校中"恢复学术标准"，从而强调学术取向的教师教育。科南特与贝斯特同属要素主义阵营，但持调和态度，认为教师既要接受人文科学一般学术性科目的教育，也要有专业教育的高深训练。尽管科南特对教育专业感到不满，但他对这个专业的各种问题表现出极大的同情心，并支持该专业自己规定的一些目标。科南特温和的批评与支持赢得了相当多的专业教育工作者的支持。

在 20 世纪 40 至 70 年代之间的教育改革实践中有一种教师角色机械化的倾向值得我们关注。一是防教师课程（teacher-proof curricula）的产生。50 年代学术界开始参与到以学术学科的观点与方法为重点的课程项目建设，一方面是回应贝斯特这样学者的批评，另一方面也是回应冷战时期对苏联在科学和技术方面的担忧。其中一些课程内容设定非常详细，试图将内容分解为

① KOERNER J D. How Not to Teach Teachers［J］. Atlantic，1963，211（2）：59-63.

② RICKOVER H G. Education and Freedom［M］. New York：E. P. Dutton，1959：218.

③ 丘奇. 对进步主义的反动：1941—1960［M］// 李亚玲，译. 瞿葆奎. 美国教育改革. 北京：人民教育出版社，1992：401.

"最可能小的步骤，这样学习者就会被系统地引导到一个预先确定的终点，这个终点就是所教步骤的总和"。也就是说，教师不再是教学过程中的中心人物。预先包装好的课程材料重新定义了教师作为学科与学生之间的机械中介的角色。当然也不是所有课程都是防教师的，比如在聚焦社会和道德价值层面的课程上，教师还是具有很大的影响力的。二是问责运动。70 年代盛行的问责运动也反映了关于教师课堂角色机械化的观点，其根源来自 60 年代为解决社会不平等问题的努力。问责概念在 1970 年莱昂·莱辛格（Lion Lessinger）出版的《每一个孩子都是赢家：教育问责》（*Every Kid a Winner*：*Accountability in Education*）中得到了经典表达。莱辛格书中倡导的问责技术就是绩效合同，教育顾问和专家组成的外包公司签约向孩子们传授特定技能，只有当学生学习了这些技能，并由外部人员评估后，才会得到报酬。因此，绩效合同的目的是撼动沉闷、反应迟钝的教育官僚体制，迫使学校采纳那些领先企业所依赖的工业洞察力的管理方法。问责运动对于教师教育影响巨大，直接催生基于表现/能力的教师教育运动。同时它也是对 30 年代现代大工业的科学主义与管理主义渗透进教师教育领域，从而兴起的教师职业活动分析的一种继承和发展。也有学者指出，基于表现/能力的教师教育的核心在于教师行为目标和课程层次的建构，以防教师课程中，教师被引入一个可以控制和引导其课堂行为的程序之中，两者都促使教师参与了一个外部强制的自我控制过程，因此基于表现/能力的教师教育在某种意义上是防教师课程内在化了。①

教育改革对教师提出新的要求，改变了教师检定标准，从而导致美国培训师资的各种修业计划也发生相应的改变。特别是 1957 年由于苏联人造卫星发射，联邦政府大范围鼓励师范教育修业计划的改革和实验。数以亿计的美元用于研究、形成和推广有助于提升教师能力的计划和技术。教师教育受到如此巨大的支持或期望有如此巨大的成就，是从来没有过的。

---

① WARREN D（ed.）. American Teachers：Histories of a profession at work ［M］. New York：Macmillan Publishing Company，1989：241.

二、从单一培养目标的教师学院到多元培养目标的大学

1920 年代起州立师范学校逐渐被州立教师学院所取代，但在美国的高等教育中，州立教师学院却是相对短时期存在的现象。很快州立教师学院就变成了学院，比如 1960 年布里奇沃特州立教师学院变身为布里奇沃特州立学院。布里奇沃特州立师范学校存在 90 多年，而州立教师学院仅存在不到 30 年。从州立师范学校到州立教师学院的转变过程中，呈现的是学校地位的提升，而不是方向的转变。随着中学越来越普及，师范学校所能够做的当然不是要复制中学的工作，越来越多的学生更愿意进入四年制本科学院，因此师范学校追求提升地位，改变名称为教师学院也就并不令人奇怪了。20 世纪初，州立法机关开始将师范学校转制为教师学院（teachers colleges），在 1911—1930 年间共有 88 所学校完成了这样的转制。①

但是在 1940 年代到 1950 年代之间，推动教师学院变身为学院的却并不只是培养期限延长这样的延伸逻辑，而是出现了打破过去传统，朝着完全不同的方向转变的现象。成立于 1917 年的美国教师学院协会的领导人几乎都是把师范教育当作唯一任务的院校的首脑。他们强调师范学校以及在师范学校基础上升格的师范学院都应该遵循这样的培训教师的途径，即趁年轻时就把未来的教师置于这样一种氛围中培养，也就是说，师范教育是他们将要接触的每个人主要关心的事情。1920 年，卡内基教学促进基金会也提出建议，"我们应该确认这样的一个基本原则，就是州立教师培养机构应该排斥其他目标，毫无保留地完成教师培养任务"。② 卡内基报告对于师范学校或是教师学院的名称并没有偏好，只要它们能够达到四年制本科的培养标准就够了，但明确的是这些学校一定要专注于教师培养，不能偏离这个目标。然而到二战后的十余年时间里，这种单一培养目标的学校就从美国教育领域完全消失了。

---

① TYACK, D B. （ED.）Turning points in American educational history［M］. Waltham, MA：Blaisdell Publishing Company, 1967：417.

② LEARNED W S, BAGLEY W C, et al. The Professional Preparation of Teachers for American Public Schools［M］. New York：The Carnegie Foundation for the Advancement of Teaching, 1920：391.

从 1941 年的新墨西哥，1948 年的阿拉巴马，再到 1960 年的宾夕法尼亚和马萨诸塞，这些州内的每一个教师培养机构都从它们的名称中去掉了"教师"或"师范"两个字。到 1940 年，最后一个师范学校变身为州立教师学院。在随后的 20 年中，发生了另一个更加意义非凡的变化，那就是最后的州立教师学院变换成更为普遍认可、更为商品化的各种各样的名称，诸如州立学院或区域州立大学。名称的变化表明学校培养目标的变化，从原本单一的教师教育目标转向服务于大范围众多不同项目培养学生的多元化目标。教师教育只是作为众多目标之一，已经相当边缘化，并且远远被排在其他目标的后面。[①]

卡尔·比格罗（Karl Bigelow）曾经对比美国师范学院协会 1938 年与美国教师教育学院协会 1956 年的会员名册[②]，他发现从名称上来说，1938 年的名册上占 93% 的会员院校的校名有"师范（normal）""教师（teachers）"或"教育（education）"等字样，仅有 4% 的院校称"州立学院"，仅有 3% 的院校称"专科学校（institute）""学院（college）"或"大学（university）"。师范学院当然是从师范学校发展而来的，因此 1956 年美国教师教育学院协会的会员院校基本上是 1938 年属于美国师范学院协会的成员，共计 164 所院校。经过 18 年的发展，这些院校中已经没有一所是师范学校了，其中自称是"师范学院"的比例下降了一半多，真正限于师范教育的比例则更低。此外，"教育学院"的名称未能流行，早先的许多"教育学院"索性变成了"学院"。从分类角度来看，在 1920 年，164 所院校中有 98% 可以分类为"以培养教师为主"；1938 年比例稍微有所下降，为 92%；但是到 1956 年，这个数字陡降为 38%。[③]

从 1920 年代单一教师培养目标的州立师范学校升格开始到 1965 年完全

---

① OGREN C. The American State Normal School: An Instrument of Great Good [M]. New York: Palgrave MacMillan, 2005: 213-215.

② 注：成立于 1858 年的美国师范学院协会（American Association of Teachers Colleges）作为美国师范学院代表的地位在 1938 年达到顶点，其中既包括少量残余的师范学校，也包括为数更少的大学的教育研究生院和学院。美国教师教育学院协会（American Association of Colleges for Teacher Education）成立于 1948 年，既是教师学院的代表，又是教育学院的代表。

③ 比奇洛. 师范学院消逝记事 [M] // 瞿葆奎. 美国教育改革. 北京：人民教育出版社，1990：110-112.

演变成多元目标的州立学院，大部分原来的师范学校遵循了这样的道路——从师范学校到师范学院，到州立学院，再到州立大学。美国的教师培养发生了实质性改变，而改变后的结构则呈现出前所未有的一致性。1965年后再也没有以培养国家教师为首要目标的学校了，未来的教师都在大型多元目标的学院与大学的教育院系中培养。推动教师学院转向多元目标学院的原因有两个：第一个原因是《1944年退役军人权利法案》的颁布。该法案在20世纪40年代后期到50年代早期把成千上万退伍军人送回到大学校园。州立学院与区域大学当然欢迎这些学生，因为他们会带来联邦政府的学费。第二个原因是1957年苏联人造卫星发射成功，以及接下来1958年发布的《美国国防教育法案》。美国需要更多的教育资源使日益增长的人口接受教育，特别需要培养更多的科学家与工程师，以及其他的冷战专家。大卫·里斯曼在《美国高等教育的制约与多样》一书中提到美国高等教育的"机构同质化"现象。这事实上导致了高等教育机构无休无止的努力，他们不但要努力争取符合新标准，还要想方设法在新的等级秩序中名列前茅。没有学院会希望自己原地踏步，也没有校长会希望学校在自己的手里停止发展。放弃教师学院名称中颇受非议的"教师"二字显然是提升地位的捷径。①

当师范学校变身为教师学院，继而在教师学院尽快去掉"教师"二字的过程中，出现了另一条变化的线索，即关于什么样的人能够进入美国中小学任教的观念也在发生着变化。从1830年到1930年的一个世纪里，教师从事教学的必备条件，即要求必须完成学业的水平从部分完成或全部完成中学水平项目，再到完成中学毕业后2~3年的学习。到20世纪20年代，第一次世界大战后由于师资匮乏，学区不得已降低标准，甚至到了"只要找到人去教室里坐着就行"的状况。几份调查表明，全国600,000名教师中，大概30,000名或5%的教师都是没有接受过8年以上的学校教育的，更糟糕的是，全国教师中的300,000名或一半的教师没有接受过中学教育。② 20世纪30年代情况有

①　RIESMAN D. Constraint and Variety in American Education［M］. New York：Doubleday，1958：61-62.

②　FRASER J W. Preparing America's Teachers：A History［M］. New York：Teachers College Press，2007：188.

所好转，一份《全美调查》表明教师所接受教育水平的显著进步，全美四分之三的教师接受过至少中学后 2 年的教育。20 世纪 30 年代的经济大萧条反而使学区在选择教师方面有了更大的空间，教师的从教标准迅速提升。各州以强势姿态规定所有教师接受教育资格的最低标准，同时主要大学、市政学院、州立教师学院提供各种各样的培养项目给准教师们，使得他们有更多的机会学习。

1937 年有 5 个州要求从事小学教学需要大学学历，1940 年 11 个州需要大学学历才能申请小学教师资格证，到 1950 年就已经有 21 个州甚至更多的州这样做了。1964 年 50 个州中有 46 个要求所有新教师要具备学士学位。中学教师资格提高到学士学位标准的过程完成得更快一些。1940 年 40 个州要求从事中学教学需要大学学历，1960 年就扩展至全美 50 个州。

到 20 世纪 70 年代，批评家们在 50 年代强烈抨击的两个主要目标都已逐渐消失。[1] 第一个被抨击的目标是"师范学院"。人们认为这些师范学院除了教授方法外没有传授给学生任何其他东西，培养出来的是缺乏学科知识的教师。1952 年以来，师范学院作为独立的专科性学校几乎在美国消失，进而发展成为州立大学，提供多样化的教育项目，其中做教师的人只占少数。在这些学院里，知识学科不是由专业教育家而是由学科的专家教授的。第二个消失的目标是进步主义教育理论。此时波及全国的运动是"回到基础"（Back to basics），强调阅读、写作和算术的训练。这是一个缺乏理论基础却蓬勃发展的运动，遭到大多数教育工作者的抵触。

三、教师教育项目的改革

人文社会科学学者与专业教育家之间长期存在着严重的分歧，互不信任。科南特指出，"学术学科教授（academic professor）与教育学科教授（professor of education）只在一个要点上完全一致，即：如果指导得好的话，教学实习是重要的"。[2] 20 世纪 30 年代，哈佛教学硕士学位的开设实际上是尝试解决

---

① 伍德林. 致教师的第二封公开信［M］// 扶英冬，译. 瞿葆奎. 美国教育改革. 北京：人民教育出版社，1990：502.

② 科南特. 论教师训练和检定的新方法［M］//陈文宁，译. 瞿葆奎. 美国教育改革. 北京：人民教育出版，1990：229.

这种分歧，融合二者的最早的努力，之后还有 50 年代福特基金的改革推动，目的也在于此。

（一）学术与师范相调和取向的哈佛大学教学硕士学位项目

最早颁发教学硕士学位（the Master of Arts in Teaching，M. A. T.）的是哈佛大学。教学硕士学位是一种新的学术学位，该学位的产生主要是为了弥合人文科学学科的教授与从事教师专业教育的教授们之间的巨大分歧。自从 19 世纪 80 年代，美国大部分一流大学都开始实施教育项目，哈佛大学当然也不例外。到 1920 年，哈佛大学的教育系已经升格为教育研究生院。在新学院成立的庆祝典礼上，自从 1891 年以来就单枪匹马在哈佛为教育而呐喊的老教授保罗·汉诺斯（Paul Hanus）气愤地指责他哈佛大学的同事们，"我们受到他们的审查，有时是质疑，一直是批评"。

1933 年，经济大萧条重创席卷整个美国。当时还年轻的科南特就任哈佛大学校长。科南特发现哈佛大学内部关于教师培养呈现极度紧张的状态。选择在人文科学研究生院获得硕士学位的在职教师和未来教师与选择在教育研究生院获得教育硕士学位的一样多。科南特对于教育学院的研究生培养能否保证知识的连贯性感到怀疑。1936 年，科南特说服人文科学院系与教育学院联合开设一个新的学术学位，即教学硕士学位，该学位培养接受一个新成立的全校范围协调委员会的共同管理。为了达到培养学生知识连贯性的目的，哈佛大学教学硕士学位的管理尽量弥合校园行政部门分割造成的断裂，该项目包含各学科与教育同等数量的课程，两边都进行考试，至少需要 2 年才能完成课程获得学位。

教学硕士学位项目虽然一直在进行，但是经济大萧条的持续恶化以及法西斯主义的兴起使得科南特以及哈佛大学中许多人的研究兴趣发生转向，他们要为处于战争边缘的国家服务，要研究如何使那些大规模新型可用的联邦契约落地执行。科南特在 1938 年的年度报告中写道："教育研究作为一种社会过程，与法律研究或工商管理研究一样重要，更不用说教师培训了。"教师教育的确没有被放弃，但理所当然退居次要地位。

第二次世界大战后，在教育学院新任院长弗朗西斯·凯珀尔（Francis Keppel）的坚持下教学硕士学位得以保留下来。日后的发展证明保留教学硕

士学位是相当明智的决定。20 世纪 50 年代，随着战后婴儿潮的爆发，在中小
学飞速扩张、亟须教师的状况下，哈佛大学给自己的定位是培养最优秀、最
智慧的专业教师。哈佛甚至还为小学教师开设了教育硕士学位，并说服其他
的一流大学，比如耶鲁，开设教学硕士学位项目。20 世纪 30 年代利用学位项
目的开设来解决培养机构内部割裂问题的方法，成为 50 年代美国国内普遍培
养教师的恰当模式。这样，既能够保证最高水准的学术学科培养质量，又能
够保证教学技术的培养质量。

　　哈佛大学教学硕士学位的真正成功是凯珀尔募集资金的高超能力带来的。
凯珀尔请求福特基金会支持教学硕士学位项目，他说教学硕士学位项目正是
阿肯色实验的理想补充，项目也招收那些在大学期间没有学习过教育的本科
生。但与阿肯色不同的是，哈佛大学招收的是全国接受精英大学教育的最优
秀的学生。福特基金会除了支持哈佛大学教学硕士学位项目之外，还拿出 50
万支持一个由 29 家"一流大学机构"组成的生源供应系统，这些大学机构同
意为哈佛大学教学硕士学位项目提供稳定的生源。到 1960 年，该项目 293 名
学生之中有 242 名来自全美最杰出的私立大学。[①]

　　教学硕士学位是哈佛大学的发明，特别是科南特的发明，并被许多人根
据本地情况修改适用于当地。1957 年，保罗·伍德林为教育发展基金做研究，
他尝试界定教学硕士学位的独特本质。教学硕士学位的核心是通过打造一个
新项目来弥合教育与各学科之间形成的割裂传统，该项目需要人文科学院系
与教育学院联合规划与主办。教学硕士学位取代传统人文科学主导的硕士学
位以及教育主导的教育硕士学位，同时包含两方面同等数量的课程。那些开
展第 5 年项目的学校，包括教育发展基金支持的那些项目，其基本观点是对
于教师最好的培养模式是 4 年制纯粹的人文科学教育，再加上 1 年的教育类
课程学习，强调临床比重或以学校为基地的学习，而教学硕士学位则试图将
二者同时融合起来。[②] 除了哈佛外，耶鲁等大学也实施了教学硕士学位项目，

---

　　① POWELL A G. The Uncertain Profession: Harvard and the Search for Educational Authority [M].
Cambridge: Harvard University Press, 1980: 244-253.

　　② WOODRING P. New Directions in Teacher Education [M]. New York: The Fund for the
Advancement of Education, 1957: 45-46.

布朗大学还得到了教育发展基金的资助。但是，科南特试图在大学内不同院系群体之间建构的桥梁既昂贵又不稳固，并且一流大学的教师培养局限于精英层面。因此，虽然教学硕士学位是一个很有前景的教师培养模式，但它并没有真正为那些最需要教师的城镇和乡村培养大量的教师。

（二）学术取向的教师教育项目

福特基金会推动的研究生教师教育项目和全国教师团项目的出发点都是保证未来教师的人文学科学术质量，从这个角度来说，二者都是学术取向的教师教育项目。但实际上，二者也都体现了不同取向融合的特点。如前者的第5年项目增加教育专业课程是对师范性的提升；后者推动学术质量优秀的大学毕业生进入教师队伍，但主要目标是促进社会公平的改善，特别是其在反贫困运动中的作用，体现了社会重建主义的教师教育传统。

1. 福特教育发展基金研究生教师教育项目

福特教育发展基金（the Ford Foundation and Its Fund for the Advancement of Education）努力建立各种形式的研究生教师教育，来取代传统的本科教育，成为以学术为导向的教师教育改革的显著事例。1950年代对于教师教育改革最重要的资金支持来自"教育发展基金"，该基金是1947年亨利·福特去世后福特基金会重组后的产物。新基金的领导者是克拉伦斯·福斯特（Clarence Faust）和阿尔文·欧里希（Alvin C. Eurich）。欧里希自己就是一位教育心理学家，他质疑大部分教育研究，同时反对传统方式的教师教育。他在做斯坦福大学校长时建议废止教育学院，担任纽约州立大学校监时，他建议取消州立教师学院。但欧里希并不是反对一流大学培养教师，相反，他认为应该整个一所大学都要对教师教育负责。福斯特与欧里希也清楚地认识到当时由于学校入学率的急速攀升，教师的大量需求迫在眉睫。由此他们打算进行新的改革尝试，使教师教育领域发生彻底的改观。

起初，福特基金持有这样的基本观点：如果大学教育学教授与人文科学的教授能够实现比以往更为有效的合作，能够避免互相指责对方占用学生过多的教育时间，能够消除彼此之间的恶意，教师教育就能够得到有效改变。

他们认为教师教育应该包括如下内容①：第一，人文教育；第二，所教学科领域的拓展知识；第三，与专业技能相区分的专业知识；第四，管理课堂的技能。当时他们还没有考虑到实现这些目标的机构管理问题。

1951年到1957年间，教育发展基金投入5700美元打造教师教育新模式。基金投入充分考虑了1950年代美国教师培养发生的急剧变化，以及针对问题新模式层出不穷的状况。保罗·伍德林的研究指出，基金会的人很清楚，"基金运作初始，美国教师教育就已经开始了快速标准化的过程，尽管在专业内部以及大学学院内部还存在着许多对立冲突的观点"。教师教育项目内嵌于更大的学术机构，不同院系的教授为了争抢学生的时间而不断冲突，州政府机构在培养优秀教师的课程设置方面也成为越来越重要的角色，这种新的标准化模式并不能使所有人完全满意。即使是教师学院中的学术学科教授也抗议教育专业课程占据了如此多的时间，削弱了人文科学课程。另外，专业教育者们又坚持认为分配给专业课程的时间与教学实习的时间太少了，以至于不足以为未来的教师们提供必需的专业训练。学生们则被夹在中间左右为难，两边都没有学好。

教育发展基金的领导者就是要打破这种窘况，出资鼓励新模式的实验。他们被各种各样5年制或第5年项目的想法所吸引，这样教师培养计划中就增加了20%的时间来解决争夺时间的问题。另外，还可以推动正规专业教育增加一年的研究生学习，比起既有的本科生课程，这样学生就会有更多的时间直接到学校中去，观察教师工作，进行督导下的教学。

基金会把大量资金投入到第5年项目上。比如在阿肯色大学，学生完成4年制不包括教育类课程的本科课程。在第5年，他们到公立学校开始长达一年的实习期。在公立学校中，他们进行观察，在指导教师认真的督导之下进行教学，并对实践中出现的教育问题进行研究。在实习期，第5年的学生还要参加一系列基于教育课程材料拓展的研讨课的学习，学年结束后学生就可以获得阿肯色州的教师资格证。1952年9月，阿肯色的第5年项目开始执行，

---

① WOODRING P. New Directions in Teacher Education [M]. New York：The Fund for the Advancement of Education，1957：11.

并引起全国关注，褒贬不一。人文科学教授与教师教育的批评者们一般都支持这个想法。但是教育院系的教授们担心被取代，他们极为关注实习期间的研讨课是否涵盖教育课程拓展内容。该项目的课程设置似乎否定了教育类课程的价值，也减少了所有专业教育方法论层面的训练。该项目也的确存在实习期内学生学习不踏实而走捷径的危险，这些捷径窍门并没有哲学的、理论的以及伦理的支撑，那么这些学生就不能成为具有反思能力的专业人士。另外，该项目显而易见的特色是重视人文科学学科内容与教师工作的紧密联系，特别适合培养未来的中学教师。基金会认为阿肯色项目是成功的，所以基金会也注资该项目的复制推广。

费城的天普大学获得基金会 350，000 美元的资助开展 3 年在职教育硕士学位项目，招收没有接受过专业教育的成绩优良的本科毕业生，帮助他们适应教学工作，为他们提供一系列课程与研讨课。这些教育发展基金支持的教师教育改革项目，特别是阿肯色的项目，4 年的人文科学本科生教育再加上第 5 年或第 6 年专业学习的模式，为教师教育者们打开一个新思路，尤其是对于实习期的强调与重视对学生产生了深远的影响。

2. 全国教师团项目

20 世纪 60 年代末期到整个 70 年代，那些试图改革教师教育的人一般都会避开作为全国教师培养核心的本科生项目。之所以凯尔纳与科南特等人的批评并不能带来什么改变，有人认为是由于教育学院教师及其州教师教育项目审批机构的同盟者力量过于强大，不容挑战。

在传统大学项目之外的教师教育项目中最有活力、最受欢迎的是全国教师团（the National Teacher Corps）。教师团诞生于大社会（the Great Society）计划的智能与道德狂热之中。正如唐纳德·夏普（Donald M. Sharpe）所说："教师团之于美国的贫民区正如和平工作团（the Peace Corps）之于欠发达国家。教师团非常希望能吸引年轻的理想主义改革者加入其中。"[①] 教师团不仅招募年轻、接受过良好教育的理想主义者，让他们作为实习生进入教学岗位，

---

① FRASER J W. Preparing America's Teachers：A History ［M］. New York：Teachers College Press, 2007：216.

而且让他们深入学校附近的社区之中，这是很少有教师教育项目能够做到的。另外，还让他们参与研究生课程的学习来拓展教学专业知识，教师团希望能够提出一个招募教师的新形式，为改革过程中的教育学院提供一个新范式。1965 年，马萨诸塞州参议员爱德华·肯尼迪（Edward M. Kennedy）建议成立一个有经验教师组成的团体，去贫穷儿童的学校支教 1 到 2 年，同时威斯康辛州参议员盖洛德·尼尔森（Gaylord Nelson）提出建议重点招募近来毕业的大学毕业生，扩大华盛顿已有的从事城市教学的卡多佐和平工作团项目（Cardozo Peace Corps Programme），使之成为国家层面的项目。早在 1965 年 1 月林登·约翰逊总统就已经提出为公立学校提供最具深远意义的联邦资助。仅仅 3 个月后，他就签署了第一个对于美国未来有着重大影响的中小学教育法案。由此，教育被置于首要地位。同时，许多美国人开始关注并致力于改善城市与乡村社区、有色人种社区与贫穷社区的教育状况。来自不同特许背景的新的教师队伍受到社区与学校的欢迎。

教师团成立之初，目标是招募年轻且积极热情的人文社会科学毕业生与有经验的教师，承诺 1 到 2 年时间去中小学做实习生，同时在教育学院学习与项目匹配的课程。他们还会在学校附近的社区工作，尽量多地参与到社会活动之中，比如选民登记工作、领导男孩或女孩童子军。随着时间的推移，目标也在发生变化，变得更加微妙、复杂，即通过融入新血液改变教师教育传统古板笨拙的方式，实际上后来有人把这一点看作该项目的主要目的。

印第安州立大学教师团项目管理者唐纳德·夏普称它"可能是教师教育中令人疲倦的最为激进的实验"，夏普解释道，"从其中可以学习到有关专业的很多东西，同时教师团还以前所未有的方式来培养教师前所未有的角色职能"。教师团鼓励教师以团队实习的形式、以严肃尊敬的态度参与城市有色人种社区与乡村社区的多元文化，这样不仅将教师教育从大学课堂推向中小学，还进入美国最贫穷市民生活的边缘地带。全国教师团办公室则注重在约翰逊总统反贫困战争中教师团的作用，从这个角度上讲，全国教师团项目也体现了教师教育社会重建主义的价值取向。

教师团正式开始运转始于 1966 年。前 8 年，有 3000 多名年轻实习生与600 多名有经验的教师完成 2 年的教学周期。27 个州近 250 个学校教育体系都参与进来，既包括如纽约、芝加哥、底特律、费城、洛杉矶等这样的大城市社区，也包括阿巴拉契亚、欧扎克、南部乡村、印第安学校以及西南部的西语社区等小型乡村学校。该项目吸引了许多年轻人为未来的职业生涯积累经验，也吸引了许多人最后决定终身致力于教学工作，并在未来的日子里成为教育领导者。

到 20 世纪 60 年代末期，还出现了很多类似教师团的项目。纽约城市公立学校系统与纽约大学合作，开设教师教育项目。由纽约市首先提供资金选拔优秀大学毕业生参加纽约大学的暑期学校学习，包括 4 周的教学实践，暑期学校学习结束后可以获得临时教师资格证。作为回报，该项目毕业生要承诺去纽约城市公立学校教学至少 1 年时间。如果他们能够完成承诺，学习费用就会被减免。60 年代末期，随着越南战争的逐步升级，越来越多的年轻人面临征兵，公立学校教师可以自动延期征兵，因此该项目普遍受到欢迎，特别是男性人数迅速上升，这是许多年都很难见到的现象。

教师团以及类似项目兴旺发展了近十年，后来逐渐减少，直至消失。从教师教育角度来说，教师团等项目不为实习教师提供任何训练，他们完全相信现场经验、直接经验，以及所谓的学徒活动。实习教师毫无职业准备就进入贫困社区，并不能提高他对于所观察到的情境与环境进行客观阐释的能力。史密斯等人指出，仅仅距离上的接近并不能产生有用的知识，如果实习生没有在去现场之前在观念和情感上有充分的准备，情况是会很糟糕的，就像把一个未经训练的、心怀恐惧、怀疑与厌恶的人强塞进汽车方向盘后面，他会逐渐丧失信心，认为自己没有能力，也不应该，甚至压根儿不想学习驾驶。[①]教学是一项复杂的活动，虽然貌似很简单什么人都可以承担。其复杂性体现在它需要不同类型的技术：处理教育教学材料的技术、社会性交往技术、发展智能的技术以及掌控情感的技术。没有哪一种职业需要所有这些技术。教师需要处理如教科书、投影仪等教学用品这些关于物的技能；教师还与许多人在工作、生活的关键时刻，以非常重要的方式发生着各种各样的关系，如

---

① SMITH B O. Teachers for the Real World [M]. Washington, D. C.: American Association of Colleges for Teacher Education, 1969: 69.

学生、同事，还有那些外行人。能够巧妙处理这些关系的人一定是掌握了社会交往与共情能力的专家。同时，教师还要掌握学生成长的观念。实际上教师只有熟练掌握语言、逻辑与心理学技能，才有可能成功。

从所负载的社会功能角度来看，教师团的消失归根结底是项目设计时期望过高。过高的期望，过高的理想，过于沉重的使命，都使得这些项目不堪重负。教师团等项目始于大社会计划的高潮，而后像大社会其他计划一样落入约翰逊越南战争的泥淖，以及尼克松水门事件的丑闻陷阱。战争后，由于约翰逊与尼克松公信力的丧失，他们所倡导的政府项目都注定要走向失败，特别是旨在改变社会的那些联邦项目。

四、全美教育协会主导的美国教师专业标准建设

全美教育协会（National Education Association，NEA）成立于 1857 年，起初它主要是教育管理者的组织，到第二次世界大战后，中小学教师开始成为全美教育协会的主要力量。美国最早官方教师专业标准建设可以追溯到 1825 年俄亥俄州以立法形式颁布的《教师证书法》，其中规定了教师的任用资格条件及要求，开创了美国州一级教师资格证书制度的先河。到 1940 年已经有 42 个州实施教师资格证制度。二战后，为了满足社会对教师数量的需求，美国各州普遍降低了发放教师资格证书的标准和教学专业的入职门槛，出现了滥发教师资格证书的现象。当时对于教师专业标准管理有影响的力量包括教师学院、大学教育学院和联邦教育部的管理人员，中小学教师是缺席的。因此，以中小学教师为主体的全美教育协会作为美国规模最大的教育专业组织，认为自己更能代表整个教学专业领域，因此率先发起教学专业化运动，成为二战后要求提高教师专业化水准的最有力的组织。

（一）全美教师教育和专业标准委员会的成立

为打破教师培养机构对于教师教育质量认证方面的垄断，全美教育协会成立全美教师教育和专业标准委员会（National Commission on Teacher Education and Professional Standards，NCTEPS）。其实，二战前人们就已经关注到教师质量低下的状况。根据 1940 年的人口普查情况可知，教师占所有专业工作者的三分之一以上，却没有专业认证的任何保障，战后情况更加糟糕。

每年从大学毕业的有专业技能的教师人数降至历史最低水平，提供的合格毕业生人数还不到小学正常补充所需人数的七分之一。在当时美国的任何一个地方几乎都可以雇用一个"混日子的人"当"教师"，如果他愿意接受低工资的话。

时任全美教育协会高等教育部执行秘书的拉尔夫·麦克唐纳（Ralph W. McDonald）提出新的设想，即成立一个官方教育专业机构来引导全国的教师达到真正的专业地位。他于1946年组织全美教育协会的执行委员会在纽约召开"肖陶扩村会议"，并起草决议，该决议被后来在布法罗市举行的全美教育协会代表大会一致通过，由此成立全美教师教育和专业标准委员会。麦克唐纳在委员会自成立之日起至1951年7月任执行秘书。全美教师教育和专业标准委员会被界定为"组织教学专业建立教师教育机构标准并实施这些标准的正式机构"①。麦克唐纳这样说道："只有当有组织的教师自己形成必要的机制，并在决定和实施高标准的教师教育、教师执照和教学中的专业服务方面起主导作用时，教学才能在美国达到真正的专业地位。"② 也就是说，全美教师教育和专业标准委员会的成立及其倡导的教学专业化、标准化运动，使教师职业走上了专业化道路，对美国的教师教育改革具有重要的历史意义。它提出的教学专业化、教师专业化、教师教育专业化的主张对美国二战以来的教师教育专业化改革的影响极为深远，至今仍然是美国教师教育专业化改革的主要内容。③

美国最早推动教师教育专业认证的是师范学校校长理事会（the Council for Normal School Presidents）的成立。经过多年演变，这个非正式组织到1917年变身为美国教师学院协会（the American Association of Teachers Colleges，AATC），并于1923年吸收正式的委员会组织，1927年开始承担认证功能。1948年美国教师学院协会和另外两个全国性组织合并而成美国教师

---

① NEA. Conference on Accrediting［M］. Minutes of the Meeting. Washington DC，1951：14.

② MCDONALD R W. The Professional-Standards Movement in Teaching：Its Origin，Purpose，and Future［J］. Journal of Teacher Education. 1951，2（3）：163-171.

③ 洪明. 教师专业组织与教学专业化标准运动：二战后美国"全美教育协会"（NEA）的角色定位及其作用探析［J］. 河南大学学报（社会科学版），2009，49（4）：113-118.

教育学院协会（American Association of Colleges for Teacher Education, AACTE）。全美教师教育和专业标准委员会成立后，与美国教师教育学院协会等组织合作，共同研究制定国家教师教育专业认证程序，同时得到了教师行业的广泛支持。

1950年和1951年以教师教育专业认证为核心议题的全国委员会会议在印第安纳大学和帕洛阿尔托召开。会议的结果是发出成立全美教师教育认证委员会的倡议。作为筹备全美教师教育认证委员会的执行秘书斯汀内特在帕洛阿尔托会议上指出，"任何专业都包含两个相辅相成不可缺少的要素：第一，高质量的培养项目；第二，高标准的授权成为从业者"①。由此全美教育协会和美国教师教育学院协会等联合起来成立新的认证机构，即美国当前最具权威的教师教育认证机构之一，"全美教师教育认证委员会"（National Council for Accreditation of Teacher Education, NCATE）。

1954年全美教师教育认证委员会获得美国教育部和美国高等教育认证委员会（Council for Higher Education Association, CHEA）的认可，在全美建立州际互惠证书制度。随后，由于全美教师教育认证委员会成员中小学教师所占比例较大，引起文理学院的不满，认为这是对智识自由的侵犯，迫使全美教师教育认证委员会进行了三次重大重组（1954—1956年、1960—1961年和1965—1966年）。据1966年美国教师教育学院协会的报道，全美教师教育认证委员会通过了一项新章程，规定22个成员组成的机构中高等教育机构要占据多数席位。②

（二）1958—1960年的三次全美教师教育研讨会

全美教师教育和专业标准委员会与美国学术团体理事会（the American Council of Learned Societies, ACLS）等九个有影响力的国家专业协会合作，连续举行三次全美教师教育研讨会。第一次是1958年的博林格林会议，第二次是1959年的堪萨斯会议，第三次是1960年的圣地亚哥会议。三次会议约

---

① STINNETT T M. Accreditation and the Professionalization of Teaching [J]. Journal of Teacher Education. 1952, 3 (1): 30-39.

② STINNETT T. M. Teacher Certification. Review of Educational Research [J]. Teacher Personnel, 1967, 37 (3): 248-259.

有 60 个专业协会参加，共计 3000 多人出席，其中约有 500 人是文科领域的代表。这些会议的目的是把各类学校和各级教育的代表聚集在一起，讨论师资培养的理念、内容和标准，以期就改善教师教育的方法达成普遍一致的意见。考虑到教师教育领域中学术学科教授与专业教育教授两大群体之间长期以来存在的巨大的分歧和不信任感，将人文主义者、科学家和社会科学家引入专业教育工作者的年度会议，并希望实现任何形式上的统一性，这无疑是一场赌博，① 也是一场值得铭记的旨在加强教师教育的全国性合作努力。

1958 年在俄亥俄州的博林格林召开的第一次会议无疑是一个好的开端，意见相左的人们不仅愿意听取彼此的意见，而且真的有兴趣团结起来共同提出建议，虽然难以就具体问题达成具体协议，但交换意见至少可以减轻彼此的敌意。这次会议提供了一个来探索双方能够在教育目标和理念上有多大程度的相似的机会，一旦双方准备努力追求这种相似，那么就会产生相当大的相互理解和尊重。博林格林会议以"如何培养一个好教师"为议题，就"教什么"和"如何教"，以及专业教育、普通教育与学科教育三者之间的关系等问题展开了讨论。会议达成了如下共识②：（1）教师教育必须进行改革；（2）教师既要懂得所教的内容，又要懂得如何去教；（3）培养教师是教师教育学院或大学各部门的共同责任。

1959 年在堪萨斯劳伦斯市召开了由 1025 名教育专家与学术专家共同参加的第二次研讨会。此次会议的核心主题是"未来学科教师培养的内容"，侧重讨论教材问题。学者们都愿意承认，人格、动力和对教学的渴望等无形因素是必不可少的，因此一些专业教育课程是可取的。对于所有未来的学校教师，无论是小学教师，还是中学教师，都应该拥有与文科学位相当的优势学术专业学力，这一要求也得到了相当有力的支持。③ 当讨论转向普通教育意味着什

---

① TURNER G B. The TEPS Conferences, 1958—1960. ［J］. Journal of Teacher Education：1961, 12（1）：86-90.

② 郭志明. 教师的专业性：从"缺席"到"在场"：美国 20 世纪中后期教师教育课程变革的专业化意义［J］. 天津师范大学学报（社会科学版），2014（6）：60-66.

③ 关于学人与专业教育家之间的分歧的报告［M］//陈文宁，译. 瞿葆奎. 美国教育改革. 北京：人民教育出版社，1990：181.

么、方法课程应该包括哪些内容，以及如何从质量上来衡量英语和外语方面所需要的培养等方面，双方除了求同，别无他法。因此，最多只能为专业培养设定一个上限，为学术培养设定一个下限，每一类培养都以学时为单位来说明。这样导致的结果就是教师教育须增加一年修业期限。

由于前两次讨论的很多问题并没有能够真正落实到行动，会议组织者于1960 年又在圣地亚哥召开了第三次大会，补充和完善了传统的教师证书制度，以确保非教育专业的毕业生能够顺利进入教师队伍。此次会议形成会议报告——全美教育协会的"全美教师教育和专业标准委员会"编撰的《教师教育：证书》（*The Education of Teacher, Certification*），长达 300 余页。报告分大会发言稿、分会发言稿、会议提交论文等五个部分，涉及的有关教师资格证书问题的内容十分广泛，如教师资格证书的原则、标准、基本目标、管理程序、性质、作用、灵活性、历史、现状、问题、案例等，是美国教师资格证书研究的标志性阶段研究成果。

尽管三次研讨会的主题不完全相同，但在反思进步主义教育思想及其影响的基础上，肯定了教师工作具有"双专业"的特点——专业教育与学科教育，即教师教育既应重视专业课程，更应强调未来教师对学科知识的掌握。另外，三次会议倡导的改革内容还包括要延长教师培养时间，从而缓和教师培养方案中普通教育、学科教育和专业教育之间的矛盾，同时，强调普通教育在教师培养中的地位和作用。普通教育在这一时期得到如此重视，与二战后人们对战争和人性问题的反思密切相关。①

全美教师教育和专业标准委员会在召开全美教师教育研讨会的同时，推出了《教学专业新视域》（*New horizons for the teaching profession*）的报告，呼吁人们应在教师的"实践能力"方面达成共识。该报告的发表以及上述三次全国性研讨会的召开，将美国的教学专业化、标准化运动推向高潮，然而，此后却也逐渐走向衰落。这是因为从 1962 年开始，美国教师联盟（American Federation of Teachers，AFT）逐渐壮大起来，在大城市中逐渐取代了全美教

---

① 洪明. 教师专业组织与教学专业化标准运动：二战后美国"全美教育协会"（NEA）的角色定位及其作用探析 [J]. 河南大学学报（社会科学版），2009，49（4）：113-118.

育协会的地位。同时，由于全美教育协会过于强调教师在教师培养和专业化
过程中的决策作用，进而引发教师与学校及其他组织之间的对立矛盾。

第二节

贝斯特学术取向的教师教育思想

学术取向教师教育思想最早的倡导者是亚伯拉罕·弗莱克斯纳。弗莱克
斯纳批评教育专业课程肤浅，批评教育学教授和学生缺乏充足的智识资源，
导致教育学术无足轻重。因此，弗莱克斯纳指出，掌握学科知识是教师教育
最重要的目标。但他也接受了教育中的一些研究领域，比如教育哲学和比较
教育，认为它们还是具有合法性价值的。弗莱克斯纳认为教师需要学习的，
除了健全的人文教育，还有学校的学徒制学习。自弗莱克斯纳提出批评以来，
众多对于教师教育的争议和讨论都聚焦在教育专业课程、教师和学生智识素
质低下的问题。在 20 世纪 40 至 70 年代的教师教育领域，阿瑟·贝斯特成为
倡导学术取向教师教育思想的代表。

阿瑟·贝斯特（Arthur Bestor）作为一名精英主义历史学家、保守思潮的
代表人物，在 20 世纪 50 年代先后用两本影响广泛、引发争议的著作《教育
的荒地——放弃公立学校的学习》（*Educational Wastelands：The Retreat from
Learning in Our Public Schools*，1953）与《学术的复兴》（*The Restoration of
Learning*，1956），撼动了教育世界。同时，贝斯特作为要素主义者，与他人
一起在 1956 年成立了"基础教育委员会"，他们指责实用主义的进步教育降
低了中小学教育质量，甚至进一步认为师范学院和教育学科贯彻了实用主义
教育哲学，对美国教育出现的问题应负直接责任。

要素主义强调教育要追求卓越的智力标准，贝斯特别指出，"对有能力
的学生进行彻底的知识训练是教育的一个目的，并不依赖于或者依附于其他
目的。用最直接最直率的方式提供这种训练是每个学校的首要责任——这不
但是对于学生自己的责任，也是对于国家的责任，而传授知识方面的训练对

国家有十分重大的利害关系"①。贝斯特认为，要实现这样的目的必须要有能够用第一流头脑激励学生的教员，仅只在教学方法上受过训练的教师，很少能够获得成功。只有那些理智、兴趣活跃、知识渊博并能指导学生进一步获得知识的教师，才能获得具有理智、兴趣广泛的学生的尊敬。因此，教师应该首先在基本的智识学科方面接受训练，而把教育学的训练当作仅仅是大学文理学科充分教育的补充。因此，贝斯特在教师教育的问题上指出，教师应该在接受人文与科学一般学术性科目教育的基础上，提高思维的能力。教师教育从根本上说就是如何思维的教育。

一、对于教师教育的批评

贝斯特在1953年出版的《教育的荒地》中对于战后美国公立教育状况进行了广泛的批评，其中对于教师教育的批评主要集中在两点：

第一，教师教育内部呈现狭隘的职业主义倾向。贝斯特认为自从在教育院系开展学术研究，教育学术研究就开始出现与原有学院及学科基础相脱离的现象。贝斯特担心会有太多的教育哲学家并不能像杜威那样坚守哲学立场，而只是一味地进行愈来愈狭窄的主题的研究，与美国哲学的主流相脱节。同样的问题也出现在其他学科。贝斯特形象地比喻道，"教育系原来的宗旨是'异体受精'"，而"我们面临的事实是'异体受精'的结果——混合物——经常是无结果的"。② 贝斯特指出，"我们已经丧失了设置教育系的初衷，即跨学科交流互相促进，我们面临的是跨学科研究成果的日渐贫瘠"。教育领域这样狭隘孤立的分离导致的结果就是在教育院系出现狭隘的职业主义。大学和研究生院的教育系原本是根据把学校教学从职业提高到专业这一主张建立起来的。唯一实现这个主张的路径是在学生接受教学法方面的专门训练之前要接受通识方面的训练。然而原有的师范院校对于较低和较狭窄类型的教学

---

① 贝斯特. 优秀与平庸［M］//顾士才，译. 瞿葆奎. 美国教育改革. 北京：人民教育出版，1990：99.

② 贝斯特. 专业教育学家的连锁董事会［M］//张必芳，译. 瞿葆奎. 美国教育改革. 北京：人民教育出版，1990：90.

法训练有着既得利益，它们并不愿意放弃这些狭隘职业训练的方式。同时，这些师范院校的教学法方面旧的专家开始转移到新的大学的系里去，结果是原来的设想迅速贬值。这样，不是对教育有了一种新的和真正专业的对待，而仅仅是教学法方面旧学程的数量增多，所谓的教育研究生课业就变成仅仅是一种拖长的且缺乏品质的职业训练的修业计划了。"从职业到专业并不是仅仅增加关于教育学方法的那些传统课程的数量。对于大多数学生而言，这些课程很容易呈现为在教育学本科专业基础上的简单叠加，而不是在普通教育中某一专业基础上的叠加。最后，所谓教育专业的研究生学习就只能成为职业培训的加长版，但成效是逐渐减弱的。"贝斯特认为这并不是严谨的、具有智识上的连贯性、具有专业价值的培训。因此，他强调，"我们建立大学以及教育研究生院，目的就是提高学校教学水平，使教学从职业走向专业。这一目标的实现需要学生在开始接受专门的教育学培训之前，先接受完全、深入的人文科学教育"。

第二，教师教育外部形成有害的垄断同盟。贝斯特指出，教育专业不但在大学里是孤立的，而且与中小学校管理者、督学以及校长形成了有害的同盟，因为这些人以一种连锁董事会的形式控制着教师教育的规则，并禁止教育研究者对于学校教育进行有效的批评。对于贝斯特来说，双方一旦达成协议，就说明问题非常严重。一方面，贝斯特认为"教育学教授有必要保持他们独立的地位免于外界压力左右，因为他们的主要职责之一就是运用学理的公正来对学校管理者实施的项目进行审查、批判与评价"。但是实际上这些教育学教授们不但为他们可疑的同盟者想办法摆脱掉学理公正的审判，而且利用同盟作为他们在大学里势力范围的保护伞。因此，贝斯特指责道："州立教育官员通过制定教师认证标准来控制教师教育项目，这些标准通常包括大量的教育学课程……教育者很乐于利用来自州政府的强制力量迫使每一个未来的教师来学习大量指定的教育学课程。只有教育系能够满足州立教师资格标准，在这样的保护之下，教育系有能力公然藐视大学的学术标准，甚至发起挑衅的战火对抗。"①

贝斯特的批评很快就有了回应。卡尔·比格罗在《教师学院学报》（*Teachers College Record*）上发表文章，指出贝斯特极大地低估了好的教学所需要的特定知识与技能的数量与品质。即便是对于那些本科生或研究生课程设置的不可避免的妥协，那些普通教育中的课程配置、学术科目以及专业学习中专门性课程的开设，也并不能说明贝斯特教授所指出的妄自尊大的盲目扩张是教育者的长期特征。对于比格罗而言，教学是更为复杂的工作，因此教师也需要更为复杂的培养。比格罗写道："教师必须对于教育目的有清晰的认识，对于儿童有相当深入的了解，要充分理解社会现实及其对学校教育的影响，要占有学术资源并掌握根据既定目的利用这些资源帮助儿童成长的能力。"② 在比格罗看来，虽然在教育系中从来都不是只有专业学习，但教师所应具有的这些品质无疑具有重要的意义。无论如何，贝斯特的观点在福特基金会以及更广大的范围引起了强烈的反响，许多人都试图回应他的质疑。贝斯特批评了教育学课程与规范的低标准以及盲目扩张，同时指出未来半个世纪教师教育发展的核心。

二、学术取向的教师教育思想

贝斯特认为教师应该将自己视为某个学科的专家，学术学科内容应成为教师教育的主要内容。教师教育新课程不应该建立在教学的职业技能上，而应当严格地建立在文理学科之上。

贝斯特认为学校教育之所以存在就是要教授某事，而这个"某事"就是思维的能力（the power to think）。③ 要做到提高学生的思维能力，教师自身就要了解如何思维。因此，教师教育从根本上应该是如何思维的教育，也就是

---

① BESTOR A. Educational Wastelands: The Retreat from Learning in Our Public Schools [M]. Urbana: University of Illinois Press, 1953: 104-114.

② BIGELOW K. How Should America's Teachers Be Educated? [J]. Teachers College Record, 1954, 56 (1): 20-24.

③ BESTOR A. The Restoration of Learning: A Program of Redeeming the Unfulfilled Promise of American Education [M]. New York: Knopf, 1955: 110.

人文教育（liberal education），"要接受智识科目一般应用的训练"。教师培养项目应该能提高教师根据所涉及科目的批判思维来处理证据以及推理过程的能力。贝斯特认为，一个接受过良好教育的教师"不是一个精通教育学术语的人，而是一个自己坚持不断探索知识与智慧力量的人，他用他对学习的痴迷来引起学生的学习"。培养这样教师的最好方式就是给予他"关于基础学科的广阔而又全面的学习"。

贝斯特在《学术的复兴》中论证了对于教师进行人文教育的重要性。他指出，人文教育的理想就是使人具有严谨的思维，培养其兴趣，以及宽广的知识面。医生、律师与工程师如果要获得真正的专业卓越之处，就必须接受许多与他们的专业并无直接关系的知识学科的平衡训练。由此，对于教师而言，基础知识学科并不是对专业积累的一种补充，而是最根本的核心。教师必须具备多样化的智力技能与大量丰富精确的知识。否则，他就不能对学生的心智形成重要且持久的影响，他作为教师的努力也不会获得多少真正的尊重。一名未来教师接受人文教育与其说是为了实用，不如说是为了拥有宽广的人类与公民的理性。在他成为一名教师之前，他必须成为一个人、一个公民。他读大学从根本上并不是为了获取他可以传递给他人的知识，而是为了获得他能够用于自己生活的学科知识。

贝斯特指出，当时大学教育包括三种类型：人文教育、专业教育与职业教育。人文教育与另外两种教育的区别在于人文教育把学生首先看作一个人，而不是一名未来的医生、律师或教师等。另外，在专业教育与人文教育之间还有一种区别。人文教育的基础是一般知识学科，也就是说，这些学科具有普遍适用性，并不会因职业局限而削弱。然而，比起人文教育而言，专业教育需要更多地强调它所依靠的特定学科群，以及需要处理的特定问题群。人文教育与专业教育都以知识学科为基础（前者是一般学科，后者是专门学科），但职业教育并不依靠广博意义上的培训，无论是一般学科还是专门学科。虽然职业教育是人文教育的合理补充，但无论如何它都是狭隘的。它只是关注实践技能、职业岗位所需要的专有技术，与其背后的推动它进步的理论性知识相对立。

贝斯特认为，真正的职业训练是教育体系中非常重要的组成部分。然而，它一定不能与伪职业项目混为一谈，所谓伪职业教育包括那些只是看起来表面上与职位申请相关的大杂烩课程的教育。事实上，贝斯特认为教育学的学习是"所有项目中最公然行业化与反智化的"①。教育学已然堕落到与伪职业教育无异的地步。在贝斯特看来，美国教育领域最大的堕落就是源于教育学领域伪职业教育项目的发展。这些项目由"联合董事会"发起并维持运转，这个董事会的基本组成是大学教育学教授、州政府教育部门官员，以及许多公立学校的管理者。由于得到大学以外强有力的政治力量的支持，董事会的魁首，也就是教育学教授开始自行其是地培养未来的教师。他们只是对学生进行职业能力的训练，而不是教学生如何思维。教育学忙于在那些身处苦役营的课堂教师背后建立"铁幕"，竖起隔断思想交流的屏障，而不是努力去改善教师教育。这些课堂教师将拯救的唯一希望寄托于外部世界，也就是虽然受到威胁，但还没有被完全占领的科学与学习的自由世界。贝斯特认为美国的智识生活遭受教育家这样一个大量繁殖的新生物种的威胁，教育家在科学家、学者以及专业人士的世界里没有真正的地位，他们既不尊重别人，也不被别人尊重。

贝斯特关于教师教育改革的建议基于两点假设：第一，教师教育应该是整个大学的职能；第二，教学是一门专业而不仅仅是职业，它必须建立起知识与学问的高标准。② 基于第一条假设，贝斯特提出大学要建立一支独特的教师培训队伍，其成员应该来自所有院系，所有院系都应该为重组教育硕士项目课程贡献一份力量。该教师培训队伍要有自己的委员会与管理人员，负责批准课程，监督教师配置，启动学校调查与教育委员会。除了教师培训队伍以外，贝斯特还建议成立研究生院管辖的自治的教育研究机构。该机构并不授予任何学位，也没有自己的研究生，而是要为博士候选人的培养提供便利，

① BESTOR A. The Restoration of Learning: A Program of Redeeming the Unfulfilled Promise of American Education [M]. New York: Knopf, 1955: 79.

② LONG D H. Arthur Bestor on Education of Teachers [J]. The Educational Forum, 1984, 48 (4): 423-448.

比如对教育心理学或学校管理特别感兴趣的心理学或政治科学的博士候选人。在本科生层面，贝斯特提出未来的教师应该接受人文与科学的教育，即一般知识学科的教育。教师的研究生培养要与他的本科生培养一样，即更多强调基础知识学科的学习。然而，研究生课程结构的设计要依据教师的独特需要，而不是那些研究专家的需要。贝斯特还指出这应该是一个教育院系的权力与影响逐渐下放的过程，其大部分现有职能要下放给既有的院系。他说："最终的结果是要形成一个小型的本科生教育系，指导教学实践，扩大对于没有经验的教师进行在岗培训的规模。教师的研究生学习要将重点放在通过人文与科学常规院系来提供课程培养新的教育硕士与教育博士项目。"①

基于第二条假设，贝斯特认为要想成为一门专业，教学就必须建立知识与学问的高标准。显然，贝斯特并不认为当时的公立学校教学工作是一门专业。贝斯特指出，任何专业人士都应该具备三种特质：第一，专业人士必须拥有一个庞大的知识体系，并掌握具体的智力活动过程，二者都可以通过考试等相关手段来测量。第二，专业人士必须具备运用他的知识体系来实现其专业职能的能力。第三，专业人士的品格必须得到人们的尊敬与赞美。三者对于专业而言都必不可少，但是唯有第一个提供了一个有意义而且恰当的标准。贝斯特认为，品性与专门技能（personality and know-how）是专业活动的先决条件，就像跑步者的双腿一样，缺一不可。但是专业成就则必须换个角度来衡量。实际上，贝斯特指出熟练技艺可能比专业需要更多的专门技能。专业与熟练技艺之间的区别就在于专业要假定与利用大量储备的组织化知识、理论推理与成熟的智力，这是每一个专业成员个体都必须掌握的。

贝斯特认为，如果教育学自行其是的话，教学就永远不能成为专业，因为全部教育学提供给教师的都只有关于教学专门技能的课程，并不能为教师提供真正的服务。与教育学认为的相反，仅仅通过给自己挂上特殊专业技能的标签，设计外表炫目做作的教学项目，职业是不能被转变成专业的。贝斯

---

① BESTOR A. The Restoration of Learning: A Program of Redeeming the Unfulfilled Promise of American Education [M]. New York: Knopf, 1955: 251.

特指出，教学若要成为专业，就必须遵循所有其他专业的模式，把专业实际
应用所需要的高度专门化的训练推迟到最后阶段，把全面的人文与科学教育
作为绝对的先决条件，不被职业的考虑与压力所扭曲。如果这两个条件能够
得到满足，贝斯特认为就有可能为教学建立起知识与学问的高标准，建立起
高标准，就有可能把目前教学职业转变成真正的专业。

总之，贝斯特提出基于人文与科学教育的、知识中心主义的、强调学术
取向的教师教育新模式，这将是恢复公立学校教育声望仅有的最重要的一步。
教师不仅要在所教学科上接受良好教育，还要对这些学科保持充分的尊敬，
有足够的能力防止威胁学校教育的反智主义盛行。

第三节
科南特学术与师范取向相调和的教师教育思想

詹姆斯·科南特（James Bryant Conant）出生于马萨诸塞州，1916 年获
得哈佛大学的哲学博士学位后留校任教，并在 1933—1953 年间任校长。科南
特从哈佛校长的位置上卸任后被任命为美国驻联邦德国高级专员与大使。
1957 年，科南特卸任返回美国，将所有精力投入到二战前他就已经注意到的
最重要最紧迫的问题——美国中学教育上。卡内基促进教育基金会资助科南
特访问了 26 个州，103 所中学，于 1959 年出版调查报告《美国今日中学》
（*The American High School Today*），1961 年科南特又出版了《贫民窟与郊区》
（*Slums and suburbs*），这些著作使他获得了全国范围的声誉。同时，他也关注
教师教育问题，哈佛大学就是在他的倡导下，于 1936 年在美国创办了第一个
教学硕士学位项目，试图弥合人文科学教授与教育学教授之间的分歧，集二
者之合力培养教师。1961 年起，科南特等人在卡内基的再次资助下，广泛调
查美国人口最稠密的 22 个州 77 所开设师范课程的高等院校，于 1963 年出版
了《美国教师教育》一书，该书被认为是"教师教育领域的弗莱克斯纳
报告"。

一、关于教师教育的调查与批评

1961 年，科南特接受纽约卡内基基金会的一笔资助，开始对美国中小学教师的培养进行调查研究。研究工作的第一年，科南特共访问了 22 个州 77 所培养教师的院校，其中包括了当时美国所有类型的师范院校，如教会学校、非教会学校，以培养师资为主的师范学院、前身是师范学院后改组的四年制学院、招收教育类本科生的综合大学，也有开设研究生水平师范课程的名校。在亲自到各个学校进行考察的过程中，科南特与许多大学教授谈话，审查各院校的课程表、各种课程的教学大纲和参考书，并观摩了课堂教学，还与学生进行交谈。他还在各地与大约三四百名教师交谈，了解这些教师所受的教育，听取他们的意见。

研究工作的第二年，科南特开始集中研究各州有关地方学校董事会的法令。他发现这些法令限制了各董事会任用教师的自由权。由于法令引起各州首府的争论，科南特意识到其与政治的相关性，因此他向政治学者和历史学家寻求帮助。科南特集中调查了占美国三分之二人口的 16 个州。除了收集第一手数据外，他还利用了已有的统计资料。科南特以其广泛的社会关系和强大的个人号召力，聚集了多方面的人力、物力，使这一耗时两年的全国性调查得以顺利进行。1963 年，科南特发表调查成果《美国教师教育》。在报告中，他提出了对美国教师培养课程设置的建议，并具体给出了中小学各科教师的课程计划，还对美国教师的奖励和培训给出了诸多建议。

在报告中，科南特首先指出他在 20 世纪 30 年代哈佛大学教师之间所看到的分歧与不信任是蔓延全国的现象，到了 60 年代依旧如此。在大多数机构里，教育学教授与文理科教授两个群体之间的确存在相当大的隔阂。科南特对于教育学院教授与人文科学院系教授之间的对抗做了精彩分析。科南特看到那些教育学教授对于他们的工作受到永无休止的指责感到非常受伤，非常愤怒，"正是我们塑造改善了公立学校体系，现在却受到了不公正的攻击。"这些教授认为，"文理科教授们对于学校教育问题没有丝毫兴趣……除了极少数的例外，文理科教授们都对中小学教育质量问题弃之不顾……"鉴于这种不负责任的行为，教育学教授在文理科教授那里只听到批评的声音，当然会感到极为恼怒。

此外，科南特对于全国的中小学教育非常不满，他把部分原因归咎于教育者在学术性层面对天才儿童的培养是失败的。他在报告中指出，"许多文理科教授认为教育学教授所开设的课程毫无价值，并且认为花大量时间去学习这些课程的学生们所得的学位也价值甚微"。科南特强调，"一般说来，提出这些论点的文理科教授对教育学课程基本上是一无所知的"。不幸的是，有些教育学教授的著作可以称得上是反理智的也是事实。最令文理科教授恼怒的是，教育学教授竟然认为只有他们懂得什么是良好的教学，如果所有的教授都上了他们的教育学课，就会成为更好的教师。①

最后，科南特与他之前的伍德林，以及在他之后的古德莱德一样，都看到了州立任用教师标准的问题引发了人们的愤懑与不满。以前，一些州的情况还是学校董事会雇用教师，提供给他一个永久性职位，即便他从来都没有上过教育类课程。现在又走向另一个极端，毕业于某个学术专业领域的毕业生必须想尽办法满足州政府关于教师应学习教育学课程的规定。"事实上，教育学院自封于专业壁垒之内，使局外人不能过问，这是当代教师教育的一个方面，这个事实特别激怒了文理科教授们。"

科南特在报告里也提出了相关教师教育改革的诸多方面建议，虽然所有这些报告在现实中的影响并不大。教师教育现状如此顽固不化很重要的原因是师资的短缺。其他领域内遭遇就业天花板的女性，纷纷进入教师队伍中来。结果是，教育院系成为学院赚钱的机器，有多少学生就可以收取多少学费，文理科教授的抱怨并不能让董事们、校长们，以及重要的金融官员愿意截断赚钱的来路。

整个20世纪70年代，许多校园里都充斥着自鸣得意的氛围。科南特与凯尔纳出版他们报告的两年后，瓦尔特·拜戈斯（Walter K. Beggs）走访了近100个教育院系了解它们的课程，他保守地总结，"目前看来总体上没有什

---

① 科南特. 科南特教育论著选 [M]. 陈友松，主译. 北京：人民教育出版社，1988：160-163.

么大的变化"。

二、学术与师范取向相调和的教师教育思想

科南特教师教育思想具有调和学术取向与师范取向的特点。科南特指出，要重新确立教师教育课程的新方向，认为文理科教授与教育学教授之间应该增进相互之间的了解，共同合力打造教师教育课程。他强调教师教育课程既要有人文科学普通教育的广博基础，又要有各科专业教育的专深训练，还要保证教育学专业课程的应有地位。[①]

早在科南特任哈佛大学校长期间的1936年，他就倡导创设第一个教学硕士项目，说服文理科和教育院系教授组成一个联席委员会，共同合作办理这个跨学科的新学位。最主要的目的就是要增加这两个敌对集团之间的互相了解，通过种种安排使他们能够交流思想，学会通力合作，承担起共同培养优秀教师的责任，这样也就将学术性与师范性结合了起来。

科南特认为，无论是州的当局还是认证机构，都不能规定用于学术性学程或教育学程的时间量。对于州来说，要允许各院校有实验的自由；另外，对于每所院校的学术学科教授和教育学科教授来说，要共同对他们的学院或大学在训练教师方面的名声负责任。基于这样的原则，科南特提出五类建议[②]：第一类，要求州首席学务官员、州教育委员会或立法机关采取行动的建议。具体包括检定要求、候补人的学士学位、实习经历，以及任教证书；批准教学实习计划；州信息服务处应广为收集与教师培训和就业有关的数据，并及时通报地方学校委员会以及学院和大学；教师由地方学校委员会分配；各州间检定互惠。第二类，涉及州立法机关拨款的建议。包括州对教学实习的财务责任、对未来教师的贷款政策等。第三类，要求地方学校委员会或单独或与州联合采取行动的建议。具体包括公立学校系统应指派有胜任力的教师、具备领导者和评价者的能力并给予最大信任的人，来充当教学实习中的协作教师；地方学校委员会应采取种种具体步骤来为新教师提供可能的帮助；

---

① 科南特. 科南特教育论著选［M］. 陈友松，主译. 北京：人民教育出版社，1988：13.
② 科南特. 论教师训练和检定的新方法［M］//陈文宁，译. 瞿葆奎. 美国教育改革. 北京：人民教育出版社，1990：229-235.

教师进修享受带薪假期；提供教师的在职教育；等等。第四类，要求承担为公立小学和中学培养教师的院校的全体教师、行政人员和理事采取行动的建议。具体包括学院或大学有责任详细地制定各自认为的最好的师范教育修业计划并要有合理性的解释与证明；整个大学各系之间要合作共同进行教师培养；设立负责教学实习的"临床教授"；等等。另外，还有关于硕士学位修业计划的建议。

他督促各州出台经济激励的政策来招募更多有能力的学生从事教师职业。他认同教育实习的重要性，大学教师要作为一个整体在学科知识的深度与广度方面提供学士学位的标准。他建议全美教师教育认证委员会，以及其他认证机构或立法机构都只充当顾问角色。最后在自由方面，他这样说："我们应该允许每一所学院或大学开设他们自己所认为的最需要的教师教育项目，当然这样做需要符合两个条件：第一，教师培养机构负责人要保证教师队伍中既包括学术性的也包括教育学的教师，保证师范生对于具体学段以及具体学科的教学能够有充足的准备；第二，教师培养机构要建立与公共学校体系之间的联系，确立州批准的教育实习安排。"[1]

美国教育家古德莱德高度评价了科南特报告对于美国教育的影响。他在1984年出版的《一个称作学校的地方》一书中指出，"对于现在和未来而言，主要的问题不再是入学机会的问题，而是全体学生获得知识的问题，在学校教育计划中，保证机会均等和提高质量是一个双重挑战，必将使我们以一种新的形式回到哈佛报告和科南特报告中提出的问题上去"[2]。

第四节
基于表现/能力的教师教育

基于表现/能力的教师教育其实是 20 世纪 30 年代的科学主义教学观以及

---

① CARMAN H J, CONANT J B. The Education of American Teachers [J]. AAUP Bulletin, 1964：77.

② GOODLAD J I. A Place Called School：Prospects for the Future [M]. McGraw-Hill Education, 1984：140.

教师职业活动因素分析在教师教育领域内的具体运用，也是社会效能取向教师教育的典型代表。在 20 世纪 70 年代前后，它还是一个刚刚兴起的运动，实践者对于概念理解具有诸多歧义。然而，我们能够看到这场改革运动的巨大潜能正在逐步释放出来，开明领导的推动、丰富的资源，以及为其提供知识基础的研究，特别是测量领域的支持，都是基于表现的教师教育蓬勃发展起来的原因。1971 年，美国教师教育学院协会就委托斯坦利·埃兰完成一份关于基于表现的教师教育运动报告。[①] 盖奇和菲利普·温内在 1974 年对于基于表现的教师教育做过相关研究性总结。[②]

一、什么是基于表现的教师教育

一般我们会把传统的教师教育描述为是基于经验的（experience-based）。也就是说，如果一名学生打算将来要做教师，他只要通过特定领域具体课程的学习，以及教学实习，就被认为已经为从事教学工作做好准备了。这样的教师教育只是强调学生在学习过程中要取得符合要求的平均积分点，以此对其表现进行测量，并不能指出那些未来的教师到底需要能够做什么。

斯坦利·埃兰在 1971 年为美国教师教育学院协会撰写的报告中指出，与传统基于经验的教师教育相反，基于表现的教师教育项目对于未来教师的表现目标界定明确，并与实际教学需要的细节严格保持一致，为教学做好充分准备。未来的教师必须要表现出他能够促进学生学习的能力，或者展示出他所了解的能够促进学生学习的行为。他所要负的责任不是通过考试，而是要获得完成教学核心任务所需要的能力水平。教师培养机构自身的责任是培养出有能力的教师，重点在于要有能够让人们看得到的结果。接受这样的观点作为基本原则对于教师教育项目来说具有真正革命性的意义。

是"基于表现"（performance-based），还是"基于能力"（competency-

① ELAM S. Performance-Based Teacher Education：What Is the State of the Art？［J］. Quest，1972（18）：14-19.

② GAGE N L.，WINNE，P H. Performance-Based Teacher Education［M］// RYAN K. （ed.）. Teacher Education：The Seventy-fourth Yearbook of the National Society for the Study of Education. Chicago：The National Society for the Study of Education，1975：146-172.

based)？概念本身就是歧义的焦点。有人认为应该是"基于能力的教师教育"，因为它的内涵更为复杂，更具有包容性。韦伯（Wilford C. Weber）和库珀（James Cooper）在界定能力时，指出要有三个标准：第一是知识标准，评估未来教师的认知理解力；第二是表现标准，评估未来教师的教学行为力；第三是效果标准，通过对未来教师所教的学生成就测试来评估他们的教学能力。[①] 韦伯和库珀认为基于表现的概念只强调了第二条标准，虽然"基于表现"概念的坚持者并没有把它界定得那么狭窄。也有研究者指出，二者的主要差别在于对教师效能的评估上。"基于表现"强调评估教师自身的行为表现，而"基于能力"则是强调根据学生的学习来评价教师的效能。[②]

美国教师教育学院协会委员会选择保留"基于表现"的表达，他们认为如果在项目要素上能够取得一致意见的话，那么形容词本身相对就没有那么重要了。埃兰在报告中总结道，基于表现的教师教育是一种具有发展前景的超级策略，它培养未来教师形成促进学生学习的知识、技能与态度，包括5个要素：第一，可以展示的教学能力是教师角色必需的，从行为角度界定，且公之于众；第二，评估标准是基于能力的，要详细说明掌握水平，且公之于众；第三，评估需要表现作为首要证据，同时要把未来教师的知识考虑在内；第四，未来教师的进步速度依赖于可展示的能力；第五，教学计划才能的开发与特定能力的评价。

到1974年，基于表现的教师教育还没有形成一个完全一致的内涵界定。盖奇和温内认为，知识、效果与表现三个要素对于基于表现的教师教育概念来说都很重要，教师必须了解该做什么的知识，必须有能力根据知识去实施行动，也必须能够改善学生的学习。基于表现的教师教育包含三种能力，即知识、效果与表现。盖奇和温内将它界定为一种教师培训项目，在该项目中，未来的或在职的教师如果学习能够达到预定的程度，就可以获得实现教育目标、提高学生成就的表现倾向（performance tendencies）和能力

---

① ELAM S. Performance-Based Teacher Education：What Is the State of the Art？[J]. Quest, 1972 (18)：14-19.

② 饶从满. 美国"素养本位教师教育"运动再探：以教师素养的界定与选择为中心 [J]. 外国教育研究，2020，47（7）：3-17.

（capabilities）。"教师表现"指的是可以观察到的行为，包括言语的与非言语的。"倾向"指一般的或常规的教学情境中教师具有代表性的处理方式。"能力"指教师尽全力的时候所能够达到的水平。倾向与能力都需要依据表达清晰的术语来评估其掌握的程度，如果教师的表现没有达到某种程度，那么他所接受的培训就是不充分的。选择什么样的表现倾向与能力进行培养，依据的是它们对于提高学生成就的有效性。

基于表现的教师教育特点包括：第一，尽管教师的表现与学生学习因果关系的一致性程度有的可以了解，有的还是未知，但学生学习一直都是评判教师行为是否有效的理想标准。教师的表现源于我们对那些能够提高学生学习成绩的教师行为的清晰的概念界定。这些行为可以通过如下几种方式进行评估：在现实课堂的教学情境之中评估；在微格教学或对现实教学模拟的情境中评估；或者仅仅通过纸笔测试受训者对于"什么时候该做什么"的知识掌握而进行评估。第二，基于表现的教师教育经常采取系统化的、控制性的，以及个体化的教学模式，该模式力争满足每一个受训者的需要。从这个意义上说，基于表现的教师教育就是把教学行为从根本上看作一个整体与系统，在此基础上将之分解、界定、培训与评估。在对基于表现的教师教育特点的讨论中，应该指出的是一直存在着的一个普遍困惑，即教师培训机构为受训者所提供的具体技能并不是唯一的。

二、基于表现的教师教育的产生与发展

传统专业学校教育人才的培养是一种"学分—课程—学位"的取向，教师教育者通常认为未来教师的教学表现是对他们是否成功的最后衡量。将教学行为与学生联系起来，将大学教育成功与职业成功联系起来，在实习课与实习项目中将理论与实践联系起来，这些早期的努力全部都可以回溯到20世纪初教育学培训的历史。那么在20世纪60年代发生了什么而让人们关注起基于表现的教师教育项目实验了呢？

基于表现的教师教育根植于60年代普遍的社会状况以及制度对于社会需求改革的回应。首先，传统教师教育项目并未能为少数族裔学生的教学培养合格的教师。其次，苏联人造卫星发射成功后，联邦政府在教育领域中的作

用合法化，并尝试推动教育改革。再次，纳税人要求他们在教育上的投资要能够得到看得见的收益，由此提出各个层面的问责，包括教师教育。最后，技术发展在使教与学有了可资利用的新资源的同时，使教学发生了根本性的改变。工商业的影响也开始侵蚀教育领域，特别是新的管理概念在教育领域的广泛运用。

基于表现的教师教育发展也源于教育专业自身的日益成熟。到了70年代，教学艺术与科学都有了重要的进步。例如，由于得到庞大研究基金的支持，对于教学的评估与评价比10年前要复杂得多。博比特与查特斯等人对教学活动的分析，使人们对教师的特征了解得更多。弗兰德互动分析理论中至少包括200个观测类别。教师培训者对于成功教学行为了解得越多，他们就越能够将项目达成目标与表现评估指标制定得越精确，而这两点对于基于表现的教师教育尤为重要。

盖奇和温内指出，基于表现的教师教育产生的理论基础之一是行为心理学及其在培训中的运用，特别是在工业与军事情境中的运用。在这些培训中，要获得的全部技能经过系统化分析，详细划分为若干不那么复杂的行为要素，并具体说明各行为要素之间的关系。培训通常从对行为要素进行言语教学开始，接着是实践完成所学习的技能，紧跟在实践后面的是纠正式反馈，如果需要的话则往复循环。受训者要不断整合吸收行为要素才能逐渐掌握全部技能，体现培训的个性化特征。由此，教师教育项目的教学开始吸收其看起来有利的部分。第一，从行为角度对教育目标进行详细分解；第二，排列组织要取得的知识与技能要素；第三，项目教学要根据学生进步速率的不同进行个性化安排。

20世纪60年代中期，教师教育将该模式运用于微格教学形式。教学策略被分解成相对具体的教学技能。受训者与一小部分学生单独练习这些技能一段时间。在微格教学之后，受训者获得纠正式反馈，通常要继续进行附加的微格教学。随后微格教学正式并入更为复杂的教师培训课程，以"微型课程"（mini courses）的形式出现。微型课程由若干独立的教师培训资源包组成。教师教育的严重不足以及人们对教师教育长久积累的不满情绪，也促进了基于表现的教师教育的发展。这种不满情绪在1963年科南特与凯尔纳的批评与指责中达到高峰。另外，教师们普遍抱怨他们所接受的培训在实际的课堂教学中是否有用显而易见是一个难以说清楚的问题。伴随对于教师教育的不满而来的是要求对教师进行问责，要求教师对学生以及学生成绩负责。但是实习教师认为他们所接受的培训并没有能够提供问责支持者所要求的技能与策略。因此，无论是教师、教育政客，还是记者、家长与纳税人，都督促教师教育进行改革。

基于表现的教师教育开始引人关注是在 1967 年，当时美国教育部为小学教师教育模范项目征集提案，其中 10 个提案得到联邦政府的支持并落实为项目发展起来。这 10 个提案的共同要素就是要更有效地强化教学所需技能的培养。这就意味着教师教育有了一个新的转折点，即以新方法来培训教师的核心教学技能。这些模范项目呼吁修改传统教师教育课程，变化其形式，并入复杂教学策略的分析之中，通过分析，将复杂教学策略分解为具体的教学技能、明确的技能实践以及纠正式反馈。

美国教师教育学院协会以及其他组织开始资助各种会议以及委员会来开发小学教师教育模范项目的培训主题。一些新型的联邦政府资助的教师培训项目也建立起来，比如教师团等，这些项目也都强调需要具体的、可复制的以及有效的方法进行教师教育。蔡克纳等指出，尽管基于表现的教师教育在文献和大众媒体中受到了关注，但这一运动对教师教育项目的实际实践影响甚微。[①] 桑杜尔等人得出结论，在与美国教师教育学院协会相关的 618 个响应机构中，全面实施基于表现的教师教育的机构仅占 13%。[②] 基于表现的教师教育获得一席之地的两个最著名的机构是休斯敦大学和托莱多大学。

三、关于基于表现的教师教育的争论

围绕基于表现的教师教育有一些重要的争论，大致包括以下三个方面的议题：第一，关于基于表现的教师教育的人文主义批评；第二，基于表现的

---

① ZEICHNER K M, LISTON D P. Traditions of Reform in U.S. Teacher Education ［J］. Journal of Teacher Education, 1990, 41（2）: 3-20.

② SANDEFUR W S, Nicklas W L. Competency-based teacher education in AACTE institutions: An update ［J］. The Phi Delta Kappan, 1981, 62（10）: 747-748.

教师教育中教师行为与学生成就之间的关系问题；第三，理想教师行为的可训练性问题。

第一，关于基于表现的教师教育的人文主义批评。人文主义教育者的批评最为激烈，他们认为基于表现的教师教育所依据的哲学基础与实际运用无论对于教师还是学生都是有害的。阿瑟·库姆斯在他的文章里总结了与基于表现的教师教育相对的人文主义教师教育项目的重要特点：第一，有效的教师教育是高度个人化的，并且依赖于未来教师恰当的信念体系的形成与发展；第二，培养有效教师是一个经过不断提高的"成为"教师的过程，而不是一个培养一个人如何教学的过程；第三，一个人要"成为"有效教师的根源在于教师职业的安全感以及他对于教师职业的接纳程度；第四，教师教育应该强调意义而不是行为；第五，教师教育应该强调教师的主观感受，不要过于重视客观教学过程与效果信息的收集。①

盖奇和温内认为基于表现的教师教育是能够回应这些批评的。基于表现的教师教育对于个性化的强调能够保证满足每一个未来教师的需要。更重要的是基于表现的教师教育核心要素可以满足库姆斯的每一个有针对性的批评。通过教学与实践来强化受训者的信念体系、职业安全感以及接受度正是基于表现的教师教育的重要组成部分。教学技能实践能够促进"成为"教师的过程。同时，教师在教学的适应与评估中也不应该只是依靠客观数据，排斥"意义"。实际上，基于表现的教师教育应该要求每一个教师在经验中探索意义。意义的源头之一可以是来自于研究的客观数据，但它不是唯一来源。最后，人文主义教师教育为受训者制定目标，确定实现这些目标的方法。通过教师表现与学生成就来决定目标成效，就其程度而言，其自身就是基于表现的。因此，人文主义与基于表现的教师教育取向并不一定是对抗的，它们可以同时并存，彼此互补。

第二，基于表现的教师教育中教师行为与学生成就之间的关系问题。如前文所述，基于表现的教师教育依靠的是由能力确定并详细说明未来教师能

---

① COMBS A W. Some Basic Concepts for Teacher Education [J]. Journal of Teacher Education, 1972 (23): 286-290.

够提高学生成就的种种表现。从观念上说，这样的教师行为证据应该以从实验中得来的因果关系推断形式呈现，实验中教师行为是受控制的自变量，学生成就则是被测量的因变量。另外，理想的实验还需要随机分派学生给教师，也要随机分派教师需要处理的问题，同时还要恰当控制影响到教师行为与学生成就关系的无关变量。但是，由于学校工作的日常组织运作方式，要想实现关于教师行为效果的这样真实的实验是极端困难的。实际上，并没有研究能够做到。相反，关于教学最具实验性的研究是准实验研究，即学生并不是随机分派给教师的研究。但这些少数的准实验研究所能提供给基于表现的教师教育的也只是极端有限的实证基础。第三个层面则是通过非实验研究来识别教师行为与学生成就的相关性。在这些研究中，研究者对于不加控制的自然条件下的教师行为进行观察。那么教师行为与学生成就测量之间的关系就要通过相关系数或其他统计数据来考查。近一百多个关于自然条件下教师行为与学生成就关系的非实验性研究已经得到了证明。这些研究得出的普遍结论是二者之间相关性较低，而且这些结论也不具有统计学意义。这些研究中提出的积极教师行为，在那些研究中却可能是消极教师行为。因此，任何单一种类的教师行为都不可能对学生成就产生巨大的影响。教师行为是作为一个复杂的综合体对学生产生影响的。除了将教师表现的定义需要从与学习相关的已知独特变量的角度进行结构化外，相关研究还需要对影响学生学习的教师行为变量之间内在关系模式进行研究与界定。也就是说，基于表现的教师教育的实证基础并不充分，还需要大量研究的支持。

第三，理想教师行为的可训练性问题。基于表现的教师教育需要有效方法帮助受训者获得教学技能。它强调培训的结果，但是教师行为的养成很大程度上依赖于培训方法。教学技能培训方法千差万别，一个极端是为期长达一年甚至更长时间的教学实习，实习生要充分参与学校的全部活动。另一个极端是，短期的教材集中培训模块，只通过几个小时处理单一的教学技能，如在小学里提供优秀的语言教学示范。各种各样的培训方法还包括观察的反馈、微格教学与微型课程等等。上述教师培训方式的共同之处在于行为修正，还包括受训者对于需要学习的教学技能示范的观察。盖奇和温内认为其他情境中行为分析原理意味着这些培训技术也能够成功地影响教学表现的改善。

总之，支持者认为受训者能够通过教学而得到行为的具体改变这一点得到了充分的证据支持。基于表现的教师教育是行为科学在教师教育领域的有效运用，行为心理学、系统分析等等都在很大意义上改变了教育实践的面貌，人们把操作性条件反射原理应用于教学过程，通过强化教师的行为，形成一定的教学技能。

基于表现的教师教育项目强调获得特定的和可观察到的教学技能，这些技能被认为与学生的学习有关，也就是通过将可观察的教师行为与学生学习结果联系起来的课堂研究，来建立教师教育的知识合法性。这种对于教师教育项目的研究在方法论层面已经远远超过了查特斯在 20 年代联邦研究中使用的相对粗糙的调查和分析技术，是教师教育社会效率取向的升级版本。

第五章

专业化推进时期的美国教师教育思想
（20 世纪八九十年代）：
教师的专业知识基础与反思实践

20世纪八九十年代是美国教师教育思想专业化推进时期，培养作为专业人员的教师的要求来自美国各界对于教育危机以及教育质量关键在于教师的观念的共识。教师专业发展最重要的体现就是加强专业教育，卡内基、霍姆斯与古德莱德等都提倡像医学教育一样对于未来教师进行专业教育。专业教育强调专业知识和工作自主权。首先，高度认可的教师专业知识是专业之所以成为专业的核心。六七十年代教师专业知识的研究基于管理主义，以效率为目标，强调行为主义科学取向，在实证研究基础上通过剖析教师所需技能要素来培养未来教师，具体体现为基于表现/能力的教师教育。到八九十年代，史密斯等认为以往对于教师技能的培养，并未能指出技能的知识基础，因此提出用"教学"一词代表教学艺术和教育科学，并将教学知识分为两类：学术教学知识和临床或实践教学知识。舒尔曼指出，美国教学研究中存在着对学科内容与教育学知识相互作用研究缺失的现象，因此提出"学科教学知识"概念，试图弥合学科知识与一般教育学知识的割裂，由此开启教育研究新视角，其对于教师培养的影响最为显著。加拿大的艾尔巴兹与康奈利、克兰迪宁，美国的舍恩，提出各自的教师实践性知识观。这种知识诠释主义取向的研究将注意力从实证的规则化知识转向个体经验的解释。如此，教师知识研究的线索就呈现了一个从实证主义观念下的教师知识研究，强调教育活动中存在着一种独立于认知者存在的、非个体化的教育教学规律，到教师个体在特定情境下，对个人化、社会化建构经验的解释的过程。正是教师专业知识研究取向的变化，以及教师思维运动的发展，引发了与基于表现/能力的教师教育相对的反思实践教师教育运动。

反思实践的教师教育主要以杜威和舍恩的反思观为理论基础，舍恩对不确定性、直觉和价值判断的强调，是对杜威在反思性思考中更多强调西方的顺序逻辑和理性的有益修正。也因此，专业反思的含义其实充满了矛盾，一方面是舍恩的基于从业者的直觉的概念，另一方面是杜威的理性和科学思维的概念。反思的重要功能之一就是帮助教师意识到自己的心理结构，对其进行批判性分析，必要时对其进行重组。克鲁克山克培养反思型教师的方法依旧局限于技术手段层面的反思，从而将教学与伦理和政治层面分开；蔡克纳则把对技术理性主义的教师教育的批判推到更广大的学校与教育改革的宏观社会领域，并认为教师反思的提出也意味着承认关于良好教学的知识的产生不是学院、大学和研究与发展中心的专有财产，承认教师也有理论，可以为教学的系统化知识基础做出贡献。

20 世纪八九十年代的教师教育项目都强调从临床情境中获得专业知识，因此强调多方合作进行教师教育成为许多人关注的焦点，比如霍姆斯小组促进教师发展学校的建设，以及古德莱德倡导高等院校、中小学以及社会各方力量共同合作成立教学中心，促进教师教育的教育革新思想。这一时期，教育学院虽然发展起来，但是它既不能满足大学需要，也不能满足中小学需要。

第一节

20 世纪八九十年代的美国教师教育

一、聚焦教师教育的报告与改革

20 世纪 80 年代以来，美国教育遭遇更加严峻的挑战。新的技术革命和信息时代改变着美国社会的生产和生活方式；日本和西欧等工业化国家经济实力和科学技术迅猛发展；苏联在空间技术、战略武器等方面与美国的竞争也愈演愈烈。为了应对这些挑战，适应未来发展，自 1982 年以来，美国围绕教育问题的"大辩论"不断展开，许多关心教育改革的专家、研究机构与团体纷纷提出改革计划、报告建议，形成美国教育部长贝尔（T. H. Bell）所称的"改革浪潮"。

掀起改革浪潮的始作俑者是 1981 年 8 月联邦政府任命的"全美优质教育委员会"（the National Commission on Excellence in Education，NCEE），该委员会的任务是向新上任的里根政府和美国人民报告美国学校的教育质量。主席是刚被任命为加州大学校长的大卫·加德纳（David Gardner）。1983 年 4 月"全美优质教育委员会"发布报告——《国家处在危险之中：教育改革势在必行》（*A Nation at Risk：the imperative of educational reform*）。该报告以一种世界末日式的言辞成功地引起了公众与政府对于教育的关切。古德莱德把它称作"一声惊雷",激起了改革的巨大波澜,持续了十多年。这份报告转变了公众对于学校改革中的权力关系和责任的看法。原来准备取消新的教育部的里根总统也被报告说服,承认教育是国人的头等大事,他应该做各州和地区政府教育行动的啦啦队员。大多数州长举行了教育高峰会议。"系统性改革"成了各州会议的时髦话题。全国各地的学校也开始结成联盟,以便在实施改革方案时能够互相支持,互相促进,一起进步。例如西奥多·赛泽(Theodore Sizer)创建并领导的"重点改革学校联盟"、詹姆斯·科莫(James P. Comer)的"学校发展项目"、卡尔·格里克曼(Carl Glickman)的"专业学校联盟"、加列夫学院的"不同的认知方式"、亨利·莱文(Henry M. Levin)的"高级学校计划",以及古德莱德组织的学校和大学的"全国教育更新联盟"。

在《国家处于危险之中》报告的强烈冲击下,来自民间和政府部门的教育改革报告也纷纷出台。有人估计20世纪80年代与90年代期间,美国出现了大约400份倡导教育改革的报告。众多改革报告都认为教育改革的核心问题是教师,他们把美国教育质量下降的原因在很大程度上归咎于教师教学质量低下。如《国家处在危险之中》报告中显示:教师的职业生涯,总的来讲,是不好的;……有一半新招聘的数学、科学和英语教师都不能胜任这些科目的教学工作;美国中学由合格教师教物理课的还不到三分之一。① 因此,众多报告建议要改进教师教育,关注教师教育领域的学者们也纷纷做出了积极的反馈,最有影响力、成功地得到了全国性关注的就是卡内基教育经济论坛(the Carnegie Forum on the Education and the Economy)和霍姆斯教育学院院长小组(the Holmes Group of Education Deans)在1986年同步发表的《国家为21世纪的教师做准备:卡内基报告》(*A Nation Prepared:Teachers for the 21st Century:The Report of the Task Force on Teaching as a Profession*)和《明天的教师:霍姆斯小组报告》(*Tomorrow's Teachers:A Report of the Holmes*

① 吕达,周满生.当代外国教育改革:著名文献(美国卷:第一册)[G].北京:人民教育出版社,2004:12-13.

Group）。这两份报告被认为是重新定义美国教师教育的努力，为之后十年教师教育的重构设定了行动议程。也正是由于这两份报告，教师教育的问题才真正成为美国上下关注的焦点之一。

这两份报告与其他众多报告的不同之处在于：它们从单纯的批评变为提出解决问题的办法，这个办法就是，提高公立教育的质量就要把学校教学转变为成熟的专业。[①] 卡内基报告指出，通过教育来追求卓越，成功的关键是打造一个与任务相匹配的专业，专业从业人员就是受到良好教育的教师，通过专业教育，他们能够拥有新的权利和责任，为未来重新设计学校教育。也就是说，成熟的专业包含两个要素：合法知识和专业自主权。因此，第一个重要改革就是要使教师教育在智识层面更为牢固，要改善教师的专业教育，即淘汰本科教师资格证项目，将专业教育提升到研究生水平。教师教育的新形式应该包括本科阶段进行特定学科知识的学习，研究生阶段则开展霍姆斯小组所谓的"教学科学"（science of teaching）学习。大部分专业训练应该发生在临床情境中，未来的教师要像实习医生那样，在"专业发展学校"中，在大学教师教育者以及公立学校专家教师的指导下进行教学实习。因此，卡内基、霍姆斯与古德莱德等都提倡模仿医学教育的教师教育改革，在20世纪90年代影响相当深远。第二个重要改革是改变教学结构，报告主张放弃现有的无差别的教师群体结构，即教师都在同一个层次，薪酬根据资历和学历来分配，取而代之的是包含更高层次教师群体，即"领袖教师"（lead teachers）（卡内基）或"终身专家教师"（霍姆斯）在内的一个分层系统。这个新的层次的教师群体由专业精英组成，他们比普通教师承担更高层次的职责，也当然获得更高的酬劳。

从两份报告面世到1990年代，关于其倡导改革的这些主题讨论遍布教育领域的学术期刊与流行出版物。教师教育领域分裂为一系列对立的阵营。两份报告引发了1980年代后期与1990年代前期教师教育的改变。虽然争论还在持续，但是在1980年代许多改革还是以极惊人的速度开展起来。霍姆斯小

① LABAREE D. Power, Knowledge, and the Rationalization of Teaching：A Genealogy of the Movement to Professionalize Teaching［J］. Harvard Educational Review, 1992, 62（2）：123-155.

组机构成员不断推动更多教师教育研究生项目的产生，以及教师发展学校的合作建设；卡内基支持的全国委员会则不断推动为高级专业资格证书的发放制定标准以及评价模式。虽然教师教育并没有步医学与法律的后尘而把所有的培养机构升格为研究生院，但 1980 年代后期与 1990 年代前期文理学院角色的变化，如在人文科学学科选择必修专业，加强临床经验，以及提高学术标准等，都可以体现霍姆斯与卡内基的影响。① 美国教育改革运动的历史往往是国家层面华而不实的蓝图，然而地方层面却鲜有行动，如凯尔纳与科南特书中所描绘的就很难落实到校园内课程的实际改变。霍姆斯与卡内基的改革则不同。惊人数量的州立与私人机构开始对于其教师培养体系的一部分进行改革。在霍姆斯与卡内基报告出版的最初两年，50 个州里面的大多数人都对他们的认证规定做出了一些改变。

各地方的改革虽然具有多样性，但在改变的方向上还是能保持其一致性，即在学术内容领域开展更多的研究，在师范生实习或其他的实习设计上给予更多的时间，同时减少教育类课程的扩张，所有这些改革的努力都会令我们想起贝斯特的批评，虽然已经很少有人记得那是 30 年前的事情了。霍姆斯与卡内基报告出版两年后，《高等教育年鉴》(*the Chronicle of Higher Education*) 报道："26 个州提高了教师教育项目的准许标准"，"32 个州修订了师范生的课程。有一些州取消了教育的本科学位，要求师范生主修一个学术科目领域。……还有些州提高了教师教育专业必须修习的教学法课程的数量。"②

1994 年，由洛克菲勒基金会和卡内基公司资助成立全美教学与美国未来委员会 (the National Commission on Teaching & America's Future，NCTAF)，这是一个常设的非营利性机构，其成员主要包括政府官员、企业人事管理人员、社区领袖、教育专家等。全美教学与美国未来委员会在 1996 年和 1997 年相继发布《做什么最重要：为美国未来而教》(*Doing What Matters Most：Teaching for America's Future*) 和《做什么最重要：投资优质教学》(*Doing*

---

① FRASER J W. Preparing America's Teachers：A History [M]. New York：Teachers College Press，2007：225.

② LEATHERMAN C. Reforms in Education of Schoolteachers Face Tough New Challenges [J]. The Chronicle of Higher Education，1988，34 (32)：1.

What Matters Most：Investing in Quality Teaching）两个报告，是继霍姆斯小组报告后关于教师教育发展的重要文献。

《什么最重要：为美国未来而教》旨在确保中小学教师都掌握进行教学所需要的知识和技能，提出 5 项促进变革的建议①：第一，为了学生和教师而认真考虑标准。委员会建议"重申国家的承诺，即把每一个美国儿童培养成在核心学术领域达到世界一流的标准，并制定和加强教师培养、入职资格和在职发展方面的严格标准"。第二，重新设计教师培养和专业发展。委员会建议"大学学院和中小学一起来重新设计教师教育，这样在未来 10 年中将聘用的200 万教师能得到充分培训，而且所有教师都能获得高质量学习的机会"。第三，革新教师聘用方式，使每个课堂都有合格的教师。委员会建议"州和学区制定富有进取性的政策，以使每个课堂都有合格的教师；提供财政激励措施来解决教师短缺问题，使聘用程序更合理，并减少教师流动时的障碍"。第四，鼓励和奖励富有知识和技能的教师。委员会建议"学区、州、工会和专业协会共同合作，使教学成为一种真正的专业，创设一种置教学为最高一层的生涯连续统一体并根据知识和技能奖励教师"。第五，创设为学生和教师获得成功而组织的学校。委员会建议"要重建学校，以使它们成为学生和教师真正的学习型组织，即尊重学习、崇尚教学和为理解而教的组织"。《做什么最重要：投资优质教学》中全美教学与美国未来委员会着重从"为什么教学重要"和"教学如何才重要"两方面阐述其观点。

二、大学教育学院尴尬的专业困境

20 世纪 80 年代以来，美国教师教育实践的尴尬主要体现在大学的教育学院，教育学院的地位通常被认为是模糊的、边缘的、不值得尊重的。现实中的教育显然既不是一种专业，也不是一门学科。教育学院的排名也通常处于学术等级体系的最底层。它既不能满足大学的需要，也不能满足中小学校教育的需要。法律和医学领域的大学专业学院改革了人才培养模式，但在教育

---

① 赵中建. 美国 80 年代以来教师教育发展政策述评［J］. 全球教育展望，2001（9）：72-78.

领域不同，大学并没有能够成功定义一个改变教师教育的培养范式。美国大学对于公立学校教育做出的独特贡献不是为其培养从业者，而是在大学研究中支持并证明了集权的、官僚主义学校系统运作方式的合法性。也就是说，大学似乎塑造的是专业实践的条件，而不是实践本身。

关于大学教育学院的研究结论主要包括三个方面①：第一，大学教育学院并不关注课堂教师的培养；第二，研究议题常常并不会生产出对于实践者而言有用的知识，也常常不能获得传统学术学科的尊重；第三，大学教育学院生产的并不是永久持续的教师培养模式，而是不断地、世代相传地寻找"教育权威"。精英大学的教育学院，比如哥伦比亚大学和哈佛大学的教育学院都放弃了本科生层次的教师培养，而转向研究生层次。研究生院的教师把全部精力都投入抽象层面的研究中。州立大学虽然不能放弃本科生层次的教师培养，但它们过于重视研究生培养和研究。可以说，州立大学作为该州教育系统的顶点，并没有为改善基础做什么贡献。同时，教育学院教师承受着在学术声望方面的天然歧视，他们不得不追求更高声望，大学更加重视研究领域。对于那些依旧直接参与教师培养的教授来说，他们丧失了身份认同，丧失了声望与认可。当教育学教授努力建设学术资历、打造学术生涯的时候，他们的研究在方法上越来越复杂，实践者也就越来越难以接受。

1988 年，曾经在伯克利加利福尼亚大学承担备受非议的讲座教授的杰拉尔丁·克里福德与詹姆斯·格思里，在著作《教育学院》（*Ed. School*）中反思关于是否维持教育系的痛苦斗争。书中第一页就清晰地表达了他们的懊丧与挫败感："我们讨论的主题是教育学院，特别是开设在那些有声望的研究型大学校园里面的教育学院，这些教育学院草率地进入大学机构学术与政治文化的圈子，淡化了对于自己专业的忠诚。他们像边缘人一样，疏离于自己的世界。他们很少能够满足学校里人文科学同事的学术规范标准，同时，他们与实践领域的专业同伴相疏远。他们越努力地划向学术研究的岸边，他们离为公立学校服务的宗旨就越远。反过来，处理公立学校教育实际问题的系统

---

① JOHNSON W R.. Teachers and Teacher Training in the Twentieth Century ［M］// WARREN D. (ed.). American Teachers：Histories of a profession at work. New York：Macmillan Publishing Company，1989：243.

化努力也已经把教育学院推到危险境地。"①

正如威廉·约翰逊（William Johnson）所说："我们可以把20世纪教师培养的历史看作一系列机构不断被替代的过程，师范学校变成州立教师学院，紧接着又变为具有多种目标的文理学院，现在在许多情况下又成为区域性州立大学。"对于开设教师培训项目的所有类型的教师教育机构而言，这种替代发展的方向是研究，同时逐渐远离传统教学与服务活动。作为霍姆斯报告小组负责人的密歇根州立大学教育院院长朱迪斯·拉尼尔也发现，"在专业声望与教师的正规教育的强度之间有一种相反的关系"②。大学的教育学院"有意识地把自己与课堂教学的培训与服务拉开距离，大学研究机构所生产的知识对于实践者而言没有多少使用价值，对于从事传统学科的人们所推崇的学问也没有多少理论意义"。这种从强调教学与服务到强调研究的转向还在进行着，但它带来的已经不再是荣耀。

霍姆斯与卡内基报告对于教师教育问题的诊断与以上观点也是基本一致的，但是他们所提出的改革建议却大不相同。正如大卫·拉伯雷所指出的，在这些改革方案中存在着一种根本性的张力，"霍姆斯小组倡导的改革方针将会把教师教育更紧密地与大学联系在一起，而克里福德等倡导的则会使教师教育项目与教学专业更密切地结合起来"。拉伯雷自己对于任何一个方向的发展都保持严肃的怀疑。在《教育学院的困境》（*The Trouble with Ed Schools*）一书中，他这样讨论："一个专业院系与专业实践本身相分离，不能够为专业实践提供持续存在的合理性，这样高端的教育学院往往会一败涂地。教育学院追求专业角色，即使承担一点研究，甚至博士学位层面的探讨，也难免被研究型大学看作学术浅薄之辈，被专业实践领域视为自命不凡之徒，同样逃脱不了倒闭的命运。"③拉伯雷的分析不幸言中。

---

①　CLIFFORD G J, GUTHRIE J W. ED School: A Brief for Professional Education [M]. Chicago: The University of Chicago Press, 1988: 3.

②　LANIER J E., LITTLE J W. "Research on Teacher Education" [M] // Wittrock M C. (ed.) Handbook of Research on Teaching, 3rd edition. New York: Macmillan, 1986: 527-569.

③　LABAREE D. The Trouble with Ed Schools [M]. New Haven: Yale University Press, 2006: 121-127.

第二节

霍姆斯小组报告的教师专业化倡导

1982 年下半年，就在《国家处于危险之中》发表前，几位教育学院院长开始非正式聚会讨论教师教育项目质量低下的问题，这些院长包括密歇根州立大学教育学院院长朱迪斯·拉尼尔（Judith Lanier）、威斯康辛大学教育学院院长约翰·帕尔默（John Palmer）、纽约州立大学奥尔伯尼分校教育系系主任罗伯特·考夫（Robert Koff）。1983 年春，《国家处于危险之中》报告发布引起广泛的社会反响，这些院长受到了鼓舞，一致认为美国社会的教育基础正在日益被平庸所侵蚀，从而威胁到国家和人民的未来。

1983 年 10 月，在约翰逊基金会等的支持下，在上述三位院长的倡导下，17 名研究型大学教育学院院长举行集会，讨论如何提高教师教育的质量问题。数月后举行第二次会议，23 名教育学院院长参加了会议。这两次会议提出要分别在 50 个州的主要研究型大学建立和实施新的教师教育标准。1985 年 11 月，该小组全体成员在华盛顿州的聚会上签署合作性条款，并形成全国—区域组织结构，标志着霍姆斯小组的正式成立。霍姆斯小组的名字来自哈佛大学 1920—1940 年间担任研究生院院长的亨利·霍姆斯（Henry W. Holmes）。小组成员公开宣称他们要在"教师教育改革和教学专业的改革"中承担领导的角色与使命，要把"作为职业的教学变为一项真正的专业"。霍姆斯小组相继发布三篇关于教师教育改革的报告，如 1986 年的《明日之教师》、1990 年的《明日之学校：专业发展学校的设计原则》、1995 年的《明日之教育学院》。

霍姆斯小组由实力最强的美国研究型大学教育学院院长组成，代表了全国最有影响力的机构，在某种意义上被认为是从实践领域游离开来的组织，是一个"精英俱乐部"，与它的教育者同侪相隔离。它更多强调的是与教师教育有关的可靠知识的应用，而非改进一线教师日常真实的实践。当然，上述情况随着霍姆斯小组变为霍姆斯合作伙伴而有所改变。

一、第一份报告《明日之教师》：教学专业化

针对《国家处于危险之中》激烈批判美国教育体制的价值以及公立学校教师质量低下的问题，霍姆斯小组 1986 年发表《明日之教师》，提出教师教育改革以及教学专业化的计划，特别强调人文科学学科在其中的核心作用，提高未来教师的智识水平。

霍姆斯小组在《明日之教师》中宣称要致力于教学专业化。具体而言，就是在职前教师培养中加强人文科学学科的学习，为了让未来的教师专注于学术性科目的学习，必须取消本科教育专业，将专业训练推迟到研究生阶段，以此来提高教师教育标准。

小组提出教师专业化的 5 个目标：（1）突出人文科学的学习，强化教师在智识方面的教育；（2）承认教师在知识、技能与教育承诺等方面的差异，把教师区分为三个等级：初任教师（Instructor）、专家教师（Professional Teacher）和终身专家教师；（3）确立专业性以及必备智识水平的入职专业标准，包括考核以及教育方面的要求；（4）要在大学与中小学之间建立合作伙伴关系；（5）改革学校的官僚政治，提高教师的专业自主权和领导力，要使中小学成为更适宜教师工作的地方。①

霍姆斯小组认为，若要实现教师专业化，就要为教师提供专业知识发展的机会，使教师形成超越他们即时工作情境的学习社团关系，促进教师智识增长的同时，专业也日益走向成熟。教师教育的改善依赖于系统性知识与反思性实践的不断发展。报告中霍姆斯小组提高教师入职标准，促使大学规划课程要求，并创建能够使本科生获得学科知识结构与边界认识的课程。《明日之教师》还建议应该重构教育学研究，目的是提供具体学科的教育学。

第一个霍姆斯报告问世后的几个月内，霍姆斯小组就建设了美国 100 个研究型大学的联盟，"致力于运用大学严谨强大的智识与物质资源来支持教师教育深入永久的改善"。霍姆斯小组认为，其成员的精英化足以保证改变全国

---

① THE HOLMES GROUP. Tomorrow's teachers：A report of the Holmes Group ［R］. East Lansing，1986：4.

范围教师教育的面貌。华盛顿大学教育系系主任阿兰·汤姆（Alan R. Tom）曾参与撰写《明日之教师》，他说："霍姆斯小组报告真正的贡献在于把教师教育中长期存在的许多问题置于公众视野内进行讨论，重塑教师角色。"① 即使是霍姆斯小组的批评者皮提阁（Pietig）也称赞霍姆斯小组第一份报告的全面与详尽，他说："院长们对于现存教师教育项目进行了彻底、全面、深刻的批判。"

霍姆斯小组强调学科性，以回应《国家处于危险之中》认为教师要能够胜任学术性科目的要求。但是这种观点背后包含三方面问题②：第一，强调学术性的教师培养模式减少了针对不同学段学校教育设计跨学科课程的比例。第二，强调学术性的教师培养模式强化了小学和初中阶段学科分化的学院模式，而在小学和初中阶段本该以普通教育为主导。第三，强调学术性的教师培养模式又退回到布鲁纳以学科为中心的学校改革，而布鲁纳的改革在 70 年代已经宣告失败，学科结构主义教条也随之崩溃。霍姆斯小组有意忽视了实践性知识。

因此，对于霍姆斯小组的批评主要包括以下两方面：首先，关于延长教师教育项目学习时间，专业训练要推迟到研究生阶段的问题。第一，延长培养时间的观点缺乏证据支持。缺乏证据证明那些完成人文学科学士学位再接受研究生阶段专业教育去做教师的毕业生，比那些完成四年教师教育项目的毕业生做教师表现得更优秀。第二，教师教育职前培养与认证时间的延长，还会导致可能的种族歧视问题。因为那些处境不利的人是不太可能承担得起延长学习的费用的。教师教育的第五年学习可能会成为一些教师候选人的经济障碍，特别是对于那些非白人而言。其次，关于强化学术性的问题。强化学术专业可能会忽视职业学生的需要。为提高学术成绩付出职业学习的代价会损害教育的民主性。同时霍姆斯小组选择成员的精英主义取向也令众人诟病，实际上，霍姆斯小组如果真的要把教学从一项职业变成真正的专业，只接受几乎完全来自一流公立大学——主要的公立和私立大学的成员是远远不够的。

---

① TOM A R. The Holmes Report: Sophisticated Analysis, Simplistic Solutions [J]. Journal of Teacher Education, 1986, 37（4）: 44-46.

② JACOBS N S. The Holmes Group and the Education of American Teachers [D]. New Brunswick: the State University of New Jersey, 2007.

二、第二份报告《明日之学校：专业发展学校的设计原则》：专业发展学校

第一份报告面世四年后的 1990 年，第二份报告《明日之学校：专业发展学校的设计原则》出版。该报告探讨学校—大学建设合作伙伴关系的必要性与重要性，并提出建设这种伙伴关系具体要遵循的宏观指导方针。这种伙伴关系的具体体现就是专业发展学校（Professional Development Schools，PDS）。所谓专业发展学校，就是"一所用于培养专业新手、持续培训有经验的专业人员以及研究和发展教学专业的学校"①。该报告呼吁教师培养的重心应该转向建设专业发展学校，以专业发展学校为核心开展教师教育，就是要为未来教师提供临床情境以获得教学经验，在职教师要有计划地参与其中。同时，在专业发展学校也可以开展对于教育问题的现场研究，建构以学生成就与表现为核心的最佳教学实践体系。因此，这些新型的教师发展学校可以是教育研究的中心——对于教与学的过程进行深入长期探究的中心，同时是实习与联合培养计划得以实现的地方。正如科南特所倡导的那样，霍姆斯小组也强调临床教授的作用，专家教师应该作为学校与大学之间的桥梁，他们可以把自己的专长带入高等教育教与学的课堂。同时，霍姆斯小组还提倡大学教授要在公立学校开展更大规模的研究，加强教育学院与学校教育的联系。

在霍姆斯小组看来，专业发展学校应该提供研究生临床经验、以学校教师为主导的研究、以大学为基础的学科专业学术训练，以及研究生层次的教育学研究。专业发展学校还要能帮助教育者更好地理解教与学的过程，通过以临床情境为基础的研究来扩充教与学的知识体系，提高教师地位，为学校教师与大学教师一起工作创造条件，加强学校与其所服务社区之间的联系。

另外，霍姆斯小组还提出专业发展学校组织的 6 项原则②：（1）为了理解

---

①　THE HOLMES GROUP. Tomorrow's schools：principles for the design of professional development schools［R］. The Holmes Group, 501 Erickson Hall, East Lansing, 1990：1.

②　THE HOLMES GROUP. Tomorrow's schools：principles for the design of professional development schools［R］. The Holmes Group, 501 Erickson Hall, East Lansing, 1990：6-7.

的教与学。所有学校学生参与的学习都是终身学习。（2）开创学习共同体。只有课堂与学校成为真正的学习共同体，我们所期待的教与学才能够持续不断地产生。（3）为了理解的教与学是为了每一个儿童。专业发展学校最重要的承诺是克服社会不公平所带来的教育与社会的壁垒。（4）要求教师、教师教育者与管理者不断地学习。在专业发展学校中，成年人也要持续不断地学习。（5）对于教师、管理者与教师教育者的专业生活而言，至关重要的是对于教与学进行深入长期的探究。专业发展学校工作的核心要求就是全体同人要作为合作伙伴，促进关于实践的反思与研究。（6）发明新机构。上述原则呼吁专业发展学校组织性质要发生深刻的变化，也就是说，专业发展学校需要改革自身成为一种与以往不同的组织机构类型，该机构把那些与教师培养相关的机构凝聚起来，并且为了实现培养更优秀的中小学教师的目标，彼此结成永久性联盟。

霍姆斯小组确立最主要的工作是未来更好地教育和培养国家的教师，促进专业发展学校的诞生。正是专业发展学校的诞生，引发了其他的教师教育改革，产生了一系列类似的学校，如专业实践学校（Professional Practice Schools，美国教师联合会）、临床学校（Clinical Schools，卡内基公司），以及伙伴学校（Partner Schools，国家教育革新网）。

人们认为专业发展学校的概念并不是霍姆斯小组的原创，却是在霍姆斯小组的影响下获得了新生，并引发大量关于专业发展学校的研究与实践。关于专业发展学校的定义，学者们有很多讨论。蒂森把专业发展学校界定为大学教师教育者与以中小学校为基础的教育者共同工作的地方，在专业发展学校中职前教师与在职教师都能够得到发展，中小学与大学在日常工作中相互支持。[1] 蔡克纳在界定专业发展学校时，除了讨论专业发展学校的功能即职前与在职教师培养之外，还探讨了专业发展学校在中小学重建与改革之中所起的作用。[2] 达琳-哈曼德将专业发展学校描述为一个合作机制，既满足了职前

---

① THIESSEN D. Navigating through uncharted territory: The tensions and promise of PDS partnerships [J]. Contemporary Education, 1996, 67 (4): 191-195.

② ZEICHNER K M. Rethinking the practicum in the professional development school partnership [J]. Journal of Teacher Education, 1992, 43 (4): 296-307.

教师、新教师以及经验丰富教师的需要，又加强了教育研究与探索的协作。①

2001年，全美教师教育认证委员会以莱文提出的定义作为专业发展学校的标准。专业发展学校的关键特征包括：（1）专业发展学校是通过专业教育项目与幼儿园到12年级学校合作而形成的新机构。新机构的使命是教师候选人的专业培养、在职教师的发展，以及旨在提高教学实践、改善学生学习的探究。（2）专业发展学校通过探究取向的教学路径来支持专业发展与学生学习。（3）专业发展学校的合作以遵循教与学的共同愿景为指南，这种共同愿景深深地扎根于研究以及实践者的知识之中。（4）专业发展学校的合作致力于为所有成员提供公平的学习机会，培养教师候选人和在职教师满足多样化学生的需要。（5）在最高发展阶段，专业发展学校的合作将会影响到区、州，甚至国家层面的政策与实践。②

到1999年时，47个州超过1035所幼儿园到12年级学校都成为指定的专业发展学校成员。霍姆斯小组提出的建设学校—大学合作的伙伴关系的观念广泛普及，深入人心，同时，"专业发展学校"已经成为高等教育语言的组成部分。

三、第三份报告《明日之教育学院》：教师教育新目标

霍姆斯小组第三份报告《明日之教育学院》于1995年出版。该报告在到底要建设什么样的教育学院的问题上引发了争论。霍姆斯小组认为教育学院的服务对象是儿童和青年，所以它的三大主要任务是：发展知识、发展专业、发展政策。报告为明日的教育学院指出7个目标③：（1）肩负起对教学专业和公众的责任，培养高质量的毕业生；（2）教育学院的根本任务是研究、发展和展示在中小学和社区如何进行优质学习；（3）教育学院在地方、各州、各区域和全国范围内直接担负起初等和中等教育教师专业发展的重任，形成更

---

① DARLING-HAMMOND L. How teacher education matters［J］. Journal of Teacher Education，2000，51（3）：166-173.

② National Council for Accreditation of Teacher Education，Washington，Dc. Standards for professional development schools［M］. National Council for Accreditation of Teacher Education，2001：1.

③ THE HOLMES GROUP. Tomorrow's teachers：A report of the Holmes Group［R］. East Lansing，1986：4.

高的标准；（4）21 世纪以学习者为中心的教育需要团队精神和相互理解，教育学院培养的教育者要适应这一要求；（5）树立教育学院在专业研究和学习上作为排头兵的位置；（6）专业知识和技能的培养是教育学院工作的重点；（7）为各州和当地教育政策的改进做出贡献，使年轻一代受益于高质量的教师。

有评论者认为第三份霍姆斯报告讨论问题并不清晰，也没有在如何推动教育学院的教师教育改革方面给出具体的实例与做法。① 还有影响比较大的批评认为霍姆斯小组关于大学在解决教师教育问题的作用上，改变了讨论的视角。《明日之教育学院》攻击教育学院，因此与自己的受众相隔绝，也导致自身权威的降低。②

虽然霍姆斯小组从未将自己的报告与科南特联系在一起，但是有两个观点的确源自科南特的教师教育思想：一是临床教授，第二份报告发表后引发专业发展学校的建设，很多霍姆斯小组成员提出了临床教授的作用。二是人文科学教授与教师教育者的合作。在第三份报告中，霍姆斯小组指出教师教育项目失败的一个很重要的原因就是教育专业的学生与大学中其他院系教授之间的脱节。因此，教育学院必须找到新的路径来完成它的使命，必须与人文科学教授们一起共同打造适宜教学的校园氛围。这也正是科南特反复强调的观点体现，即通过集整个大学的力量来满足教育专业学生以及中小学生的需要，来改善教师教育。

霍姆斯小组在撰写这三份报告的过程中，也经历了撰写背后的领导权与哲学观念两方面的实质性转变。第一份报告强调在大学内部获得声望的那些教育学院的重要性，至少包括精英教育学院，第三份报告则表现出对学术公信力的追求没有多大兴趣，甚至对于那些只顾追求学术水平的人批评道："许多教授从事教学与研究的时候对公立学校不屑一顾，更不要说屈尊移驾跨入这种'卑贱'的地方。"在霍姆斯第三份报告中，学校，而不是大学，成为行

---

① GIDEONSE, H. D. Holmes Group III: Responsible in goals, remiss in practicalities [J]. Journal of Teacher Education, 1996, 47（2）：147.

② LABAREE D F. A disabling vision: Rhetoric and reality in *Tomorrow's Schools of Education* [J]. Teachers College Record, 1995, 97（2）：166-205.

动的中心。霍姆斯小组初始强调吸收精英大学成员，促进教师教育改革成功的愿望并没有达到。随着社会和政治思潮的转向，霍姆斯小组的观念也发生了转变。在第二份和第三份报告中显而易见多元文化运动的影响。

　　三份报告也反映了社会—政治环境的变迁，其中最重要的主题就是多元文化主义与社会公平。朱迪斯·拉尼尔撰写"霍姆斯三部曲"前言时说道："全国研究型大学的中高层管理者主要都是白人，然而得益于研究与发展的美国年轻人以及教师教育的改善都具有种族多样性。起初霍姆斯小组的组织者对此认识不足，导致多样性问题，但是他们能够学习，能够改变，实际上他们也的确在这样做。"①

　　关于霍姆斯小组三份报告所取得的成就，可以说小组重新界定了教师教育的讨论，不仅引入专业发展学校的概念，而且提高了教师教育临床经验与知识论述的标准。后面两个报告中强调平等与多样性，开发霍姆斯学者项目，形成一个导师制的网络体系，培养 100 多位有色人种博士候选人，为教育学院有色人种新教师队伍提供后备力量。霍姆斯小组通过这些努力试图弥补第一个报告中所忽视的部分。在第三份报告的结尾，小组提出可以吸纳全国性组织形成合作伙伴关系，目的在于将他们的理想散播开去，以更好地实现他们的目标。

　　到了 1995 年，在福特基金会支持下，由加拿大多伦多大学教育学院院长迈克·富兰（Michael Fullan）主持开展对霍姆斯小组十年工作的评估研究。研究小组对霍姆斯小组倡导的改革给予肯定，但同时指出教师教育改革极其复杂而困难，不可能通过某个小组的努力就能完成，因此需要扩展形成更大的伙伴组织。霍姆斯小组成员也认为报告中强调的小组成员的精英地位阻碍了发展。1996 年，小组重组改为霍姆斯合作伙伴（the Holmes Partnership），这样小组成员就变为教育学院、专业组织、中小学与学区的更为扩大的联盟。霍姆斯伙伴由地方伙伴和全国伙伴组成。地方伙伴包括高等院校和基础教育学，全国伙伴包括一些专业团体。从 1997 年开始，一些全国性组织陆续进入

---

　　① LANIER J. The Holmes Partnership Trilogy：Tomorrow's Teachers，Tomorrow's Schools，Tomorrow's Schools of Education［M］. New York：Peter Lang Inc.，International Academic Publishers，2006：5.

霍姆斯小组，包括美国教师教育学院协会，美国教师联合会（the American Federation of Teachers，AFT）、全美专业教学标准委员会（National Board for Professional Teaching Standards，NBPTS）、全美教师教育认证委员会、全美教育联合会。霍姆斯伙伴制定了更为灵活的目标，以取代原有的取消本科教育专业的议题。新型合作伙伴关系的目标是把它们工作的核心转向强调高质量的专业培养，强调从幼儿园到 12 年级中小学与教育学院的高品质机构革新、平等与多样性，以及学术探讨与研究的郑重承诺，所有这一切都将转化为促进政策变革的因素。

第三节
约翰·古德莱德的教师教育革新思想

约翰·古德莱德（John Goodlad）出生于加拿大，是美国著名的教育研究者和改革者。1939 年，古德莱德取得教学证书，开始在加拿大一所单班乡村学校任教，后来辗转几所学校任职。他在英属哥伦比亚大学分别于 1945 年获得历史学学士学位，1946 年获得历史和教育学硕士学位。1949 年，他在美国芝加哥大学获得哲学博士学位，之后在爱默里大学、艾格尼丝斯科特学院、芝加哥大学任教。1960 年，他成为洛杉矶加利福尼亚大学教育教授，以及附属实验学校的校长。1967 年到 1983 年间，古德莱德被任命为加州大学洛杉矶分校教育研究生院院长。1984 年，古德莱德到华盛顿大学工作。1985 年，他与肯尼思·斯洛特尼克（Kenneth A. Sirotnik）及罗杰·索德（Roger Soder）一起在华盛顿大学建立了教育革新中心（the Center for Educational Renewal）。接下来的几年中，他又成立了两个中心附属机构：1986 年的全国教育革新联盟（the National Network for Educational Renewal）和 1992 年的教育调查研究所（the Institute for Educational Inquiry）。

1984 年，古德莱德出版了《一个称作学校的地方》（*A Place Called School*），对数千个美国课堂进行了为期四年的广泛研究；1990 年，古德莱德出版了《为我们国家的学校培养教师》（*Teachers for Our Nation's Schools*，

1990）；1997 年，古德莱德出版了《教育礼赞》（*In Praise of Education*）；2004 年，古德莱德出版了《为了每一个人的教育：民主教育纲领》（*Education For Everyone：Agenda for Education in a Democracy*，合著），以及《学校罗曼诗：一种教育的人生》（*The memoir Romances with Schools：A Life of Education*）。

　　古德莱德的研究可分为两个主要阶段（或称循环）。① 第一阶段从 20 世纪 40 年代末到 1966 年合作学校联盟建立。古德莱德主要关注学校的组织和领导、教师教育教学计划以及中小学与教师教育的衔接。第二阶段从 20 世纪 60 年代到 21 世纪初，旨在更高层次、更大规模上"复演"第一阶段的工作。特别要注意的是，1985—1990 年间他完成了以 29 所师范院校为样本的教师教育项目研究，出版了《为我们国家的学校培养教师》，该书与霍姆斯小组的《明日之教师》齐名。

　　早年古德莱德就积极投身于教师教育，他曾担任亚特兰大地区教师教育服务处课程顾问（1947—1949）、爱默里大学教师教育系主任（1950—1956）、芝加哥大学教师教育系主任（1956—1960）。20 世纪 60 年代初，他还参加了科南特主持的教师教育调查项目。古德莱德的兴趣主要集中在教师教育的管理制度和教学计划上，他指出没有一个单独的系科能够独立承担培养教师的任务，培养教师也不只是大学的职责。

　　古德莱德被认为是新进步主义教育的代表人物。② 20 世纪 70 年代出现一种新进步主义思潮，新进步主义希望通过促进学校教育作为社会教育而不是改造社会的工具，从而恢复公众对于学校教育的信心。旧进步主义的根本问题就在于试图把学校教育作为改造社会的工具，如杜威和康茨等人认为仅靠学校自身就能够改变现存的社会秩序，承担教育和改革的全部责任。新进步主义则主张学校与其他相关机构合作来共同致力于社会和教育的变革。因此，1999 年古德莱德总结自己 70 年代到 80 年代的研究，提出民主社会教育纲领（the Agenda for Education in a Democracy）。该纲领包括使命、达成使命的必

————————

　　① 赵祥麟. 外国教育家评传：第 4 卷［M］. 上海：上海教育出版社，2002：519.

　　② WELTMAN B D. Dabating Dewey：the social ideas of American educators since world war II, an examination of Arthur Bestors, Jerome Bruner, Paul Goodman, John Goodlad and Mortimer Adler［D］. The State University of New Jersey, 1995.

备条件，以及具体实施策略。① 对于教师与教师教育而言，使命包括四部分：
（1）学龄人口民主政治社会文化的熏陶；（2）年轻人对于人际沟通交流的全
面理解；（3）关怀教育学的践行；（4）学校与教师教育项目中的道德管理。
必备条件体现在下文关于教师教育项目建设的 19 条建议中。实施策略则是学
校与高端教育机构的共生伙伴关系，以及随之带来的教育学院与人文科学各
系教授们的合作。有了这个共同的目标，三种长期分离的文化——教师教育、
人文科学和学校就可以一起合作，形成一个合理连贯的、为了完成共同使命
的整体。三种长期分离的文化合作的具体形式就是"教学中心"（a center of
pedagogy）的建立。

20 世纪最后的 30 年里，古德莱德教育革新中心、教育调查研究所以及全
国教育革新联盟带领大家所进行的教师教育改革是最引人注目的。1970 年，
当古德莱德还是洛杉矶加利福尼亚大学教育学院院长时，他就写道："如果教
育变化的过程是充分的，那么我们就可以说职前教师教育、在职教师教育以
及学校教育自身同步重建（simultaneous reconstruction）都将是可能的。"古
德莱德将他的余生都奉献给了这种同步重建。

一、对于美国教师教育现状的调研分析

古德莱德关于教师教育革新的思想建立在 1985—1990 年间他对于美国教
师教育现状调研思考的基础上，他这样分析当时的教师教育现状②：

首先，教师教育声望与地位低下。原来主要的教师教育机构区域性州立
大学完成一系列的升格：努力摆脱掉作为师范学校或教师学院出身的痕迹。
因此，它们追随那些一流私立、公立大学的脚步，将教师教育边缘化，即便
是本应该将教师教育作为主要职责之一的教育学院也是如此。大多数情况下，
对教师教育感兴趣的教授也注重研究教师，而不是培养。对于教师教育项目
的师范生和教授而言，伴随机构升格而来的是他们所从事领域地位的降低，

---

① GOODLAD J I. Rediscovering Teacher Education：School Renewal and Educating Educators ［J］.
Change：The Magazine of Higher Learning. 1999, 31（5）：28-33.

② GOODLAD J I. Better Teachers for Our Nation's Schools ［J］. Phi Delta Kappan, 1990, 72（3）：
184-194.

自我价值感明显受到了贬损。

其次，教师教育使命认同模糊。调查发现，只有两所大学的校长认同教师培养是本校的核心使命。大部分校长虽然承认为国家培养教师的重要性，但依然会把其他领域的卓越视为本校的代表。随着时代的发展，教师教育在重要性上与其他领域不可同日而语。古德莱德发现教师教育的权威和责任很难界定，即便是承担教师教育必修课程的教授也并不关注教师教育项目的使命。

再次，教师教育者群体的焦虑。高等院校快速扩张，教学不再是学术机构的核心。大学实体从强调教学到强调知识生产的转化所带来的内在紧张对于教授职位的影响是巨大的。酬偿结构的改变加重了教授群体的模棱两可，特别是对于大学那些需要通过加强研究来获得职称等级晋升的教授。教育学教授身处大学，研究和发表的重要性日益提升，那么把主要精力放在教学和教师教育上面在酬偿制度中没有多大意义。

第四，不明确的师范生群体。古德莱德等人的调查发现，师范生群体并没有像法学、医学专业那样清晰的年级界限。教师教育项目没有一个清晰的开始节点，结束（通常是，但不总是教育实习）也相当模糊。由于师范生认为教学是一个界定并不清晰的职业，因此同学之间很难取得一致的认同，特别是在教师教育项目的早期阶段。比如中学教师候选人认同学术科目院系，他们很少会与其他院系也要做教师的人沟通交流。教师教育者也更多关注个别学生而不是一个可识别的师范生群体，也就是说，高等教育机构更强调个性化。

第五，教师教育项目的同质性。调查发现，教师教育机构都是根据各州对于教师教育的要求来开设课程的，从而缺乏创造性。究其原因，主要问题是各州关于教师教育的要求易于受政治风向的影响而发生改变。

二、教师教育革新的核心：教师与教学专业的道德维度

古德莱德认为，教师教育的发展动力应该来自民主社会学校管理者的要求。支撑教学作为专业的基础在于[①]：第一，教师必须理解公民是一个立宪政

---

　　①　GOODLAD J I. Better Teachers for Our Nation's Schools［J］. Phi Delta Kappan，1990，72（3）：184-194.

府的基本政治构成元素，他们必须掌握国家政府的基础知识以及对于公民的要求。第二，教师必须掌握智识工具广泛参与人类对话，并引导年轻人参与对话。第三，教师必须掌握为年轻人设计最优教育条件所应必备的教学知识与技能。第四，教师必须充分理解健康学校教育的本质，以及如何持续不断地更新。这四项基础的核心本质是道德。追求教学作为专业以及专业教育的力量都来源于对这四项基础的道德责任的理解。也就是说，在一个民主政治社会中教师必须教育所有儿童准备承担起作为公民的参与职责、在人类沟通中批判性对话的职责，教师的教学与管理必须包含所有儿童与年轻人，以及学校教育的整体道德功能。

古德莱德等人认为，1983 年《国家处于危险之中：教育改革势在必行》发布后，所谓第二轮的教育改革其实又是老生常谈。人们似乎不假思索地认为，标准的本科生教育为教师提供了足够的普遍性训练，或者说提供了学科内容方面的训练。1986 年霍姆斯小组的《明日之教师》"忽略的问题之一便是有关背景与目标的问题"。[①] 因此，古德莱德强调教学、教学职业以及教师教育必须从层次丰富的背景中找寻自己的使命与实质，基于此才能够制定教学决策。事实上，学校所有的教学都涉及各种价值观，都以各种标准为指导，而这些价值观和标准的背后体现的都是道德的要求。

从民主社会的文化适应角度看，古德莱德认为学校教育的目的是要教育学生承担起作为公民、父母、劳动者的责任，那么教师需要理解学校在促使青少年适应文化的过程中所起到的关键性作用，不仅所有的青少年都享有接受教育的权利，同时他们还要具备道德公平意识。因此，教师教育必须培养教师对民主社会的本质形成批判性观点，特别是关乎社会的政治民主制度。但是当下的教师教育课程并没有做到这一点。简言之，要培养能够理解并承担政治民主制度下发展人类个体这一道德责任的教师，而教师培养机构要承担起这一道德职责。

从获取知识的角度看，学校教育的主要职责是通过获取知识来促进智力

---

① SODER R. Tomorrow's Teachers for Whom and for What? Missing Propositions in the Holmes Group Report [J]. Journal of Teacher Education, 1986, 37（6）: 2-5.

发展。教师需要正确理解自己讲授的学科，在学生中建立学校课程的学科领域所需要的"评价准则"。但不幸的是，知识常常被转化成毫无生气的零星碎片。古德莱德认为，教师教育课程几乎是基于教师兴趣而偶然形成的，这样师范生就会缺乏他们必须掌握的普遍性、专业化的知识。教师必须意识到按成绩分班，分配知识领域与课程内容，规定每天及每周的授课时间、教学进度以及其他措施等决策的随意性与误导性，它们通常会导致不公正分配知识的途径。因此，要合理地做出这些决策，就要逐渐形成一个知识体系，而这一知识体系属于奠定教学专业基础的知识。此处体现的道德问题是获得最为普遍实用知识的机会在多数学校并未得到合理分配，那些家境贫寒、来自少数群体的儿童与青少年并没有获得足够的学习机会。师范生不能对此漠不关心，视而不见。

从教师与学生关系的角度看，大多数改革报告都承认教师要掌握如何授课这一点很重要，但是要求教师到底怎样讲授教学内容其实并没有达成共识。有些知识对于所有教学来说是具有一般性的，但多数知识则是基于儿童与青少年学校教育特殊情况的"特殊知识"。教师判定这些特殊知识是基于道德判断而非科学判断。比如如何激发学生学习的内在动机等等，义务教育中对于教师做出正确判断的道德要求不胜枚举。人们还把在学校外决策遇到的道德困境都交给了教师处理。

古德莱德认为教师是一种专业，接受的不仅是一种通才教育，也是一种专业教育。此外，必须通过具有共同专业核心的课程对教师进行普遍（共同）教育。这种核心中要添加诸如物理、多元文化、科学、英语或者初等教育或教学等专业。所有的教师首先应该是教育者，其次才是专家。[①] 同时，所有包括校长在内的学校行政管理也都应该是一种专业，其从业者都应该是教育者。那些管理与监督人员必须理解什么东西具有最大的教育意义，才能为教师的工作创造必要的环境。

---

① 古德莱德，索德，斯罗特尼克. 提升教师的教育境界：教学的道德尺度［M］. 汪菊，译. 北京：教育科学出版社，2012：24.

三、教师教育革新思想

古德莱德发现专业培养中小学教师的教师教育长期处于被忽视、丧失学术地位的状态。虽然主办教师教育的机构一路升格，从师范学校到教师学院再到州立高等院校，但是教育学院发现其教师教育作用被弱化了，而且他们必须通过人文科学的研究标准来建立自己的地位。许多教育学院完全放弃了职前教师本科生层次的培养工作，只留下研究生层次的教师教育。以前名列前茅的大部分教育学院都只是培养少部分新入职的教师，或者根本不培养教师。自从这些教育学院并入研究型大学，人们发现高等教育恢宏的大厦里其实并没有教师教育的立足之地。因此，古德莱德明确指出高等教育要承担作为教师教育领导者的道德义务，确保为国家提供接受过良好教育的教师。刻意回避教师教育而不是提升并优先发展是高等教育的耻辱而不是声望。

在教师教育项目知识与课程方面，古德莱德指出教学专业是独特的，即作为整体的专业内容就是学生一直在学习的内容。①换句话说，教师教育的专业内容就是我们在所有学段进行教学的有组织的知识体系。这种观点的意义在于学生一进入大学，接触到学科知识的时候，就可以开始思考如何教授这些内容。在理论与实践的关系处理上，古德莱德指出可以通过两种方式把理论与实践的关系进行转换：一是借助案例研究，二是通过可以形成讨论主题的现场观察。换句话说，我们应该首先进行实践分析，然后在分析实践的基础上提出理论和原则，而不是先教理论，然后期待学生能够领会理论与实践的关系。古德莱德关于教师教育革新思想的基本观点体现在教师教育项目革新的 19 条建议中，以及关于教师教育项目组织形式革新的讨论上。

（一）关于教师教育项目革新的 19 条建议

第一，负责国家教师教育项目的院校机构必须把培养师资当作其对社会的主要责任，院校领导要积极支持和促进教师教育的发展。

---

① BRANDT R. On teacher education: A conversation with John Goodlad [J]. Educational Leadership, 1991, 49（3）：11-13.

第二，教师教育应该与学院或大学内其他专业教育享有同等地位，这是学院或大学应该合法承诺以及研究服务的领域，从事该领域工作的教授值得获得同等的酬偿。

第三，教师教育必须与其他专业学院一样享有自主权，拥有清晰的边界、明确的组织认同，有稳定的人力和财力支持，以及决策的权威。

第四，教师教育必须拥有一支专门的具备学术能力和临床经验的师资队伍：他们要负责招收学生，督促学生进步，制定和实施课程计划，不断地评估和改进教师教育项目，并帮助师范毕业生入职。

第五，上述具备学术能力和临床经验的师资必须深刻理解教育目的和学校在社会中的作用，并致力于选拔和培养教师以及与教育有关的各种事务。

第六，具备学术能力和临床经验的师资负责预先确定师范生的学额，这些教师候选人必须承诺专业所需要的道德、族群和培养的责任。

第七，教师教育项目培养中小学教师必须承担起责任，保证所有教师候选人成为有基本素养的人，掌握作为一个受过教育的人应该具有的批判性思维能力。

第八，教师教育项目必须为未来的教师提供足够多的机会超越学生的知识体系，成为极具有渊博知识同时又具备教学能力的教师。

第九，教师教育项目必须有社会化的过程，使未来的教师获得更具他人指向的教学文化认同。

第十，教师教育项目必须全方位地提供未来教师需要在自己的学校和教室里创造的学习条件。

第十一，教师教育项目必须引导未来的教师探究教学和学校教育的本质，并把这种探究变成他们职业生涯中一个自然组成部分。

第十二，一方面是家长和特殊利益集团拥有各自的权利和利益，另一方面学校教育需要超越这种狭隘主义，二者之间存在着永不休止的矛盾，教师教育项目必须引导未来的教师面对源于该矛盾的各种争端和两难问题。

第十三，教师教育项目必须使未来的教师认识并致力于教师的道德义务，以保证所有的儿童和青少年有平等的受教育机会，并接受尽可能好的教育。

第十四，教师教育项目必须使未来的教师不仅了解学校的现状，而且要让他们为学校的未来出谋划策，知道如何在教学组织形式、学生分组和课程设置等方面做必要的变革。

第十五，教师教育项目必须保证每个未来教师有机会在各种类型的实验学校里观摩、见习，获得亲身经验。为了确保每个师范生都有接受良好教育的机会，提高师范生的质量，必须严格控制生源，不能滥收师范生。

第十六，教师教育项目必须引导未来教师面对源于理论和现实之间不可调和的冲突和各种疑难杂症。培养未来教师的目标是理论联系实际，一是把所有参加制定和指导培训项目的个体融为一体，二是开展有关设计和实施培训计划的讨论，而不是用逻辑性、防御性的教育哲学教导未来的教师如何适应现实，成为适应环境的变色龙。

第十七，为了评估和改进教师教育项目，教师教育项目必须与毕业生建立联络，并帮助毕业生度过从教初期的教学关键阶段。

第十八，为了使教师教育充满活力，不断更新，教师教育项目的课程不能受制于教师资格证书颁发机构，而只应该接受专业评估。

第十九，教师教育不应该受师资供求关系的影响，既不能开设短期、速成的师范培训班，也不能发放临时的教师资格证书。①

在此基础上，2000 年古德莱德又增加了第二十条——支持和拥护教师专业。

（二）关于教师教育项目组织形式的革新思想：合作

古德莱德认为，"传统意义上的教师教育仅指在校的四年制教育，包括时长不同的教学实习"，现代教师教育则"应该由高等院校、社会培训机构及基础教育学校共同完成"。古德莱德在南加州进行大规模学校教育研究，于 1974 年出版研究成果《一个称作学校的地方》。书中描绘了学生被束缚其中的迂腐陈旧的教学，毫无生气、令人沮丧的学校教育环境。正是这一研究促使他对教师教育进行重新考察，建议将大学的教师教育和中小学实践联系在一起。古德莱德提出学校—大学伙伴关系策略（school-university partnership strategy），通过这种合作伙伴以及有目的的临床教学促进专业发展的方式，致

---

① GOODLAD J I. Teachers for Our Nation's School [M]. San Francisco: Jossey-Bass, 1990: 271-303.

力于改革教师教育，同时改革学校教育。该项学校革新计划与霍姆斯小组倡导的教师专业发展学校颇为相似。

古德莱德希望教师要参与具有一定长度、深度和有品质的培训项目学习，使他们能够有效地脱离大多数传统的教学方式。① 他们将获得并且在教学实践中仍然坚持使用更多各种不同的方法，以确保学生对学习的兴趣并取得成绩。这种教师教育项目的基本组织形式就是学校和大学的合作。古德莱德曾在一次学术讲演中描述学校和大学之间互相补益的伙伴关系："学校若要变革进步，就需要有更好的教师。大学若想培养出更好的教师，就必须将模范中小学作为实践的场所。而学校若想变为模范学校，就必须不断地从大学接受新的思想和新的知识，若想使大学找到通向模范学校的道路，并使这些学校保持高质量，学校和教师培训院校就必须建立一种共生的关系，并结为平等的伙伴。"②

要切实把培养教师的不同群体力量整合起来，包括大学的人文科学教授、教育学院教授，和中小学的临床教师、合作教师等，他们都要在教师教育项目中起到同等的作用，具有同等的权威。其中学校行动定向的文化（The Action-Oriented Culture）与大学探究定向的文化（The Inquiry-Oriented Culture）的局部性结合会产生积极的效果。

首先是大学人文科学教授与教育学院教授的合作。20世纪50年代，古德莱德就关注到这个问题。他认为任何教育学院都不能仅仅依靠自己就能够做好教师教育，必须整合学院或大学的所有资源和力量。除了教育学院以外的其他人文科学教授在培养公立学校教师方面做出了同样重要的贡献。因此，人文科学教授与教育学院教授要建立良好的合作关系。大学的人文科学教授要在揭示出来的学校教育问题上真正产生影响，比如为将来的小学教师设计一套最好的通才教育。小学教师非常需要通才教育——就是对于所有大学生都适合的文科教育。大学人文科学教授也可以与教学法教授合作，共同开设教学法的课程，比如教育学院里教学习理论和教学理论的教授与数学系的教

① 古德莱德. 一个称作学校的地方：20周年纪念版［M］. 苏智欣，等译. 上海：华东师范大学出版社，2014：276.

② 苏智欣. 美国师范教育改革中反复争议的问题［J］. 外国教育动态，1987（2）：9-14.

授合作开设一门数学教学法的讨论课。

其次是大学与中小学的合作。师范生常常是到距离比较远的学校，跟随单独的合作教师学习，有时离大学太远，指导上就必然弱化了很多。结果就是师范生成了合作教师的复制品。所有教学实习工作都应该发生在专业发展学校中，但专业发展学校一定是大学与中小学共同合作，这一点至关重要。因此，大学的教师教育项目应当和学区联手，确认重点学校和示范学校并进而与他们协同工作。中小学那些杰出的专家教师将被吸引到这些学校中来。新教师只能在这些学校里学习。以研究和开发学校的组织形式、课程以及教学为使命的大学教授应该在这些学校设有办公场所，并在这里开展学术调研，与学校教职员工共享他们的专长知识。中小学的专家教师也将在教育学院兼任实践课的教师。

古德莱德还进一步提出学校和大学合作的 6 条建议[①]：第一，大学和学院不要仅仅关注自己在教师教育中的作用，教育实习和初期的教学经验有助于教师模仿学习当下的教学方式。因此，为了完成共同的使命，承担教师教育项目的大学和实习学校两个机构必须建立共生关系，以求同步革新。第二，要同步革新，就要持续地来创建和维持这种合作关系，就像医学专业和临床医院的关系。第三，学校和大学合作越密切，就会越需要彼此来建立更高质量的学校，培养更优秀的教师，但同时管理机制的麻烦也越大。这就要求领导者高瞻远瞩，打造全新的组织体系，建立新的部门（如教学中心等），甚至需要重新设计教师教育整体预算，处理管理问题、选择伙伴学校的问题、保证课程革新的问题等等。第四，无论是改编还是重新设计，都必须事先有个明确的、共同的议案以及实施条件和主要参与者的职责分配。第五，中小学、学区、师范学院和大学的领导权应该得到广泛分享，这就意味着教师教育领导权可以一直保持内在的、持续性活力。第六，学院和大学的高层领导者必须回应的是，到底如何解决教育学院教授的学术发展问题。他们的研究成果和出版物不足以符合大学的标准，因此只有减少指导师范生这样耗时费力还没

---

① GOODLAD J I. Rediscovering Teacher Education：School Renewal and Educating Educators ［J］. Change：The Magazine of Higher Learning. 1999, 31 （5）：28-33.

有报偿的苦差事。

学校与大学合作的具体形式是成立教学中心。古德莱德提出要建立一个教学中心，把中小学、文理学院、大学或社会上的所有关于教师教育的力量都集中起来，宗旨在于为学校培育教育者，并促进教学的发展。

研究表明，至少有三种不同类型的群体在培养未来教师。第一种是文理学院教师群体，他们承担 60%～80% 的教师教育。在大学，教育学院对于人文教育的影响比较小。医学院、工程学院以及法学院对于人文教育的影响却是巨大的，奇怪的是教育学院无法做到这一点。未来教师却是唯一把文理学科作为自己专业工具的群体。第二种是教师教育机构教师群体，他们教授基础课程或者方法论课程。第三种是那些指导师范生成为教师的人，他们具有最重要的影响，但他们基本不参与教师教育项目的规划制定。

古德莱德建议把所有这些群体力量集中到一起组成一个具有同等地位的同侪群体，建立教学中心。该中心应该使命明确，师资与预算有自主权，包括提供必要的实验室资源和资金。该中心应该边界清晰，同时教育目标得到学生群体认同。教学中心的第一个功能是促进这些不同群体对于教师教育项目进行对话、决策、行动以及评估。第二个功能是作为一个对于教学与教师教育进行科研探究的机制而发挥作用。① 教学中心既可以建立在现有教育学院里面，也可以在外面，但是必须保持自主性；或者现有教育学院必须转变成专门承担教师教育和研究职责的机构；或者文理学院的教育系可以做这样的转变，并且扩展成为包涵人文科学课程与临床资源的教学中心。

古德莱德不仅提出教师教育组织形式的合作理念，还进一步通过建立"教育革新中心"和"全国教育革新联盟"把思想变成现实。"教育革新中心"进行着一项长期的研究和发展项目，目的就在于学校教育和教师教育的同步改进。教师应该对他们的工作进行更多的反思，而学校则应该成为不断探索教学实践的场所。古德莱德认为大学应该为上述两项任务做出贡献，并

①　FARRACE B. Renewing the Teaching Profession：A Conversation With John Goodlad［J］. Principal Leadership，2002，3（1）：31-34.

且可以在此过程中学会如何培养教师。①"全国教育革新联盟"就是一个学校与大学合作伙伴关系网络。到 1999 年,"全国教育革新联盟"已经涉及 33 所学院与大学、100 多个学区,超过 500 所学校成员参与到学校教育与教师教育的同步重建之中。

第四节

教师专业化的知识基础

20 世纪 80 年代以来,美国社会出现了许多从实践和专业角度探讨如何改进教学的报告。这些报告中反复出现的共同主题就是教学的专业化。教学专业化意味着教育和教师的行为能够被某些标准清晰地描述和评价。教师专业化改革的倡导者认为存在一种"教学的知识基础"(knowledge base for teaching),以及用以呈现和交流这些知识基础的方法。戴维·莱利在 1989 年发表的文章中开篇即言,"几十年来,建立一个公认的、有效的教育知识基础是教育者的一个执着追求的目标和梦想"②。

早在师范学校成立以后就有人提出教师的学科知识与"学术"知识不同。这一观点在印第安纳州立师范学校得到了推广,教师们开发了一种独特的教学方式,在这种教学中,"学科方法"成为关注的对象。20 世纪 50 年代以来,受心理学行为主义的影响,有效教学的研究致力于探讨教师行为对学生成绩的影响,在大量研究变量之间的关系探讨中包括了对教师与教学知识的理解。研究者们认为,如果他们的方法与设计遵循科学的理论与实践,那么这些实证研究的结果将会作为关于教师与教学的知识。③ 在这种实证主义影响下,研究者们试图通过科学研究为教师的教学构建知识。雷诺兹在《新教师

① 古德莱德. 学校与大学在教育改革中的伙伴关系 [J]. 华东师范大学学报(教育科学版),1987(2):1-7.

② REILLY D H. A Knowledge Base for Education:Cognitive Science [J]. Journal of Teacher Education,1989,40(3):9-13.

③ FENSTERMACHER G D. Chapter 1:The Knower and the Known:the Nature of Knowledge in Research on Teaching [J]. Review of Research in Education,1994,20(1):3-56.

的知识基础》一书的序言中写道：本书试图证明教学的确有一个独特的知识基础……这种知识基础在研究中得以产生。① 这里的教师知识主要指有关教育与教学的知识，来源于有效教学的实证研究。这种实证主义观念下的教师知识研究强调教育活动中存在着一种独立于认知者存在的、非个体化的教育教学规律。学者的责任是去发现、保存与供应这种教育教学规律体现的权威性知识，教育实践者的任务就是消费、加工处理和使用这些知识，从而增进个人的教学知识与专业技能，提高学生的学习效果。因此，教师只要接受一套现成的、权威的、真理式的知识，接受被规训，就可以获得专业发展。这种观点忽视教师作为实践主体已有的鲜活经验，忽视教师已形成的实践理论，缺乏对教师进行实践性反思与创造能力的培养。

随着教师思维研究与教学专业化的发展，教师知识的研究得到了重大推进。1980年美国教师教育改革家邦尼·史密斯等发表《教学学院的规划》，提出用"教学"一词代表教学艺术和教育科学。报告将教学知识分为两类：学术教学知识和临床或实践教学知识。1983年，美国教师教育学院协会年度会议以"初级教育者的基本知识"为主题。时任协会主席的杰克·甘特在介绍大会议题时说道："关于提高教师教育的观点多种多样，方法复杂，但有一点似乎是明确的：如果教学要达到公认的专业地位，它就必须建立在有效的专业知识基础上……然而，更重要的挑战将是对教师教育的挑战，即在进一步开发和使用这一知识基础之上进行合作，并作为一个专业统一起来。"美国教师教育学院协会还发表了关于初级教师所必需的知识领域的研究结果，并提出不同的教育知识基础（例如教师的特点、内容材料的知识）。② 舒尔曼也是在这一年的美国教学研究会议上做了题为"教学研究中的缺失范式"的演讲，产生学科教学知识的萌芽，并在1986年和1987年连续发表两篇文章，进一步阐述自己关于教师知识的观点，其中以"学科教学知识"概念的影响最大。艾维纳·希格尔认为舒尔曼提出的学科教学知识开启了教育过程研究

---

① REYNOLDS M C, STROM S M. Knowledge Bases for the Beginning Teacher [M]. New York: Pergamon Press Inc., Maxwell House, 1989: ix-xiv.

② Smith D C. (Ed.). Essential knowledge for beginning educators [R]. Washington, DC: American Association of Colleges for Teacher Education, 1983.

的新视角，特别是对于教师培养的重要意义，怎么强调其贡献都不过分。① 霍姆斯小组和卡内基特别工作小组 1986 年的报告也都基于这种信念，并进一步指出教学的知识基础是不断发展的。二者都认为教学的知识基础应该为教师教育提供基本框架，并且应该直接指导教学实践。因此，可以说高度认可的专业化知识是一项专业的中心条件。对于教师知识的研究正是促进教学专业成熟的一种努力。

与此同时，也有研究者尝试转换方向，试图了解教师已经知道什么，而不是为教师生产教学的知识。研究者认为通过职前学习和实践经验，每个教师自己拥有大量教学方面的知识。加拿大的艾尔巴兹与康奈利、克兰迪宁，美国的舍恩，提出各自的教师实践性知识观。这种知识诠释主义取向的研究将注意力从实证的规则化知识转向个体经验的解释。这种构建知识的方式是个体在特定情境下，对个人化、社会化建构经验的解释。

一、史密斯等人的教学知识观

继《面向现实世界的教师》一书后，1980 年史密斯等人又发表《教学学院的设计》，再次聚焦教师教育问题，并获得了很高的评价。该书讨论了当时的教师培训在相当大程度上脱离公立学校教育系统的事实，而且指出培训充斥了太多的理论，未来教师狭窄的经验并不足以吸收它们。史密斯等人在该书中提出"教学知识"（pedagogical knowledge）概念，并对其内涵、来源、形式、类型、性质及其应用展开讨论。

1977 年秋，在一次全国教师团示范工作会议上，有人提出质疑：教学的知识基础是否足以支持任何重要的教学示范？有人认为现有的知识，特别是与教学有关的知识，不仅脆弱而且不充分。史密斯等人反对这样的观点。在示范小组的工作结束后，教师团授权史密斯团队研究教学教育（pedagogical education），包括它的知识基础，以及教学知识与教学人员培训的关系。

史密斯团队的研究从回顾关于教学教育的各种研究开始，一直追溯到 20

---

① SEGALL A. Revisiting pedagogical content knowledge：the pedagogy of content/the content of pedagogy [J]. Teaching and Teacher Education, 2004, 20（5）：489-504.

世纪早期。当时最新的研究成果是美国教师教育学院协会1976年出版的《培养一种专业：教学专业教育二百周年委员会报告》，可以说是那些年关于教学教育最全面的研究。该报告不仅涵盖教师培养问题，强调职业生涯中效率的追求，而且包括教学作为专业的地位问题、影响教学教育的控制以及质量控制的问题。史密斯团队就是在这一报告的基础上提出了教学学院的改革计划。该计划指出，教学学院可以成为真正的专业学院；专业培养项目必须彻底改革；现在已经有了为教学艺术提供科学基础的知识体系，而且在不断增加。史密斯等人的研究广泛征求各方意见，多次开会讨论，可以说这份报告是集体智慧的结晶。

（一）教学知识的内涵

史密斯等人认为以往的研究都忽略了三个问题：第一，大学的制度安排阻碍了教学专业学院的发展。大学学术研究的方式与教学教育研究本身的特殊性之间一直存在难以调和的学术敌意。第二，以往研究都没有把教学教育的知识基础放在首要考虑的位置。第三，虽然以往研究都认识到技能发展的重要性，但是都没有对于教学知识如何为技能发展提供知识基础进行分析。因此，史密斯等人将讨论的重点放在了教学知识上。

史密斯等人提出用教学（pedagogy）而不是教育（education）来指称教学行为，以及教育艺术和科学。原因包括以下三个方面[1]：第一，教育不能作为一个形容词来描述一种教育，可以说法律教育（legal education）、医学教育（medical education）和宗教教育（religious education），但是说教育教育（educational education）就太奇怪了。为了避免发生这种奇怪的现象，人们使用"教师教育"（teacher education）。史密斯等人认为教学学院（college of pedagogy）在项目设计和目的上都要比教师宽泛得多，因此可以使用"教学教育"（pedagogical education）来避免这种尴尬和束缚。第二，使用"教育"而不使用"教学"其实是一种微妙的掩饰，掩饰这样的一种感觉，即我们与年轻人的关系，以及带领年轻人进入成年这样的牧羊人任务是一种低级的职

① Smith B O and Others. A Design for a School of Pedagogy [M]. Washington, D. C.: US Government Printing Office, 1980: 16.

业。另外，"教育"这个词容易使教学学院扩展其课程到涵盖所有人类感兴趣的任何领域，而不考虑其与教学科学与艺术的关联性，一门学科的内容与该学科的教学之间的区别变得模糊。第三，用"教育"来涵盖一个研究领域，一直是大家对教学学院不满的一个来源。所有的大学教师都认为自己是从事教育工作的，无论他们的领域是什么。对于一个大学里的一个教学法机构来说，把自己称为教育学院（college of education）会招致批评和大学内其他学院的恶意。

（二）教学知识的来源

史密斯等人认为教学知识有两个来源[①]：研究和临床经验。自从 20 世纪初赖斯关于教育的讨论拉开教育研究的大幕，关于教学的研究至少集中在五个领域：第一，学校和教室环境，包括建筑和设施、班级规模、社会和情感氛围；第二，教师的特点，包括文化水平、大学成绩、智力状况、人格特质；第三，一般教学行为，包括提问、强化、计划、管理学生的干扰行为、分组，以及管理材料和教学；第四，受到如阅读、科学、数学等教学科目制约的教学行为；第五，特殊情况的诊断和治疗。教学知识也来源于临床经验，包括教学学院教师对于个案或小组进行观察、分析，并决定如何帮助个案或小组。随着未来教师在经验中学习到新的东西，专业智慧或技能知识也逐步浮现出来。这样的知识包括教师意识到的，以及从经验角度认为能够起作用的东西，但是还没有得到组织、系统化。史密斯等人指出一个发展趋向是随着专业的成熟和研究基础的高度发展，来自研究者的知识越来越多，来自实践者的知识越来越少。史密斯等人进而对上述教学知识研究提出批评：由于研究方法论的缺陷而导致知识不可靠；缺乏一般的经验性原则，缺乏因果关系；由于教学行为的经验原则所应用的情境处于极端变化的状态，因此它们并不能发挥真正的效用；我们的大部分教学知识都是由单一变量的影响组成的，这些变量对于学习的影响微乎其微。

在批评分析的基础上，史密斯等人指出专业并不取决于因果知识，专业

---

① Smith B O and Others. A Design for a School of Pedagogy [M]. Washington, D. C.: US Government Printing Office, 1980: 57.

实践需要的只是可能的，而不是精确的知识来获得成功。知识是具有可能性的，而且往往不止有一种手段可以达到目的，这些都是判断力成为任何专业实践得以成功的重要因素的依据。在教学过程的突发情境中，教师往往处于事实不足的境况，但是还需要做出即刻的判断。这样的情况下，教师就要评估情境，并调用先前的经验和强化的知识。没有现成的公式可以用来解决这些突发的事件，教师必须在恢复秩序和寻求预防未来事件发生的可选方法中做出判断。

总之，认为教学研究因为没有产生因果关系、没有经验法则，就是站不住脚的立场是没有依据的，因为无论是因果关系还是经验法则，都不是有效专业实践的必要条件。专业实践需要的不是确定性，而是合理可靠的相关知识。

（三）教学知识的形式

史密斯等人认为教学知识的形式包括四种[①]：定义性知识（definitional knowledge）、原则性知识（principled knowledge）、价值性知识（value knowledge）和事实性知识（factual knowledge）。

关于定义性知识。教学内容的基本要素是那些定义和未定义的术语。未定义的术语是指那些我们认为其含义是理所当然的词汇。任何领域专业知识的发展和使用都有赖于一套标准定义的发展，教学知识也不例外。专业人员如果有准确的概念，并使用同样的术语来描述它们，就能够在工作中试图达成协议时，尽量减少误解和摩擦。教学思维的一个主要缺陷就是我们未能坚持使用精确和严格的定义。教学教育者（pedagogical educators）和教师通常使用松散的语言，经常拒绝标准术语而选择模糊和吸引人的表达方式。而在其他专业中，思维受到标准含义的控制，即使这些术语是常识性的词汇。教学原则的适用性取决于定义的严谨性。教师之所以未能使用技术术语，是因为他们对于术语的精确含义及其所指的漠视。

关于原则性知识。原则是对变量之间关系的陈述，是对概念的衡量，当

---

① Smith B O and Others. A Design for a School of Pedagogy [M]. Washington, D. C.: US Government Printing Office, 1980: 66-71.

概念被口头表达出来时，它就成为一个定义。原则中，各组变量之间是条件—结果的关系。原则并不是解决方案，它只是对两组变量之间关系的陈述。当然有的原则可以作为一个解决问题的方案，具有较高的规定性，但它也只是说明在一个特定的情况下可以做什么。是否使用该方案则是专业判断的问题。有的原则没有直接产生解决方案，没有潜在的规定性。总之，如果构成一个原则的条件部分的概念是用行为术语来阐述的，那么我们就可以从对一个特定案例的了解中得知该原则是否适用。

关于价值性知识。教学话语不断诉诸价值主张。我们对教师、行政人员、学生、实践、行为、项目等表达价值判断。术语"应该"和"应当"是间接的价值术语，因为它们旨在促使我们采取某些被认为是可取的、值得的或有益的行动。价值是一种特殊的概念，常常与相关的态度相混淆。价值是评级，而态度是对某一事物的支持、反对或中立的倾向性。教学教育中很少分析价值问题，原因就在于未能将价值与态度区分开来，教学学院的教师没有能力对价值语言进行分析。定义一个价值术语就是说明使用这个术语的标准。

关于事实性知识。这里史密斯指出"事实"与"真实"同义使用，也与"数据"（datum）意思相同。我们也用"事实"来涵盖关于一个不变特征的序列或组合的陈述。事实在教学中的重要性部分体现在作为证据的使用和作为与专业表现相关的纯粹信息。

（四）教学知识的类型、性质与用途

史密斯等人认为教学知识包括两种类型：临床教学知识（clinical pedagogical knowledge）和学术教学知识（academic pedagogical knowledge）。[①]临床教学知识是教师帮助师范生时使用的知识。它是教学行为语言上的对应物，表现为定义、原则、事实和价值。它被用来作为教师对某项技能的表现进行指导，比如给予反馈、提出与事实相反的问题、做出诊断或其他判断。学术教学知识也包括定义、原则、事实和价值，它们构成教育史、教育哲学、教育社会学、教育心理学等内容。学术教学知识主要用于制定和论证教育政

---

① Smith B O and Others. A Design for a School of Pedagogy [M]. Washington, D. C.: US Government Printing Office, 1980: 71.

策和规划。而另一方面，临床知识与课堂表现以及如咨询等其他临床任务表现密切相关。当然，这种区分并不明确。教学实践常常受到学术思想的闪光见解的启发，而来自实际表现的经验又往往丰富了关于学习和发展以及教学计划的抽象概念。

　　学术教学知识和临床教学知识在两个方面还可以进一步进行区分：第一，知识形式的内容方面；第二，规定性潜力（prescriptive potential）的差异方面。一般来说，临床教学知识的概念是教师行为变量和师范生行为变量。与之相反，学术教学知识的概念是社会的、经济的、心理的和制度的变量，以及它们对儿童和青少年、教师和学校影响有关的变量。学术教学知识的规范性潜力比较低，它描述的是事态，是静态的，以及它的后果，但是它在制定计划、政策等方面非常重要。临床教学知识则不同，它与动态变量有关，可以操纵和控制变量，以便帮助师范生实现可指定的结果。它包括诊断问题、解决方案以及实施培训。另一方面，学术原则的内容通常由静态变量组成，如社会阶层、福利水平、同龄人群体和社会流动性，这些变量最不容易被蓄意操纵和控制。学术原则表明的是在使用临床教学知识和制定方案政策时需要考虑的关系。

　　在学术教学知识的性质与用途方面，史密斯等人认为教学与其他专业一样需要依赖系统化知识体系的支撑。教学依赖心理学、社会学、人类学、历史学和哲学等基础科学。根据内容的性质，教学研究可以分为三类：经验性及其相关、经验性及其非相关、非经验性。第一类经验性及其相关包括教育心理学、社会学、人类学和经济学。它们的内容主要由事实、定义和独立变量的相关因素组成。第二类经验性及其非相关指教育史学，它的内容主要是事实和描述性的，但几乎没有任何经验性的概括。第三类非经验性指教育哲学，它主要包括对社会习俗的审视与批判，因为它们影响到学校教育，影响到知识的性质与类型，影响到在一个广泛的思想背景下如何看待和评判教学知识，以及对语言和关于人类状况的基本观念的分析技能。

　　史密斯等人认为，在师范学校产生之初，教育历史和哲学被认为是最重要的。然而到了史密斯等人写作的时候，临床教学知识越来越受重视，而学术教学知识越来越不受重视，重要性次序正在颠倒。

二、舒尔曼的教学知识观

1983 年，舒尔曼在德克萨斯大学召开的美国教学研究会议上做了题为"教学研究中的缺失范式"的演讲，指出美国教学研究中存在着对学科内容与教育学知识相互作用研究缺失的现象，产生了学科教学知识的萌芽。[①] 1985年，舒尔曼在美国教育研究协会（The American Educational Research Association，AERA）发表主席报告时最早提出学科教学知识的概念，该报告于 1986 年发表，题为"理解教学中的知识增长"。1987 年，舒尔曼在《知识与教学：新改革的基础》（*Knowledge and teaching: Foundations of the new reform*）一文中，进一步探讨学科教学知识，并扩充丰富了整个教师知识框架。

舒尔曼曾经在芝加哥大学学习哲学和心理学，后进入教育学院跟随本杰明·布鲁姆（Benjamin Bloom）和约瑟夫·施瓦布（Joseph Schwab）等人学习，他尤其接受施瓦布关于不同学科结构的影响，这些研究后来又重新出现在他关于教师知识的研究中。这种早期学科知识的影响是贯串舒尔曼学术生涯的始终如一的线索。

舒尔曼的第一份学术工作是在密歇根州立大学的教育学院。他从不满足于局限在院系范围之内，与医学院的一位同事阿瑟·埃尔斯坦（Arthur Elstein）合作完成了一项专业诊断人员的医疗决策研究。该研究的两个主题在舒尔曼的学术生涯中不断产生共鸣：第一，关注专业实践中的认知，特别是在不确定条件下；第二，专业知识的领域特殊性。舒尔曼后来成为密歇根州立大学教学研究中心的创始联合主任，该研究中心率先从认知角度研究教学和教师学习，关注教师的思维、决策和教师学习的条件。

1982 年，舒尔曼来到斯坦福大学教育学院。他早年在斯坦福大学从事的研究产生了"学科教学知识"的概念。这一概念开启了教学和教师教育研究的新阶段。他带领研究团队为全美专业教学标准委员会开发并实地测试了教

[①] G J, L N G. (Ed.). Examining pedagogical content knowledge [M]. Dordrecht: Kluwer Academic Publishers, 1999: ix-xii.

师评估原型。在斯坦福大学任职期间（1982—1997），他还担任美国教育研究协会和国家教育研究院（the National Academy of Education，NAE）的主席。1996年，舒尔曼被任命为卡内基教学促进基金会的第八任主席。

（一）"缺失的范式"

舒尔曼认为，从早期的教师资格证考试中就可以看到人们如何界定教师知识。他梳理了教师资格考试内容和政策的历史，指出学科内容自身并没有得到关注。没有人问过学科是如何从教师的知识转化为教学内容的，也没有人问过这些内容的特定表述与学生要了解的或曲解的内容有什么关系。舒尔曼和他的同事将教学研究的各种研究范式中缺乏对于学科的关注称为"缺失的范式"（missing paradigm）问题，并指出这种缺失导致的后果无论对于政策还是对于研究都是很严重的。①

舒尔曼在讨论学科内容和教学过程割裂的问题时，追溯到中世纪大学，认为那时候的学科内容与教学方法都是无法分割的理解体系的一部分。今天我们的大学里授予的最高学位无论是"硕士"还是"博士"，都有一个共同的定义，即"教师"。他援引翁格1958年的研究来讨论②，翁格指出中世纪大学从原则上来说就是师范学校，而不是普通教育机构。文学学士是人文学院的见习教师、神学学士是神学的见习教师。那些经过大学学习获得执照可以行医的实践者被称为"医生"，也意味着他要教医学，可以说，毕业即开始，理论上说就是教学生涯的开始。博士考试的目的是要证明考生在学位授予的领域拥有最高水平的专业能力。在中世纪，这种证明的方式就是要展示教授这门学科的能力。博士口试过程中要与主考官对话，为论文进行辩护，对应两种教学模式，即讲课和辩论。

在舒尔曼看来，缺失的范式指大多数教学研究在内容上的盲点，因此大多数州级教师评估和教师认证项目也都存在内容盲点。我们忽略的是与教师有关的所教课程的内容、所提出的问题以及所提供的针对问题的解释。严格

①　SHULMAN L S. Those Who Understand：Knowledge Growth in Teaching［J］. Educational Researcher，1986，15（2）：4-14.

②　ONG W J. Ramus：Method and the decay of dialogue［M］. Cambridge，MA：Harvard University Press，1958：153-154.

来讲，关于学习的认知心理学的讨论都是从学习者出发的。因此，舒尔曼提出他带领团队所要做的就是纠正这种不平衡的现象，要让"教学中的知识增长"。研究的中心问题是优秀的大学生到新手教师的转变，那些成功的大学生是如何将他们的专业知识转化为中学生能够理解的形式的？舒尔曼认为单纯的内容知识和无内容的技能一样在教学上毫无用处，因此，要将两个方面结合起来。

（二）教师知识与形式观初具雏形

舒尔曼提出一个理论框架来探究教师理解和传递内容知识的复杂性。教师头脑中内容知识的领域和类别是什么？例如内容知识和一般教学知识是如何联系起来的？这些领域和类别的知识在教师头脑中以何种形式表现出来？有哪些可以选择的方法来促进此类知识的获取和发展？舒尔曼认为这些都是对教师教育进行规范化探究的核心问题，因此舒尔曼在《理解教学中的知识增长》中，确定其特定研究领域，即教学中的内容知识（content knowledge in teaching）及其类别。他将内容知识分为三类[①]：学科内容知识（subject matter knowledge）、学科教学知识（pedagogical content knowledge）、课程知识（curricular knowledge）。

学科内容知识是指教师头脑中知识本身的数量与组织。表示学科内容知识的方法包括布鲁姆的认知分类法、加涅的学习种类、施瓦布对知识的实质结构和句法结构的区分，以及与施瓦布类似的彼得斯的概念。舒尔曼选择按照施瓦布等学者所定义的方式来理解学科结构。施瓦布认为学科的结构包括实质结构和句法结构。实质结构指组织该学科的基本概念和原则以纳入其事实的各种方式。一门学科的句法结构是确立真理或谬误、有效性或无效性的一系列方式。教师不仅要有能力为学生定义一个领域的公认真理，还必须能够解释为什么一个特定命题被认为是合理的，为什么它值得了解，以及它与学科内外的其他命题之间的关系，无论是在理论上还是在实践中都是如此。

学科教学知识。第二种内容知识是教学知识，它超越了学科本身的知识，

---

① SHULMAN L S. Those Who Understand：Knowledge Growth in Teaching [J]. Educational Researcher, 1986, 15（2）: 4-14.

进入学科教学知识层面。它依旧是内容知识，但是它是具有特殊形式的内容知识，体现了与可教性（teachability）最相关的内容方面。学科教学知识包括在一个学科领域中最经常被教授的主题。这些主题的教授需要最有用的表达形式，最有力的类比、插图、例子、解释和演示，也就是表达和表达主题的方式，使其能够被他人所理解。学科教学知识还包括了解是什么使特定主题的学习变得容易或困难：不同年龄和背景的学生在学习那些最常被教授的主题和课程时带来的概念和先入之见。如果这些先入为主的观念是错误的，那么教师就需要掌握方法策略以使学习者取得最有成效的理解，因为这些学习者不可能像一张白纸一样出现在他们面前。

课程知识。课程是指为特定水平的特定科目和主题的教学而设计的全部课程，与这些课程有关的各种教学材料，以及作为在特定情况下使用特定课程或课程材料的适应状况和不适应状况的一系列特征。舒尔曼还指出课程知识的另外方面——横向课程知识，即教师将某一课程或课的内容与其他学科同时讨论的主题或问题联系起来的能力。这种课程知识的纵向对应物是熟悉并掌握学校前几年和以后几年在同一学科领域已经和将要教授的主题和问题，以及体现这些主题和问题的材料。

在对教师知识分类讨论的基础上，舒尔曼还进一步探究教师知识的形式。舒尔曼指出对教师知识的概念分析，一方面要建立在对教师知识和类别进行分类的框架基础上，另一方面要建立在对知识表现形式进行分类的框架基础之上。他提出教师知识的三种形式：命题知识（propositional knowledge）、案例知识（case knowledge）和策略知识（strategic knowledge）。

舒尔曼指出，许多教给教师的东西都是以命题的形式出现的，但是没有整合这些命题的完整的理论框架。因此，如果想让这些命题能够得到更充分的理解和有效使用，就应该将这些命题组织成某种连贯的形式，并置于一个具有生成性或再生性的概念或理论框架中。舒尔曼提出教学中命题知识的三种基本类型，即原则（principles）、格言（maxims）和规范（norms）。这三种知识类型对应三个主要的教学知识来源，即严谨的实证研究或哲学探究、实践经验和道德或伦理推理。原则通常都来源于实证研究。格言不是理论命题，而是实践命题。在每一个实践领域都有一些从未被证实的观点，原则上很难证明，但是这些格言代表了实践中积累的智慧，在许多情况下，它们与理论或经验原则一样，是指导实践的重要来源。第三种命题反映了我们希望教师以及那些学习教学的人能够吸收和使用的规范、价值、意识形态或关于正义、公平、公正等哲学承诺。它们既不是理论的也不是实践的，而是规范性的。第三种命题占据了教师知识的核心，是教师工作的指南，不是因为它们在科学上是真实的，也不是因为它们在实践上是有效的，而是因为它们在道德或伦理上是正确的。舒尔曼指出以命题的形式表示知识，既有明显的优势，也有重大的责任。命题在形式上是经济的，包含并简化了大量的复杂性。同时命题之所以获得经济性，正是因为它们是非语境化的，只留下最抽象的本质，没有细节，没有情感，也没有氛围，然而，当人们需要明智地运用时，可能需要的恰恰是细节和情境。

正是由于原则在特定情况下的应用问题，案例知识就成为对命题知识的必要补充。在美国，法律教学中的"案例教学法"作为以案例为载体的最著名的专业教育方法，其根源在于其对理论教学的价值，而不是对实践的价值。1870 年哈佛大学法学院院长克里斯托弗·兰代尔（Christopher Langdell）负责推进法学教育的案例教学法，他倡导案例教学法是由于它能有效地将法律作为科学来教授，也就是通过案例来教授法学理论。案例的正确理解不是简单地报告一个事件，而是为了提出理论上的主张，论证它是一个更大类别的实例。因此，舒尔曼并不主张把教师培养工作简化为最实际和最具体的工作，相反，他主张利用案例文献的力量来阐明实践和理论，要发展案例文献，其组织和使用将具有深刻的和自觉的理论性。案例知识是关于具体的、有据可查的、描述丰富的事件的知识。虽然案例本身是对事件或事件序列的报告，但它们所呈现的知识却是使其成为案例的原因。案例可能是实践的具体例子，详细描述了一个教学事件是如何发生的，包括情境、想法和感受的细节，但另一方面，它们也可能是原则的典范，在细节上体现了一个更为抽象的命题或理论主张。对应原则、格言和规范三种教学命题知识，舒尔曼提出三种类型的案例：原型（prototypes），是理论原则的例证；先例（precedents），捕捉并传达实践的原则或格言；寓言（parables），传达规范或价值。当然一个特定的案例可以完成不止一个功能。

舒尔曼并不是反对"教学即技能"（teaching as skill）的概念，而是认为它作为对教学能力和表现的描述是不充分、不完整的。完整的教学概念应该是原则性的技能和经过充分研究的案例在发展和形成策略性教学知识的过程中被结合起来。策略性知识就是教师知识的第三种形式。命题和案例都有其片面性，它们共同的缺陷是把读者或使用者引向单一的、特定的规则或实用看待问题的方式。当教师面对特定情况或问题时，无论是理论上的、实践上的，还是道德上的，在原则性的碰撞中，没有简单的解决方案，策略知识就会发挥作用。也就是说，当单一原则之间的指导发生相互矛盾，或者特定案例的先例不相容时，就会形成策略性知识。策略性知识可以将原则的理解扩展到实践智慧。我们通常会把智慧归功于那些在复杂情境中，面对每个似乎都同样是"有原则"的选择，而能够超越特定原则或具体经验限制的人。舒尔曼认为，在教师教育中使用案例法，无论在我们的课堂上或者带有模拟、录像以及注释脚本的特殊实验室中，都是形成策略理解、提高专业判断和决策能力的一种手段。这些教学方法将涉及原则与案例之间的全面交锋，一般性原则与具体记录的事件之间的全面交锋，也就是对一般与特殊的辩证讨论，在这种辩证讨论中，探索前者的范围与后者的边界。[①] 单纯的手艺与专业的区别就在于应用于特定情况时规则的不确定性。专业人员拥有知识，这种知识不仅包括关于"如何做"的熟练操作的知识，还包括关于"做什么"和"为什么"的知识。

（三）教师知识种类的扩充与知识来源的讨论

舒尔曼在 1987 年发表的文章中指出，过去的一年摆在美国公众和专业教育工作者面前的是，如何将教学既作为一种活动，又作为一种专业加以改进的问题，其核心就是教学专业化，将教学提升为一个更受尊重、更具责任感、更有价值和更多回报的职业。然而，舒尔曼认为教学若具有专业地位，就要有一个基本的前提，即需要提高衡量教师的教育和业绩的标准，并可以更明确地表达出来。因此，舒尔曼再一次讨论教师知识基础问题，并明确指出自

---

① SHULMAN L S. The practical and the eclectic: A deliberation on teaching and educational research [J]. Curriculum Inquiry, 1984, 14（2）: 183.

己的讨论是基于众多学者的研究，这些学者比如杜威（1904）①、谢夫勒
（1965）②、格林（1971）③、芬斯特马赫（1978）④、史密斯（1980）⑤ 和施瓦
布（1983）⑥ 等人。舒尔曼观察和追踪师范生到新手教师的峥嵘历程，在研
究中运用了皮亚杰关于知识增长的观点来透视。他们从学生到教师的发展，
从学习者的专业状态到教师的新手状态，展示并强调了作为教师有效发挥作
用所需的复杂的知识和技能体系。与 1986 年发表的文章相比，他扩充丰富了
教师知识分类框架的内容并讨论知识的来源。

舒尔曼扩充丰富后的教师知识分类包括以下内容：⑦

内容知识（content knowledge）；

一般教学法知识（general pedagogical knowledge），超越具体学科的课堂
管理和组织一般原理和策略；

课程知识（curriculum knowledge），特别要掌握的、作为教师谋生工具的
课程材料和计划；

学科教学知识（pedagogical content knowledge），教师所特有的关于学科
内容和教学法的结合物，是教师自己的有关专业理解的特定形式；

有关学习者及其特性的知识（knowledge of learners and their
characteristics）；

教育情境知识（knowledge of educational contexts），从群体或课堂的情

---

① DEWEY J. The Relation of Theory to Practice in Education［M］∥ Archambault, R. D.（Ed.）.
John Dewey on Education：Selected Writings（Original work published 1904）. Chicago, IL：The University
of Chicago Press, 1965：318-319.

② SCHEFFLER I. Conditions of knowledge：An introduction to epistemology and education［M］.
Chicago：University of Chicago Press. 1965：72.

③ GREEN T F. The activities of teaching［M］. New York：McGraw-Hill. 1971：44.

④ FENSTERMACHER G D. A philosophical consideration of recent research on teacher effectiveness
［M］∥ Shulman L. S.（Ed.）, Review of research in education（Vol. 6）. Itasca, IL：Peacock. 1978：
157-185.

⑤ SMITHB O. A design for a school of pedagogy［M］. Washington, DC：U. S. Department of
Education. 1980：98.

⑥ SCHWAB J J. The practical four：Something for curriculum professors to do［J］. Curriculum
Inquiry, 1983, 13（3）：239-265.

⑦ SHULMAN L S. Knowledge and teaching：Foundations of the new reform［J］. Harvard Educational
Review, 1987, 57（1）：1-22.

境，到学区的管理和资金筹措，到社区和文化的特征等相关的知识；

有关教育目的、目标、价值和其哲学以及历史基础的知识（knowledge of educational ends，purposes，and values，and their philosophical and historical grounds）。

舒尔曼认为教学知识基础至少有四个主要来源：（1）内容学科的学术研究；（2）制度化教育过程的材料和环境（如课程、教科书、学校组织和财务，以及教学专业结构）；（3）关于学校教育、社会组织、人类学习、教学与发展，以及其他影响教师工作的社会与文化现象的研究；（4）实践自身的智慧。

内容学科的学术研究。知识基础的第一个来源就是内容知识，即学校儿童应该学习的知识、理解、技能和性情（disposition）。这种知识建立在两个基础之上：在内容领域积累的文献和研究，以及对这些研究领域知识性质的历史和哲学学术研究。从本质上来讲，教学是一个有学问的专业。教师是学术共同体的成员，他必须了解学科的结构、概念组织的原则，以及进行学术探究的基本原则。也就是说，教师不仅要对所教授的特定科目有深入的了解，还必须接受广泛的人文教育，来作为支撑旧学习的结构，同时促进新理解的发生。

教育材料和结构。为了推进有组织的学校教育目标的达成，人们创建了教与学的材料和结构。如果教师必须了解教学领域，那么他就必须熟悉哲学材料、机构、组织和机制的情况。这些因素包括促进或阻碍教学工作的学校运转媒介和环境条件。

正规的教育学术。第三个来源是致力于理解学校教育、教学和学习过程的重要且不断增长的学术文献。这些文献包括教学、学习和人类发展领域实证研究的结果和方法，以及教育的规范性、哲学和伦理学基础。其中最重要的学术影响是对于教师教育理想形成的影响，也就是关于以下问题的思考，即什么是好的教育，或一个受过良好教育的年轻人如果获得适当的机会和激励会是什么样子。

实践智慧。实践智慧是实践本身的智慧。研究者最重要的任务之一就是与实践者合作，对有能力教师的实践教学智慧进行系统化的成文表述。舒尔曼指出，教学作为职业和专业的一个令人沮丧的地方之一就是广泛的个人和集体的失忆症，其从业者最好的创作的连贯性并没有被同时期以及未来的同行所继承。与建筑、法律、医学等专业不同，教学缺乏实践的历史。如果没有这样一种记录和记忆系统，接下来的分析、解释和实践原则的系统性理论工作就很难进行。

（四）其他学者关于学科教学知识的讨论与发展

在舒尔曼教师知识思想中，影响最大的就是"学科教学知识"概念的提出。"学科教学知识"是教学中独特的知识体系，把教学的内容和教学法整合起来，帮助我们理解特定的主题和问题，理解问题在教学中是如何被组织、表征和呈现的，以适应不同学习者多样的需求和能力。学科教学知识是最能将学科专家对学科知识的理解与教师对学科内容的理解区分开来的一类知识。这一概念的提出弥补了在近 200 多年来教师教育中学科知识与一般教学法知识一直是分离的"两张皮"现象。①

舒尔曼指出，学科教学知识的发展是促进教师从新手到专家教学的关键性因素，并提出一个教学推理和行动的过程。教学是观念交流的活动。教师首先掌握、探索和理解一个观念，把它转化为自己的思想，从多个角度去理解它。然后这个观点要被重新塑造或修正，直到它能够被学生所掌握。学生对观念的掌握并不是一个被动的过程，就像教师对观念的理解需要教师与观念的积极互动一样，学生对观念的理解也需要主动接触。那些模范教师对观念的呈现往往都是为了激发学生建构性的思考，而不是让学生一味地依赖或模仿教师。单单有理解还不够，知识的效用在于能够帮助学生做出判断或引领学生行动。因此，舒尔曼指出理解必须与判断和行动联系起来，通过合理地运用理解来促成明智的教学决策。② 简言之，教学推理过程包括理解、转化、教学、评价、反思、新的理解，通过这样一个持续往复的教学推理过程来指导教师的教学行为，促进教师的专业知识的增长。

舒尔曼提出的学科教学知识概念将教师知识的研究向前推进了一步，正

---

① 李琼，倪玉菁. 西方不同路向的教师知识研究述评［J］. 比较教育研究，2006（5）：76-81.
② 舒尔曼. 实践智慧：论教学、学习与学会教学［M］. 王艳玲，等译. 上海：华东师范大学出版社，2014：160.

如梅纳德·雷诺兹所认为的，舒尔曼所引发的对于学科内容与教学结合的维度的研究，为教师所带来的新的知识基础，比20世纪六七十年代的行为主义知识基础要广泛得多。[1] 但同时引起了诸多争议。有学者质疑学科教学知识是否存在。麦克尤恩与布尔就指出，从哲学认识论的角度来看，无论在教学领域，还是在学术领域，所有的学科知识都以各种不同的方式表现出教育学的成分，那么于学科知识之外再提出学科教学知识就没有必要。[2]特纳·比赛特在分析课堂话语时也发现，所有的知识都是以教育学的某种方式来表现的，学科知识与学科教学知识在课堂教学中总是整合在一起。[3]从认识论角度而言，布罗姆与泰利玛指出学科教学知识一方面是传统的教师有效性研究，目的在于描述性地重新建构成功的课堂教学；另一方面，它关注的是教师能力的重新建构，是如何与实践结合起来，寻找实践中的智慧，而不是对于教师有效教学行为的准确描述。[4]

有学者将舒尔曼以学科教学知识为核心的教师知识体系进一步推进，将教师知识基础聚焦到认知科学。莱利就认为舒尔曼在他展示成果的文献中只是在学习者内容知识的上下文中提到一次学习者，并且没有提到学习者积累和使用知识的必要过程，缺乏对于学生学习方式的全面了解。这样就导致教师教育知识基础的研究集中在教与学过程中错误的对象上面。如果教育要实现帮助学生更有效学习的目标，就必须进行范式转变，就要从主要关注教学转向主要关注学习过程和学习者。教育知识基础的重点必须是学习者。然而，莱利认为尽管学生有不同的学习方式，但所有学习的共同点是认知部分。因

① REYNOLDS M C, STROM S M. Knowledge Bases for the Beginning Teacher [M]. New York: Pergamon Press Inc., Maxwell House, 1989: ix-xiv.

② MCEWAN H, BULL B. The Pedagogic Nature of Subject Matter Knowledge [J]. American Educational Research Journal, 1991, 28 (2): 316-334.

③ TURNER-BISSET R. The Knowledge Bases of the Expert Teacher [J]. British Education Research Journal, 1999, 25 (1): 39-55.

④ BROMME, R., & TILLEMA, H. Fusing Experience and Theory: the Structure of Professional Knowledge [J]. Learning Instruction, 1995, 5 (4): 261-267.

此教育只有一个知识基础，就是认知科学。①教师教育课程必须以儿童如何学习的知识为基础，为师范生提供对思维如何运作的全面理解，即它是如何存储、关联和检索信息的。师范生还必须理解不同的认知过程是如何作用于不同的内容领域的（如数学、社会研究、英语等）。师范生还必须了解并能够根据学生的认知发展，以及某些认知操作的有效使用原则，来运用不同教学策略。

艾维纳·希格尔指出，可以肯定的是，学科教学知识概念的引入及其开启的大量研究，促进了我们对教师所知道的、如何知道的，以及如何去教这些知识之间关系的理解。②舒尔曼的研究激发了大量关于教师知识的研究。有学者提出教师情境知识（teacher contextual knowledge）。教师的情境知识定义为关于教学情境的简单知识，其中教学情境包括他们教学的对象（学生）、他们教学的地方（教室、学校、社区等等）、他们教学的内容（学校的学科、水平层次、课程，及其与地方、州和国家标准的关系）。③因此，我们应该清楚地认识到教师情境知识的重要性，就是要反对"一刀切"的教育举措（例如，标准化课程）。这些举措假定有效的科学教学是独立于环境的。

格里梅特和麦金农认为舒尔曼教学知识体系七种知识类型中，学科教学知识与其他知识类型在认识论上是不同的，学科教学知识来自对实践环境中经验的深思熟虑的反映，虽然可以在讲堂上传授相关的知识，但它是在教师的头脑中通过长期反思形成的。那么，学科教学知识更类似于教学的技艺概念，而不是教学的应用科学概念。由此，格里梅特等提出"教师技艺知识"（teacher craft knowledge）的概念。④教学作为技艺意味着有成就教师所具有

① 古德莱德. 学校与大学在教育改革中的伙伴关系 ［J］. 华东师范大学学报（教育科学版），1987（2）：1-7.

② SEGALL A. Revisiting pedagogical content knowledge：the pedagogy of content/the content of pedagogy ［J］. Teaching and Teacher Education, 2004, 20（5）：489-504.

③ FELDMAN A., HERMAN B. C. Teacher Contextual Knowledge ［M］// Gunstone R.（eds） Encyclopedia of Science Education. Springer, Dordrecht, 2014.［2023-1-10］https：//doi. org/10. 1007/978-94-007-6165-0_ 208-4

④ GRIMMETT P P, MACKINNON A M. Craft knowledge and the education of teachers ［M］// Grant G（ed）Review of research in education（Vol 18）. Washington, DC：American Educational Research Association, 1992：385-456.

的某些技能、熟练程度和处置能力。简言之，教学技艺强调一种特殊的教学内容和学习者的过程性知识（know-how），是一种"教学敏感性"（teaching sensibility），而不是命题知识。从根本上说，技艺知识是教师和面向实践的研究人员对教学中许多固有困境的意义的理解所积累的智慧，强调的是判断，而不是遵循研究产生的准则。它在很大程度上依赖直觉、关怀和对学生的共情。它深深地植根于道德之中，在追求有意义的学校教育和促进学生发展方面至关重要。技艺知识是一种特殊形式的道德上适当的智能和明智的过程性知识，是由持有进步和激进教育信念的教师在他们的生活经验和工作背景下，围绕着与内容有关的和以学习者为中心的教学法而构建的。因此，格里梅特等又进一步提出"教学学习者知识"（pedagogical learner knowledge）概念。学科教学知识关注的是教师对学科内容的表达，即如何有效地进行教学，而教学学习者知识关注的是教师运用何种程序性方法，如何以严谨的支持性的态度来处理学习者的问题。这里的教学学习者知识是斯滕伯格和卡鲁索所说的实践性知识（practical knowledge）的特殊形式。① 斯滕伯格和卡鲁索的实践性知识有两个限定：一个是程序性的，另一个是与日常生活相关的。实践性知识必须是程序性的，因为它是"实用的知识"。实践性知识必须具有日常生活的相关性，因为"知识的实用性取决于它与认识者以及认识者所处环境的关系"。格里梅特等认为，从教学经验中获得的知识不仅是斯滕伯格和卡鲁索意义上的实践性知识，而且是教学性的（在技能和熟练程度方面）和以学习者为中心的（在处理倾向方面）。因此，格里梅特等给教学学习者知识又增加了两个标准，强调它关注以学习者为中心的课堂行动的教学法。首先，这种知识应该是教学性的，是由于在日常的课堂行动中使用的程序性信息涉及简单和复杂概念的不同教学方法。其次，教学性的、程序性的知识应该是以学习者为中心的，要防止其成为技术主义的、公式化的和不反思的知识。技艺知识既涉及教师对学科内容所包含的陈述性知识的表征，又涉及教师对严格要求和支持学习者的程序性方法的隐性体现。作为专业知识的一种形式，

① STERNBERG R J, CARUSO D R. Practical modes of knowing［M］// Eisner E. (Ed.), Learning and teaching the ways of knowing: Eighty-fourth yearbook of the National Society for the Study of Education. Chicago: University of Chicago Press, 1985: 133-158.

技艺知识既不是技术技能，也不是将理论或一般原则应用于实践，更不是批判性分析；相反，它代表了通过"有意的行动"来构建以学习者为中心的、程序性的和与内容相关的教学知识。

三、北美学者的教师实践性知识观

20 世纪 80 年代，北美学者关于教师实践性知识的探究包含两种路向：第一是以加拿大艾尔巴兹与康奈利、克兰迪宁为代表提出的教师"实践性知识"与"个人实践性知识"；第二是以美国舍恩为代表提出的基于反思性实践的教师知识。两者都试图了解教师已经知道了什么，而不是为教师产生教学的知识，不同之处在于两者所依据的理论基础或方法上。

艾尔巴兹指出，那种认为教师在新课程实施过程中所起的只是一个按照需要调整、改变所使用材料的观点是不充分的，因为教师还必须具有发动积极塑造课堂情境的能力。[①] 为了能够更充分地表达教师的作用，艾尔巴兹与一位富有经验的高中英语教师做了一系列深入开放性的讨论，并以之为个案于1980 年完成她的博士论文。论文中，她首次提出教师掌握和使用的实践性知识（practical knowledge）的概念。[②] 在艾尔巴兹看来，教师所展示出来的知识都是伴随丰富的经验而产生的。这种知识包含学生学习风格、兴趣、需要、力量和困难，以及一系列教学技能和课堂管理技巧。教师要了解学校的社会结构及其对于教师与学生、对于成功的要求；教师也要了解学校所在社区的需要。这种经验性知识由学科性理论知识、儿童发展、学习与社会理论领域的理论知识构成。教师个体依据个人价值观、信念与实践情境的需要，来整合所有这些类型的知识，就是"实践性知识"。[③] 因此，严格来说，教师实践性知识就是教师如何做事情的知识，具体包括五种类型：关于自我的知识、关于教学环境的知识、关于学科的知识、关于课程发展的知识、关于教学法的知识。教师实践性知识具有五种取向：情境取向、个人取向、社会取向、

---

① ELBAZ F. The Teacher's "Practical Knowledge"：Report of a Case Study ［J］. Curriculum Inquiry，1981，11（1）：43.

② ELBAZ F. "The teacher's practical knowledge：A case study"［D］. University of Toronto，1980.

③ ELBAZ F. Teacher Thinking：A Study of Practical Knowledge ［M］. London：Croom Helm，1983：3.

经验取向与理论取向。

康奈利与克兰迪宁将教师实践性知识研究进一步推向个人化，提出"个人实践性知识"（personal practical knowledge）。个人实践性知识存在于以往的经验、现场的教育情境与未来的计划与行为中，贯串于教师的整个实践过程。① 他们指出，"个人实践性知识是经验的、价值负载的、有目的的、源于实践的知识，个人实践性知识是不确定的、易于变化的和转瞬即逝的，而不是固定的、客观的、不可改变的"②。康奈利与克兰迪宁把教师个人实践性知识放在一个由不同的人、地点与事件之间进行互动的专业知识场景之中，这种专业知识场景既包括课堂外专业知识场景，也包括课堂内专业知识场景。教师每天都在专业知识场景的两个空间穿梭，同时教师对于课堂内专业场景的关注程度远远高于课堂外的专业知识场景。在这样的教育场景中，意象是教师表达个人实践性知识的载体，教师通过意象反映其行动背后的个人哲学。教师试图通过叙述性探究，以讲故事的方式来解释与建构个人及与社会互动的经验，也就是说，叙事探究是教师个人实践性知识的获取途径。康奈利与克兰迪宁将教师个人实践性知识定位于叙事的、微观的、文化的，试图从语言、动作、姿态等实践行为中揭示其所包含的符号意义。他们认为个人实践性知识存在于人的过去经验之中，存在于当前的大脑和身体之中，存在于未来的计划和行动之中。

如果说艾尔巴兹、康奈利与克兰迪宁等的研究是通过教师的叙述和故事展现教师所拥有的知识，那么舍恩等人则是从行动中推断教师知识，行动是教师从经验中得来的。舍恩对于实证取向下知识的技术理性进行批判，认为技术理性的实证主义认识论并不能充分解释专业实践工作（如医学领域、建筑领域、教育领域、法学领域等）所具备的复杂性、不确定性、不稳定性、独特性和价值性等特点。舍恩把专业实践分为两个层次：一是"干爽坚实的

---

① CONNELLY F M, CLANDININ D J. Stories of Experience and Narrative Inquiry［J］. Educational Researcher，1990，5（2）：2-14.

② CONNELLY F M, CLANDININ D J. The Role of Teachers' Personal Practical Knowledge in Effecting Board Policy（Volume Ⅲ：Teachers' Personal Practical Knowledge）［M］. Toronto：Ontario Inst. for Studies in Education，1984：58.

高地"，实践者可以在那里有效使用研究产生的理论与技术；二是"湿软的低地"，那里的情境是令人困扰的混乱，科技的解决之道是行不通的。① 教师的专业实践大多处于"湿软的低地"，其中遇到的具体教学问题，很难找到一种确定的、统一的、普适的问题策略，教师只能在那种问题情境下，针对不同的学生选择"好的"策略。因此，舍恩提出实践的认识论，指出实践者是在内部不确定的情况下做出复杂的解释与决策，并在特定的情境下进行实践思维，在行动中反思；其目的是将实践知识与那些理论化的、形式化的知识区分开来。舍恩的观点对于教师专业实践具有非常重要的影响，但舍恩所提出的基于反思实践的教师知识在随后的行动中如何探察它的改变是比较困难的事情。

第五节
反思型教师教育运动

蔡克纳于 1994 年发文指出，在过去的十年中，"反思性教学"（reflective teaching）、"行动研究"（action research）、"以研究为基础"（research-based）和"以探究为导向"（inquiry-oriented）的教师教育口号已经被全世界的教师教育者和教育研究者所接受。② 也就是说，"反思"一词已经成为全世界教育工作者以教师教育改革的名义团结起来的口号。如果说 20 世纪六七十年代基于表现/能力的教师教育是教师专业化道路上基于行为心理学的科学性追求，那么 80 年代以来出现的反思实践的教师教育运动就是在认知科学普及的背景中，通过推动教师思维的改变，来追求专业意义的生成。也就是说，反思实践的教师教育可以看作对基于表现/能力的教师教育等的一种反对。

基于表现/能力的教师教育是技术理性主义价值观的典型代表，它所展示

---

① 舍恩. 反映的实践者：专业工作者如何在行动中思考 [M]. 夏林清，译. 北京：教育科学出版社，2007：35.

② ZEICHNER K M. Research on teacher thinking and different views of reflective practice in teaching and teacher education [J]. Teachers' minds and actions: Research on teachers' thinking and practice, 1994: 9-27.

出来的特征正是杜威在《教育中理论与实践的关系》一文中所明确反对的。杜威认为，作为技术培训的教师教育的问题在于，它将目标局限于获得完成特定类型工作所需的技能、技术和工具。在杜威看来，这种技术或能力的培训形式将教师候选人的注意力集中在错误的方向上，即外在的教学方法形式，而不是学生的思维过程。在这样的教师教育项目中，未来教师被教导应用规定的知识和可接受的教学行为模式。也就是说，这些未来教师会被教导执行具体的、可观察的教学行为，精通基本的教学任务，但不包括对教学信念和假设、学生思维、行动的后果和可供选择的行动方案的深思熟虑。教师候选人学习如何管理课堂，但他们并不知道学生是如何思考的，也不知道如何判断他们是否在帮助学生思考。他们可以模拟教学实践，但不能解释指导实践的原则或哲学。因为他们只学习了"如何"而不是"为什么"的教学，他们将局限于盲目的实验、武断的决定或死记硬背的习惯。

正是基于杜威这样的思考，美国心理学领域的认知心理学家们开始对思维和行为之间的关系越来越感兴趣。美国教育研究协会成立教师和学生认知特别兴趣小组后，于 1983 年成立教师思维国家研究协会，以促进世界范围内积极探索教师思维和决策的教育研究人员的交流。对教师思维的研究，拓宽和深化了三个重要领域的教学知识：关于教学复杂性的知识、关于教师知识的知识，以及关于教师思维的探究和反思方法的知识。[1] 关于教师思维的研究为教师提供了一个更全面和更为恰当复杂的教学专业画像。对于教师思维的研究挑战了教师作为技术人员的形象，取而代之的是教师被塑造为（潜在的）反思型专业人员，而关于教师思考的研究则是支持教师自我专业发展的思想刺激。

在教师思维运动的推动下，教师思维的培养促进了教学作为一种专业的发展。教师不是，也不应该是不假思索的墨守成规者。1975 年前后，教师开始被视为"能够建构意义的反思性专业人员"。反思的重要功能之一就是帮助教师意识到自己的心理结构，对其进行批判性分析，必要时对其进行重组。

倡导反思性教学最有力的，当属克鲁克山克和蔡克纳。这两位教师教育

---

① CLARK C, LAMPERT M. The study of teacher thinking: Implications for teacher education [J]. Journal of teacher education, 1986, 37 (5): 27-31.

者都主张培养反思型教师，并制定了切实可行的方案来促进这一目标的实现。然而，他们的方法有明显的不同。戈尔认为，蔡克纳的方法是批判性的，以学校为基础；克鲁克山克的方法则是更为技术化、实证主义。①克鲁克山克培养反思型教师的方法依旧局限于技术手段层面的反思，从而将教学与伦理和政治层面分开，蔡克纳实际上已经脱离了克鲁克山克的反思性教学概念。

蔡克纳把对技术理性主义的教师教育的批判推到更广大的学校与教育改革的宏观社会领域。他指出这场打着反思旗号在教学和教师教育领域开展的国际运动，不论是在教学层面反对将教师视为技术人员，还是对自上而下形式的教育改革的拒绝，都只是让教师成为被动的参与者，只是让教师去执行外部对他们的要求。因此，真正反思的教师教育是承认教师应该在制定工作目标和目的方面发挥积极作用，承认教学和教育改革需要交到教师的手中。②另外，教师反思的提出也意味着承认关于良好教学的知识的产生不是学院、大学和研究与发展中心的专有财产，承认教师也有理论，可以为教学的系统性知识基础做出贡献。

一、反思型教师教育运动的思想基础

林恩·范德勒（Lynn Fendler）指出教师反思的思想源头，包括笛卡尔理性的认识论基础、女性主义反体制的批评，以及杜威和舍恩的反思观念。③ 首先，笛卡尔的思想为反思型教师教育打下认识论基础。在笛卡尔那里，反思性意味着将自己视为客体的能力，是现代自我意识的一个决定性特征。也就是说，反思建立在自我意识可以产生有效知识的假设之上。当认识论建立在反思的基础上时，就没有必要向神的启示或更高的权威寻求知识。所有的反思都是可取的，因为它是自我意识的一种表现。自我同时扮演着主体—反思

① GORE J M. Reflecting on Reflective Teaching [J]. Journal of Teacher Education, 1987, 38（2）: 33-39.

② ZEICHNER K M. Research on teacher thinking and different views of reflective practice in teaching and teacher education [J]. Teachers' minds and actions: Research on teachers' thinking and practice, 1994: 9-27.

③ FENDLER L. Teacher Reflection in a Hall of Mirrors: Historical Influences and Political Reverberations [J]. Educational Researcher, 2003, 32（3）: 16-25.

者（subject-who-reflects）和客体—被反思者（object-who-is-reflected-upon）
的角色。言下之意，当教师被要求反思他们的实践时，自我意识将提供关于
教学的知识和理解。其次，反思型教师教育也受到了教育领域文化女权主义
研究对专家体制挑战的影响。与自由主义女权主义和后结构主义女权主义不
同，文化女权主义的立场是，既定的研究方法对"男性主义"的思维方式赋
予特权。文化女权主义学术提倡另一种知识生产模式，要让"女性的声音"
发出来。他们认为专家知识已经被（男性主义）技术理性社会化，但一个人
的"自己的智慧"和"认识中心"并没有被如此社会化。在这种方法中，反
思被构建为一种接触真实的内在自我的方式，或以没有受到建构专家思想体
系同样的理论工具影响的方式来思考。文化女权主义者承认社会化对思维过
程的影响。同时，他们提倡的反思方式表明，一些内在的自我不受社会支配
的影响，不受现有权力关系的影响。这些反思的建构交织着对内心声音真实
性的复杂依赖和对塑造我们知识和经验的社会影响的谴责。最后，杜威和舍
恩的反思观念是反思型教师教育具体的思想来源。

（一）杜威的反思观

1910年杜威撰写了《我们如何思维》一书，1933年出版了大幅修订版，
书名为"我们如何思维：反思思维与教育过程关系的重述"（How We Think：
A Restatement of the Relation of Reflective Thinking to the Educative Process）。
1933年的版本对原版进行扩充，增加了几个章节，包括"为什么反思性思维
必须成为教育目的""反思性活动的过程和产物"以及"反思性思维的分
析"。这些修订和1933年出版的这本书的总体信息表明，杜威在一定程度上
日益将反思性思维作为一种教育目标加以推广。

杜威将"反思性思维"定义为"对于任何信念和假定性的知识按其所依
据的基础和进一步的结论而进行的主动的、持续的和周密的思考"①。杜威将
反思性思维与不系统的、缺乏证据的、基于错误信念或假设的、或盲目遵从
传统和权威的思维习惯进行对比。他认为，两个术语，即顺序（sequence）和
结果（consequence）是反思性思维的核心。只有当思考是有逻辑顺序的，并

---

① 杜威. 我们怎样思维·经验与教育 [M]. 姜文闵，译. 北京：人民教育出版社，2005：16.

且包括对一个决定的后果的考虑时，它才是反思性的。反思性思维确保的是
信念和假设是基于逻辑或证据，或两者兼而有之的，并展望特定行动过程的
含义或结果。它拒绝接受事物的表面价值，探索"感官的证据"和事物看起
来的方式。对杜威来说，反思是一种深谋远虑。反思性思维在各种生活中的
意外事件和突发事件出现之前，深思熟虑地建造一些装置，以便在意外突发
事件临近时能够觉察出来，并把它们的性质记录下来，以便预防那些不利的
事，至少可保护自己免遭其害，并且取得更多的担保和大量的收益。反思型
思考者对他们自己的想法持批判态度，在寻找证据时权衡相互矛盾的主张，
这有助于解决他们的怀疑和困惑。

杜威指出反思思维的必要性，"它使我们从单纯冲动和单纯的一成不变的
行动中解放出来……思维能够指导我们的行动，使之具有预见，并按照目的
去计划行动……使我们的行动具有深思熟虑和自觉的方式……我们心中想到
了行动的不同方式所导致的结局，就能使我们知道我们正在做些什么。思维
将单纯情欲的、盲目的和冲动的行动转变为明智的行动"。它赋予了人们更多
的控制力。"只有当我们周围的事物对我们有意义，当我们以特定方式使用这
些事物，并可表明达到的结果时，我们对这种事物才可能做出自觉的、深思
熟虑的控制。"最后，反思性思维"使有形的事物和物体具有不同的状态和价
值，而没有反省思维能力的人则不能做到这一点"①。反思性思维代表了理性
和科学对本能和冲动的胜利。笛卡尔式的反思是一种自我意识的设定。相反，
杜威的反思性思维意在用科学理性的选择来取代欲望和冲动。

对杜威来说，教育的一个基本目的是帮助人们养成反思的习惯，这样他
们就可以从事明智的行动。教育在理智方面的任务是形成清醒的、仔细的、
透彻的思维习惯。教师要提供这种类型的教育，他们自己就必须是反思探究
者，教师教育项目必须帮助他们发展并意识到这些思维习惯。杜威指出只强
调教学技术的做法很容易导致形成具有经验性而非科学性的工作习惯。师范
生调整他的实际教学方法，不是根据他所掌握的原则，而是根据他所看到的
成功和失败的经验方式，根据他所看到的其他教师在维持秩序方面比他更有
经验和成功的做法；以及根据其他人给他的禁令和指示。因此，杜威提出实

① 杜威. 我们怎样思维·经验与教育［M］. 姜文闵，译. 北京：人民教育出版社，2005：23-25.

践工作应该要使专业人员成为一个有思想和敏锐性的师范生，而不是帮助他立即获得熟练程度，因为即时的技能可能是以不断成长的力量为代价得到的。①

（二）舍恩的反思观

舍恩于 1983 年出版《反思的实践者：专业人员如何在行动中思考》，随后在 1987 年出版了《反思的实践者教育：迈向专业教学的新设计》（*Educating the Reflective Practitioner：Toward a New Design for Teaching and Learning in the Processing*）。舍恩将实证主义的"技术理性"与直观的"行动中的反思"进行了对比。舍恩的工作在美国教师教育研究中受到热烈欢迎，人们认为这是通过赋予教学以专业主义特征来提高社会地位的一种方式。

舍恩将教学描述为一种充满不确定性的活动，教学是如此复杂，教师不能只一成不变地应用他们所学的知识。因此，他提出教师思维的新形式，教师应该在"行动中"进行反思，要根据自己独特的情况做出调整。教师应该对课堂上每天出现的不可预知的情况做出反应，而这些情况没有明显的正确答案。了解这种复杂性的愿望促使研究人员研究教师如何思考关键教学事件。这也促使教师教育工作者帮助未来的教师发展反思能力，分析他们独特的教学情况。舍恩强调了专业反思实践对于不确定性的价值，"一个从业者的反思可以作为对过度学习的纠正。通过反思，他可以揭露和批判围绕着专业实践的重复经验而形成的默契（the tacit understanding），并能够对他所经历的不确定性或独特性的情况做出新的理解"②。舍恩所提倡的默契的价值在教师教育话语中得到了重申，这些话语将专业实践定义为艺术与科学的结合。舍恩对反思的定义通常被理解为基于艺术和实践，而不是基于实证和科学。

舍恩对不确定性、直觉和价值判断的强调，是对杜威在反思性思考中更多强调西方的顺序逻辑和理性的有益修正。③ 舍恩主张基于实践的常识，拒绝那些可能显得过于"理论化"或与"解决实践者在'实践的沼泽低地'所面

---

① DEWEY J. The Relation of Theory to Practice in Education ［M］∥ Archambault, R. D. （Ed.）. John Dewey on Education：Selected Writings （Original work published 1904）. Chicago, IL：The University of Chicago Press, 1965：318-319.

② SCHON D A. The reflective practitioner：How professionals think in action ［M］. New York：Basic Books. 1983：61.

③ FENDLER L. Teacher Reflection in a Hall of Mirrors：Historical Influences and Political Reverberations ［J］. Educational Researcher, 2003, 32 （3）：16-25.

临的混乱问题"的科学或智力知识。因此，专业反思的含义其实充满了矛盾，一方面是舍恩的基于从业者的直觉的概念，另一方面是杜威的理性和科学思维的概念。专业反思是直觉和科学之间的紧张关系与笛卡尔的自我意识冲动和女权主义干预相结合的复杂产物。

二、反思型教师教育概述

（一）反思与反思性教学的内涵

"反思"的词源是拉丁语 reflecere，意思是"向后弯曲"。它在语法、物理学和心理学中都有应用。在语法上，如果一个代词作为宾语用来指代动词的主语，如"我为旅行做好了准备"，那么它就是反身代词。在物理学上，反射是指光、热或声音撞击表面后的返回。在心理学方面，反射指的是一种心理形象或表象。在这些例子中，"向后弯曲"的拉丁文原意都很明显。同理，一个善于反思的人会对所见所闻进行反思。但这里，反思不应与反射相混淆，反射意味着无意识的行动或本能的反应。虽然反思可以有自发的、直观的方面，但它也是一种有意识的、系统的思维方式。一个善于反思的人会仔细考虑重要的事情，并对他人的声音、意见和建议持开放态度。

反思性教学就是认真思考、认真判断的教学。反思性教学强调教师探究的重要性，反对只是局限于关注教师行为，而不考虑其内心发生了什么的做法。[①]

（二）反思的类型

许多研究者提出不同的反思类型，其中以瓦利的五种反思类型说最为全面，最具有代表性。瓦利划分的标准包括两方面：反思的内容和反思的质量。[②] 瓦利认为如果教师教育项目要真正帮助教师候选人发展反思能力和品性，就必须确定反思的重要内容和反思的良好质量。反思的内容是指教师思考的内容；反思的质量是指教师如何看待他们的教学，即他们所经历的思考过程。反思的这两个方面可以用来定义和判断什么是好的教学，并帮助教师

---

① VALLI L. Listening to Other Voices: A Description of Teacher Reflection in the United States [J]. Peabody Journal of Education, 1997, 72 (1): 67-88.

② VALLI L. Listening to Other Voices: A Description of Teacher Reflection in the United States [J]. Peabody Journal of Education, 1997, 72 (1): 67-88.

候选人确定他们是否在做出恰当的决策。反思的内容或范围涵盖四个可能的
教学领域：教与学的过程、主题的选择、教学背后的政治和伦理原则，以及
教学的广泛社会背景。① 反思的质量是由以下指标决定的：避免不假思索的服
从、从多个角度分析问题、用证据来评估专业判断。② 一个能够倾听多种声
音、考虑多种观点、同情各种意见的人，比一个太容易把世界分为正确或错
误、被称为二元论思想家的人，能够在更高的水平上发挥作用。正如这种思
想的复杂性被认为是比二元论思想更高的反思水平一样，更广泛的社会和道德
关注也被认为是比只关注学生控制或教与学过程的狭窄问题更高的反思水平。

　　根据反思内容和质量，瓦利划分的五种反思类型包括技术性反思
（technical reflection）、行动中的反思（reflection-in/on-action）、审议性反思
（deliberative reflection）、个人主义反思（personalistic reflection）和批判性反
思（critical reflection）。（见表1）

教师教育的反思类型（表1）③

类型	反思内容	反思质量
技术性反思	基于教学研究的一般教学和管理行为	将自己的表现与外部准则相匹配
行动中的反思	个人教学表现	根据自己的独特情况做出决定
审议性反思	一系列教学关注点，包括学生、课程、教学策略、课堂规则和组织	权衡相互冲突的观点和研究结果
个人主义反思	个人的成长以及与学生的关系	倾听和信任自己内心的声音和他人的声音
批判性反思	学校教育的社会、道德和政治方面	根据社会正义和机会平等等道德标准来判断教育的目标和目的

---

① Tom A R. Inquiring into inquiry-oriented teacher education［J］. Journal of Teacher Education，1985，36（5）：35-44.

② VALLI L. Reflective teacher education programs：An analysis of case studies［M］// Calderhead J. & Gates P.（Eds.），Conceptualizing reflection in teacher development. London：The Falmer Press，1993：11-21.

③ VALLI L. Listening to Other Voices：A Description of Teacher Reflection in the United States［J］. Peabody Journal of Education，1997，72（1）：67-88.

技术性反思包含两个相关的含义：第一个与反思的内容有关，即专注于技术或技能的狭窄领域；第二个与反思的质量有关，即通过对教学研究的直接应用来指导自己的行动。技术反思在很大程度上是受规则支配的。教师利用这种类型的反思，根据外部强加的标准来判断自己的教学表现。准教师思考的内容是由教学研究衍生出来的一般教学行为。技术反思发生在狭窄的、预先建立的边界内，是一种学习如何教学的规范性方法，即外部权威机构制定标准、指导方针和评估标准。专家（研究人员或州评估者）决定什么是好的教学，然后教师考虑他们的教学是否符合这些期望。反思局限于对预先设定的教学策略有效性的回顾性比较。它把学校教育更广泛的目标和目的，教学的社会背景和环境，公平、公正和正义的问题，甚至是课程的问题都抛在一边。

行动中的反思是指教师在教完一节课后进行的回顾性思考。舍恩认为，重要的决定是在教学过程中做出的，而这些决定主要是基于来自经验的实践知识。反思的内容主要来自自己独特的处境。每个教师的价值观、信念、课堂环境和学生都为反思行动提供了知识来源。判断反思质量的标准是教师是否有能力根据自己的情况和经验做出正确的决定并为之辩护。在这种类型的反思中，教师的声音被视为专家而不是研究者的声音。行动中的反思重视实用的技艺性的知识。提倡这种反思的人认为，未来教师反思的独特情况越多，他们就越能在行动中做出正确的决定。独特的案例，而不是笼统的规则，才是重要的教学工具。

技术反思中，研究是最重要的知识来源。行动中的反思强调技艺知识和个人经验。相比之下，审议性反思强调基于多种来源的决策，如研究、经验、其他教师的建议、个人信仰和价值观等。没有一种声音占主导地位，多种声音和观点都能够被听到。然后，教师必须尽可能做出最好的决定，即使可能会提出相互矛盾的建议。因此，反思的质量将取决于教师是否有能力权衡这些相互矛盾主张，并为他们所做的决定提供一个良好理由。与技术反思所考虑的狭隘的教学和管理行为相比，审议性反思的内容更具包容性。审慎的教师会认真考虑自己的教学行为、与学生的关系、所教的科目，以及学校的组织、文化和氛围。由于反思的来源多种多样，教师经常会面临相互矛盾的观点，对于最佳行动方案，人们也不一定会有一致的意见。

　　个人主义反思的最核心内容是个人成长和关系问题。它们提供了反思性思考的内容。教师以个人的方式进行反思，会有意识地将个人生活与职业生活联系起来。他们会思考自己想成为什么样的人，以及作为一名教师如何帮助学生实现自己的人生目标。就像他们考虑自己的生活一样，他们也会考虑自己的学生。他们关心的不仅仅是学生的学业成绩，而且会对学生生活的方方面面感兴趣。以个人方式进行反思的教师应该是看护者，而不仅仅是信息提供者。他们反思的质量将由移情能力决定。这种善于反思的教师更关心的是学生是否有同情心地生活，是否值得信任，是否能够为社会做有意义的事，而不是成绩测试中的成功。具有个人主义倾向的教师教育项目将帮助未来教师审视生活中影响他们成为教师的那些事件。这些项目将帮助他们关注自己内心的声音以及学生的声音。参加这些项目的学生将学会质疑他们的信仰、态度和偏见的来源。他们会试图弄清楚哪些经历可能有助于他们成为好老师，哪些经历可能阻碍他们的专业发展。

　　批判性反思模式源自政治哲学家如哈贝马斯等的思想。这是唯一一种明确地将学校和学校知识视为政治建构的反思形式。批判是最高形式的反思，因为它具有消除苦难和创造人类自由和幸福所需的社会条件的效力。批判性反思的目的不仅仅是理解，而且是改善弱势群体的生活质量。那些提倡批判性反思的人致力于无止境的探究、根本性的自我批判和社会行动。批判取向的教师教育项目的假设是学校经常复制不公正的社会阶层、种族和性别关系。因此，未来教师反思的内容应该是学校和教师如何助长社会的不公正和不平等，以及他们如何帮助克服这些不平等。这些未来教师将被鼓励成为改革者和社会活动家。他们将有助于改变助长不公正和不平等的教学实践和学校结构。他们会倾听社会中最弱势群体的声音。教师反思的质量取决于教师将伦理标准应用于学校教育目标和过程的能力。未来教师将被鼓励把最简单的教学行为与广泛的社会目标联系起来进行审视研究。

　　瓦利也讨论了反思模式的问题。[①] 首先，技术反思实质上并不是实践者反思的方式。由于技术反思依赖于外部研究，而且这种研究往往是关于直接教

---

　　① VALLI L. Listening to Other Voices: A Description of Teacher Reflection in the United States [J]. Peabody Journal of Education, 1997, 72 (1): 67-88.

学的，因此这种教学类型背后推动的是知识传递，限制了教师反思的范围。这类反思只是要求教师教学更加有效，而忽视了教学中的冲突和争议。其次，从反思内容角度来说，技术反思和行动反思都倾向于将教学简化为教学活动和管理活动。这两类反思关注教师帮助学生学习、组织教学和管理小组的具体方法。虽然这些都是教学的重要方面，但它们并不包括教师的全部责任。再次，个人反思和批判反思在反思范围上也有局限性。个人主义的反思几乎完全集中在关系和个人实现问题上，批判性反思关注社会和政治问题，但它们都缺乏对教学技能的关注。最后，只有审议性反思才能摆脱对反思内容的批评。它不局限于教学的某个特定方面，不强调某些领域或类型的教学而忽视其他。它的优势在于它的广泛性和涵盖性。审议式反思可以包括课堂管理和组织、教学活动、课程内容、师生关系、学校文化和政策、社会规范和道德问题。审议式反思要求教师对一系列内容进行反思，并利用各种不同来源的信息，但是对于教师如何获取不同来源的信息并没有给出建议。审议式反思除了提供个人判断之外，没有任何标准，教学决策是根据个人判断做出的。总之，为了避免每种反思方式的固有局限性，教师教育项目应该帮助学生发展每一种反思能力，因为每一种反思方式都独特地适合解决不同的问题。

（三）培养反思型教师的路径与方法

瓦利通过梳理反思型教师教育项目，指出教师教育者通常用行动研究、日记和自传、案例研究、监督以及课堂活动与讨论等路径与方法来培养反思型教师。[①]

1. 行动研究

行动研究是对自己的教学实践和环境的某些方面进行系统和深入的调查，直接与改变和改善教学实践的目的联系在一起。教师反思他们正在做的事情和教室里正在发生的事情，以便采取一些直接的行动来改善学习状况。教师教育者帮助未来教师定义和重新定义他们想要解决的问题。然后，他们确定什么样的信息可以帮助他们更好地理解他们的问题，以及如何收集这些信息。他们产生各种改变现状的想法，决定采取什么行动，根据合理的标准证明这

---

① VALLI L. Listening to Other Voices: A Description of Teacher Reflection in the United States [J]. Peabody Journal of Education, 1997, 72（1）: 67-88.

些行动，并评估他们的行动和决策过程。这种策略可以培养教师的反思能力，使之成为一种长期的习惯，并帮助教师对自己和学校进行更严格的评估。

2. 日记和自传

写日记，通常是教师和学生了解自己和彼此思想的一种手段，也可以被认为是一种监督和行使辅导权力的形式。① 有人认为"日记可以作为一种忏悔和/或治疗的形式"。范德勒指出，写日记可以有多种可能的场景，在这些场景中，日记可以流通权力：自我披露可以构成一个新的自我；日记可以成为教师侵犯学生的私人生活并进行干预的一种手段；学生可以通过日记形成自己的观点，得出批判性的认识；教师可以打断学生在日记中表达的破坏性偏见；或者学生可以利用日记来向教师解释，日记具有侵入性和操纵性。日记写作也可以被看作一个证据，它提供了学校教育历史的线索，以及学校教育实践如何从训练行为到教育思想，再到约束灵魂的转变。瓦利强调未来教师所写日记在内容方面要侧重记录他们自己的学习过程，允许学生反思他们知道什么，他们感觉如何，他们在课堂上做了什么，以及他们为什么这么做。来自教授和同行的反馈有助于未来教师在理论、研究和课堂观察方面探索自己的观点，也可以激发学生对个人价值和隐性教学理论有更多的认识。

自传体叙事和生活史。自传可以用来了解未来教师个人经历如何影响他们对教学的看法。撰写自传和生活史也是为了使作者的个人声音合法化。在自传中，教师作为"自我"主题的专家进行写作，这种方法强调将知识与具体情境联系起来，可以消除精英主义的观念，即学术写作必须来自客观或通用的"上帝之眼"的观点。对于那些来自未被充分代表的群体的作者，自传也可以为那些可能被忽视的人提供可见度和认可度。同时反思是一种拒绝外部影响和确认内心声音是"真实的"方式，要警惕哪些声音不是我们自己的，而是由外界有目的植入的。除了构成经验的特定含义，自传还可以通过将身份的社会学构念（例如，种族、阶级和性别）以期望的形式应用于个人，重新传播和加强现有的刻板印象。

当将自传体叙述的手法与日记写作中的自我披露技术结合起来考虑时，

① FENDLER L. Teacher Reflection in a Hall of Mirrors：Historical Influences and Political Reverberations ［J］. Educational Researcher, 2003, 32（3）：16-25.

两者的结合就构成了这样一种观念：教师是一种在既有普遍观念的范畴中不断反复承认和确认自己身份的人。这种自我建构是一种倾向于维持现状的技术，因为自传体标记是基于刻板印象的，而构成自传的惯例是历史建构的。通过这种方式，自传体的认同限制了思考的可能性，并验证了一些作为教师的特定方式，同时它却抹杀了其他方式，混淆了现有思维范畴之外的思考的可能性。

3. 案例研究

案例研究在法学院、医学院和商学院的应用由来已久。在教育领域，案例是对具体教学事件的详细描述。它们通常是对真实事件的虚构化描述，为特定的学校或课堂事件提供强有力的、令人难忘的叙述。案例之所以成为案例，而不仅仅是故事，是因为抽象的理论和原则被嵌入特定的案例中。它们是关于重要教学原则的案例。它们仔细地描述了事件是如何发生的、事件的历史背景，以及各个参与者的想法和感受。未来教师被要求对这些案例进行反思，以更好地理解重要的、有时相互冲突的理论观点。这些案例往往提出了一个冲突或问题，要求未来教师证明他们会建议采取什么行动方案。这些行动必须以合理的教育理论为依据。案例知识可以帮助未来教师培养从不同角度出发，在相互竞争的理论之间进行选择或调和的能力，同时还可以培养未来教师的同情心。

塞克斯和伯德认为教师教育项目中案例研究方法使用的关键是理论材料与案例的选择和排序，促进舒尔曼所说的"策略理解"，即在原则冲突和不可能有简单解决方案的情况下明智地应用知识。[①] 也就是说，教师教育者要通过巧妙的课程安排来培养学生的策略知识，要在诸多复杂的情况下带领学生探索将理论应用于实践的问题性质，如在理论出现冲突、权衡或困境的情况下，以及在理论沉默的情况下，多声音的或含糊不清的情况。案例研究的方法并不预设理论和案例之间任何整齐的对应关系，而是旨在培养应用思想的分析技能，并以有助于解释情况、做出决定、选择行动以及形成计划和设计的形式来传达理论知识。

---

① SYKES W G, BIRD T. Teacher education and the case idea (NCRTL Special Report). Lansing, MI: Michigan State University [J]. National Center for Research on Teacher Learning, 1992: 457-521.

塞克斯和伯德还指出，构建案例研究的教师教育课程要注意三个重要的问题：第一，什么是案例，或者说案例代表什么？在某些陈述下，案例描述了一个有知识的人可以处理的情况，或者一个正在获取知识的人可以处理的情况。知识存在于案例之外，并对案例产生影响。在另一种陈述中，案例本身就代表了知识或构成了知识；一个人可以从与案例的合作中获得或构建知识。第二，为什么案例在教学实践情境中具有重要意义？如何在理论上具体说明一个案例，以及它与其他案例或其他知识的关系？是什么逻辑将案例组织成一个知识体系，或将它们与教学知识体系联系起来？这些案例存在于教学的何种解释或概念中？在案例主义的方法中，案例构成了由案例之间的类比和分类法组织起来的知识体系。第三，对案例的何种理解和使用惯例可以使一个教学实践情境能够富有成效地使用它们？该情境中的学习者如何知道该怎样处理案例？

除了行动研究、日记与自传以及案例研究，瓦利认为督导与课堂活动和讨论也是促进反思的方式。未来教师在实习阶段，将接受大学教师和合作教师的监督指导，这些督导员协助实习教师改进教学，他们鼓励实习教师自己进行分析，督导会议成为反思性对话。大学教师和合作教师一起努力，帮助未来教师成为他们自己的评价者和决策者，并利用他们观察到的信息提出问题。各种类型的课堂活动和讨论也被用来促进反思。这些活动包括小组讨论、阅读和评论彼此的日记或论文、批评彼此的观点以及审查有争议的观点。学生在这些活动中通常会得到反思指南的帮助。教师经常示范要问的问题类型，例如，教师教育者可以不断地将技术问题嵌入道德和伦理考虑之中，从而将技术反思与更高形式的反思结合起来。这种整合尊重教师工作的复杂性、教学的不确定性、教师必须在相互矛盾的目标之间做出的决定以及他们必须进行的专业判断。[①]

反思型教师教育者也会对自己的教学进行自我分析。他们指定特定的教学策略，然后演示其使用，并评估自己在实施该策略方面的成功，然后要求他们的学生也这样做。仅仅帮助教师个人成为反思者是不够的，学校必须有

---

① TOM, A. R. Whither the professional curriculum for teachers [J]. The Review of Education, 1991 (14)：21-30.

反思的文化，学校必须成为开放的、支持性的学习社区。如果没有社会化，个人的反思就会自我封闭，产生脱离实际、特立独行的教师。因为反思本身不是目的，而是为了行动，所以社区对话是必不可少的。许多不同的声音是必要的。反思可以帮助个人成为更好的教师。它可以帮助教师个人打破不符合学生最佳利益的、不深思熟虑的习惯。它也可以为改善学校、人际关系和教育政策这一更广泛的目标服务。要想实现这些重要的转变，反思必须是一项集体的事业。

然而悖谬之处在于：当教师教育研究提供详尽方案、培养教师成为反思性实践者时，其隐含的假设是，除非教师实践了研究者提倡的具体技巧，否则教师就不具有反思性。具有讽刺意味的是，关于反思实践者的说法侧重赋予教师权力，但学习反思的要求基于这样的假设：没有专家的指导，教师就没有能力进行反思。①

三、蔡克纳批判探究性反思的教师教育观

反思型教师的定义最早是在 20 世纪 70 年代末由俄亥俄州州立大学克鲁克山克的研究团队提出的。克鲁克山克等人认为反思型教师是以教学为师的，对学习教学的艺术和科学，以及作为教师的自己有着强烈而持久的兴趣。② 反思型教师善于反省，审视自己的教学实践，通过阅读学术和专业期刊、图书，包括教师自传，寻求对教学的更好理解。因为他们想成为有思想的实践者，就要不断地监控他们的教学。克鲁克山克认为反思性教学是一种获得经验的实践课程形式，不仅适用于职前教师教育，还适用于在职培训、研究生教育和教学研究。③ 反思性教学的主要目的是为本科生提供完整和可控的临床教学经验，为学生提供一个思考、分析和客观地考虑教学事件的机会，并培养学生对教学的良好思维习惯，使他们成为更智慧的教师。克鲁克山克等人为教师教育项目开发具体的反思性教学课程。他建议把学生分成四至六人的小组，

---

① FENDLER L. Teacher Reflection in a Hall of Mirrors: Historical Influences and Political Reverberations [J]. Educational Researcher, 2003, 32 (3): 16-25.

② CRUICKSHANK D R, HAEFELE D. Good Teachers, Plural [J]. Educational leadership, 2001, 58 (5): 26-30.

③ CRUICKSHANK D R. Uses and benefits of reflective teaching [J]. Phi Delta Kappan, 1985, 66 (10): 704-706.

所有的教师都会得到一个相同的课程，并有几天的时间来准备给小组授课。克鲁克山克等提供的《教师手册》中包含 36 节反思性教学课程，概述了目标、主题、材料和分配的时间，教师只能在手册的指导下进行教学。

蔡克纳明确地将克鲁克山克培养反思型教师的方法定义为"技术"，指出他的确根据杜威对于反思行动（reflective action）和常规行动（routine action）的区分，认为教师应该成为更加智慧的行动者，但克鲁克山克所倡导的反思性教学，其核心目标是发展探究的技能，培养构成真正反思行动基础的态度却被忽视了。然而，如果不以一定的心智品质为基础来使用这些技能，仅仅只有这些技能本身就只会导致常规行动，进而对学校的现有秩序不加批判地接受与维护。因此，蔡克纳在讨论何为反思型教师时重点讨论区分机械式问题解决与真正反思性行动的态度。

（一）反思型教师的内涵与意义

在蔡克纳看来，反思型教师就是具有开放性、责任感和全心全意的态度，以及掌握必要的探究技能的教师。①

蔡克纳解读杜威关于反思行动和常规行动的区分作为反思型教师讨论的基础。一方面，常规行动是指在社会环境中受传统、权威和官方定义指导的行为。在常规行动中，人们认为手段是有问题的，但手段所指向的目标是理所当然的。另一方面，根据杜威的观点，反思行动需要某种信仰或假定知识形式的积极的、持久的和仔细的思考，这种思考依据的是支持行动的理由以及该行动导致的进一步后果。

杜威认为有三种态度是反思性行动的前提，蔡克纳认为这也是反思型教师所应具备的态度。首先是开放的心态（open-mindedness）。"积极倾听多方意见的愿望；注意来自任何来源的事实；充分注意其他的可能性；认识到错误的可能性，甚至在我们最虔诚的信仰中也是如此"②。这种对日常生活的"悬置"态度是对学校现有秩序不加批判接受态度的对立面。要进行反思性教学，首先必须对学校文化的官方标签和合法性进行批判性评估。具有开放心

---

① ZEICHNER K M. Reflective teaching and field-based experience in teacher education ［J］. Interchange, 1981, 12（4）: 1-22.

② DEWEY J. How we think: A restatement of the relation of reflective thinking to the educative process ［M］. Chicago: Henry Regnery Co., 1933: 29.

态的未来教师需要不断审视那些通常被认为自然的和有秩序的东西所依据的理由。

其次是一种负责任（responsibility）的态度。杜威的意思是要仔细考虑行为所导致的后果，比如"负责任的"实习教师会问他们为什么要在课堂上做这些事情，并以一种超越眼前效用的方式提问。然而，仅仅考虑课堂行为的教育后果是不够的，由于学校与其所处的社会、政治和经济环境之间的密切关系，任何对课堂行为后果的考虑，都不可避免地要超出课堂甚至学校本身的界限，超出仅仅考虑教育原则的范围。教育活动并不是中立的，一个人在课堂上采取的任何行动，都会以一种整合性或创造性的方式与更大的经济、政治和社会秩序相联系。蔡克纳通过分析马克斯·范梅南"反思性层次"（levels of reflectivity）的讨论进一步澄清这里的"责任"范围，并明确那种完全基于课堂层面，仅仅针对教育原则的所谓理性思考的反思定义所固有的局限性。范梅南认为反思包括三个层次，每一个层次都包含了不同标准，以便在实际行动的过程中进行替代性的选择。① 第一个层次的反思主要关注教育知识的技术与应用，以达到特定的目的。这些目的本身并不会受到质疑，而是被认为是理所当然的，是值得追求的目标。在这个层面上，实际行动是完全根据技术进步的标准来定义的，即经济、效率和效益。这也是当时美国教师教育特别是基于表现/能力的教师教育所处的层次。第二个层次的反思是基于一种实践行动的概念，其问题是解释和澄清作为实践事务基础的假设、倾向和预设，以及评估行动导致的教育后果。这一层次使人们能够超越技术官僚理性的纯粹工具性关注，但还不能够对教育目标和原则的价值进行审议。第三个层次的反思是将正义、平等与自由等道德、伦理与政治原则和标准纳入关于实际行动的教育思想话语中。正是这一层次的反思概念使"责任"的概念合法化，这样，未来教师可以识别课堂的发展层次与影响课堂的更广泛的社会结构条件之间的联系，从而使他们能够根据社会、政治和道德的影响，选择其他行动方案。这也是蔡克纳所倡导的反思层次。

杜威所描述的第三种态度是全心全意（wholeheartedness），也就是说，开

---

① MANEN V M. Linking ways of knowing with ways of being practical [J]. Curriculum Inquiry, 1977, 6 (3): 205-228.

放的心态和责任感必须成为反思型教师生活的核心内容。蔡克纳指出一部分实习教师并不能做到全心全意，是因为他们将大部分精力花在向学校和大学导师展示良好形象，希望获得有利的评价上面，这转移了实习教师的注意力，使他们无法对课堂和学校进行批判性分析。而那些反思型实习教师则会"全心全意"投入分析和评估他的行为的目的和后果之中。

蔡克纳认为反思型教师的提出至少包括三个重要意义①：第一，承认教师作为反思型实践者，也就是承认优秀教师的实践中蕴含着丰富的知识，即舍恩所说的行动中的知识。从教师个人角度来看，这意味着理解和改进自己的教学过程必须从反思自己的经验开始，完全从别人的经验中获得的智慧是不充分的。第二，反思作为教育改革的口号，也意味着承认学习教学的过程贯穿教师的整个职业生涯。教师教育项目无论设计得多么完美周全，所能做到的也只是帮助未来教师准备好开始教学。在反思性教学的概念下，教师教育者要承诺的是帮助未来教师内化在最初接受的培训中所学习到的研究教学的倾向与技能，从而使教学随着时间的推移得到逐步改善，同时教师教育者还要帮助未来教师树立为自身专业发展负责的意识。

（二）反思型教师教育传统

在蔡克纳看来，教师教育研究中关于不同反思观念讨论包括四个焦点问题②：第一，教师教育是要强调以舍恩为代表讨论行动前、行动中和行动后的反思，也就是不仅关注教学反思，还强调以蔡克纳和利斯顿为代表对于教学反思和对影响教学的社会条件进行反思，也就是把教学置于更大的社会范围中去考虑。第二，教师教育项目是强调反思是教师个体的孤立私人活动，还是强调反思是一种社会实践，以及涉及教师群体的公共活动。第三，教师教育是强调反思性教学是一个客观的理性和逻辑过程，还是强调反思是一个充

① ZEICHNER K M. Research on teacher thinking and different views of reflective practice in teaching and teacher education［M］// Carlgren, I., Handal, G. & Vaage, S.（Eds.）Teachers' Minds and Actions：Research on Teachers' Thinking and Practice. London：Routlege，1994：9-27.

② ZEICHNER K M. Research on teacher thinking and different views of reflective practice in teaching and teacher education［M］// Carlgren, I., Handal, G. & Vaage, S.（Eds.）Teachers' Minds and Actions：Research on Teachers' Thinking and Practice. London：Routlege，1994：9-27.

满关怀和激情的伦理过程。玛克辛·格林①和奈尔·诺丁斯②都对教师教育研究长期以来强调客观理性提出质疑。她们的批评远远超出了舍恩对于技术理性的批评，她们所发现的行动中缺乏关心、同情和激情的问题，也是舍恩反思实践认识论新范式的问题。第四，基于哈贝马斯的认知兴趣理论对于教师反思所处不同层次的区分——教师反思处于技术性反思、实践性反思还是批判性反思。在技术性反思中，我们关注的是为达到既定目的而使用的手段的效率和效果。在实践反思中，任务是解释和澄清教学活动所依据的假设和倾向性，并评估一项行动所指向的教育目标是否充分。批判性反思将道德和伦理标准纳入实际行动的话语中，关注的问题是哪些教育目标、活动和经验能够导致更公正、更公平的生活形式等。

蔡克纳将技术、实践和批判性反思称为领域，而不是层次，也就是说，所有的反思的领域都是重要的且必要的。同时，蔡克纳反对反思实践研究的非历史性，他将反思领域和历史发展的时间脉络结合起来，把已确定的美国教师教育的四个主要实践传统③从反思实践的角度进行分析扩展④，并于1992年增加第五种反思实践传统，即学术性、社会效率、发展主义、社会重建主义与一般性反思实践传统。⑤ 其具体阐释如下：

第一，反思性实践的学术传统，强调对学科知识的反思以及对学科知识的表述和转化，以促进学生的理解。以舒尔曼为代表的研究团队提出学科教学知识，强调教师对于学科内容的改造与反思，提出教学推理模型。第二，社会效率传统，强调（由教师以外的人）信奉教学科学研究作为构建教师教

① GREENE M. Reflection and passion in teaching［J］. Current Issues in Education, 1986, 2（1）: 68-81.

② NODDINGS N. Fidelity in teaching, teacher education, and research for teaching［J］. Harvard educational review, 1986, 56（4）: 496-510.

③ ZEICHNER K M, LISTON D P. Traditions of reform in US teacher education［J］. Journal of Teacher Education, 1990, 41（2）: 3-20.

④ ZEICHNER K M, TABACHNICK B R. Reflections on reflective teaching［M］// Tabachnick, B. R and Zeichner, K.（Eds）Issues and practices in inquiry-oriented teacher education. London: Falmer Press, 1991: 1-21.

⑤ ZEICHNER K M. Conceptions of Reflective Teaching in Contemporary US Teacher Education Program Reforms［M］// Valli, L.（Ed）Reflective teacher education: Cases and critiques. New York: SUNY Press, 1992: 161-173.

育课程的基础。当代倡导社会效率传统的人认为，关于教学已经建立了一个知识体系，可以构成教师教育课程的基础。由此，教师应将反思的重点放在思考他们的实践与研究结果的吻合程度上。第三，发展主义传统，优先考虑对学生的思维、兴趣以及他们的发展成长进行反思。这一传统的突出特点是，假设学习者的自然发展为确定应该向学生教授什么以及如何教授提供了基础。课堂实践的基础是教师直接对学生进行密切观察和研究，或从基于这种研究的文献中进行反思。第四，社会重建主义传统，将反思看作一种政治行为，它要么有助于要么阻碍实现一个更加公正的社会。在社会重建主义的反思性实践概念中，教师的注意力既集中在内部，即他自己的实践，也向外关注这些实践所处的社会条件。社会重建主义反思性实践概念的第二个特点是其民主性和解放性的冲动，以及教师对实质性问题的思考，这有助于他们审视其教学的社会和政治后果。第五，一般性反思实践传统。人们提倡反思性教学，但对于反思的重点是什么，应该用什么标准来评价反思的质量，或者教师的反思应该在多大程度上涉及他们工作的社会制度背景的问题化，却没有太多的评论。蔡克纳指出这种为了反思而不加批判地鼓吹反思倾向的最明显的例子之一，就是俄亥俄州州立大学克鲁克山克团队关于反思性教学的研究。蔡克纳认为不加批判地鼓吹反思的立场是没有考虑到所有的教师在某种意义上都是反思的。不存在不反思的教师。我们需要超越对教师反思不加批判的赞美，揭露隐藏在背后的东西。我们应该关注的是教师正在进行什么样的反思，他们在反思什么，以及他们是如何进行反思的。

（三）探究性教师教育范式培养反思型教师

蔡克纳认为20世纪七八十年代的美国至少存在四种教师教育范式，即行为主义范式、个人主义范式、传统工艺范式和探究性范式（inquiry-oriented teacher education）。① 每种范式都有不同的关注点。行为主义教师教育范式强调培养未来教师预先确定的具体和可观察的教学技能；个人主义教师教育范式注重未来教师心理成熟度的发展；传统工艺教师教育范式强调培养未来教

---

① ZEICHNER K M. Alternative paradigms of teacher education [J]. Journal of Teacher Education, 1983, 34 (3): 3-9.

师向有经验的从业人员学习他们积累的智慧；探究性教师教育范式优先培养未来教师对于教学以及开展教学的情境的探究能力，目标就是培养反思型教师。蔡克纳认为虽然每一种范式都有各自优先关注的重点，但实际上这些范式并非相互排斥，所有的关注点在每种范式中都得到了解决。

探究性教师教育注重培养批判性探究的倾向与技能并不意味着不重视教学技能。这种路径的基本假设是，教学中的技术技能不是作为目的本身，而是作为实现预期目的的手段而受到高度重视。关于应该做什么的问题是最重要的，批判性探究的过程被看作对执行任务本身能力的必要补充。探究性教师教育就是培养未来教师有能力也有意愿和技能去分析他们所做的事情对儿童、学校和社会的影响。

这种取向认为，未来的教师是自己教学准备的积极推动者，并认为教师越是了解自己行为的起源和后果，以及制约这些行为的现实，就越有可能控制和改变自己的行为。要帮助未来教师在塑造教育环境的方向上发挥更大的作用，这些目的在道德和伦理以及工具方面都是合理的。这种教师教育路径的基础是一个解放的隐喻。一个获得解放的人是指从不合理的信念、不支持的态度和能力的匮乏的无端控制中解脱出来的人。

鉴于日常现实的客观化概念，探究的过程要求未来教师将那些经常被认为是理所当然的教师角色、教学任务和一般学校教育问题化。从这个角度看，教师教育的基本任务是培养未来教师的反思能力，帮助他们审视日常思考和实践中的道德、伦理和政治问题，以及工具性问题。与探究有关的技术技能（如观察技能）和批判性探究的倾向（批判精神）的培养成为教师教育工作围绕的轴心。教学中技术技能的发展和内容知识的掌握总是在这个更广泛的批判性探究框架内进行，并被视为一个能带来有价值的目的的掌握过程。从这个角度来看，教师教育者和他们的学生的核心问题是确定哪些教育目标、教育经验和制度安排，会导致以正义、平等和具体幸福为中介的生活形式，学校和大学的现有做法都被仔细审查，以确定它们对这些目标的贡献。

第六章

专业化与解制化并行时期的美国教师教育
思想（21 世纪初）：追求高质量教师

21 世纪初的美国教师教育进入专业化与解制化并行时期。这一时期的教师教育强调实际效果，即无论教师教育采取何种形式，都要能够培养高质量或高效的教师，促进学生学业成绩的提高。此时教育政策制定者的认识是教育改革包括教师教育改革比起其他社会改革更加能够解决贫困以及社会不平等的问题，因此教育以及教师教育改革被 21 世纪的联邦政府置于社会治理的相对核心地位，教师教育也作为公共政策问题进行建构。其建构的思想基础是保守主义思潮重构下的联邦政府的价值观。

联邦政府在实用主义原则指导下不断发展完善教师教育问责制，同时积极支持替代性教师教育项目的发展。传统大学教师教育项目面临前所未有的质疑与挑战，专业主义与解制主义之争使得教师教育领域矛盾并置，令人们无所适从，其实质是学术性与师范性之争在新时代的表现。有研究者指出，美国传统的依靠高等教育机构的教师教育项目和替代性教师教育项目的质量参差不齐，两种路径都有高质量的和低劣的项目。

无论如何，替代性项目的冲击导致教师教育的"去专业化"倾向加剧，以至于教师教育改革方向飘忽不定，教师教育质量难以获得整体提升。同时，政治、经济、社会文化环境、知识本身以及获取手段的持续变化增加了教师教育实践的复杂性，加深了教师培养的难度。在这样纷繁复杂的情境中，主要承担教师培养任务的教师教育者群体轮廓凸显出来，这是因为只有专业的、高水平的教师教育者才能批判性地审视和评价教师教育所面临的社会背景，以及学校教育改革场景中所发生的一切，并在宏观社会背景中思考"教育（教师教育）是什么，教育（教师教育）为谁服务"等问题及影响因素。[①] 美国的教师教育者主要来源于大学教师、教育专业博士毕业生和优秀的中小学教师等，这三类教师无论在学术素养还是在实践能力方面都有很多的不同，因此美国教师教育者是一个异质性比较大的群体。以教师教育者为核心的理论研究与实践探索从 20 世纪 90 年代就已经开始，也是教师走向成熟专业的进一步努力。

---

① 崔藏金，王鉴. 美国教师教育者的素养结构与课程框架：以美国哥伦比亚大学教师教育专业博士生培养项目为例 [J]. 比较教育研究，2020, 42（4）：43-49.

　　美国教师教育的社会功能是对于教育平等的追求，21 世纪初培养高质量
多元文化教师的理论与实践进入高潮阶段。教师教育的多元文化研究突破多
样性文化的讨论边界，从詹姆斯·班克斯提出要培养多元文化教师，到杰尼
瓦·盖伊强调培养教师的文化回应能力，再到琳达·达琳-哈蒙德倡导培养致
力于社会公平的教师，目的都在于解决教育绩效均衡问题，为所有学生提供
他们受教育时与生俱来的权利：获得有能力、有爱心、有资格的教师。

第一节
21 世纪初的美国教师教育

　　1998 年 2 月 17 日，美国联邦教育部长雷利（Richard W. Riley）在西雅
图举行的电视会议上发表了题为"教育优先：创造美国未来"（Education
First：Building American Future）的第五次教育国情咨文，该咨文分析了美国
教育所处的环境和面临的形势。多数美国人认识到为了实现 21 世纪的目标，
教育改革势在必行。特别是 2001 年的"9·11"事件使得美国朝野深感超级
大国地位受到挑战，呼吁培养人才等措施来加强国家实力。2002 年，布什政
府美国联邦教育部编制并发布了《美国教育部 2002—2007 年战略规划》，该
战略规划可以视为对"9·11"事件的教育战略回应，也预示着美国教育在
21 世纪的新走向。同时，该规划把"平等"与"卓越"作为中心任务，表明
今后美国的教育将强调并追求平等，使学生数学、科学等学术领域及品格素
质等方面表现卓越。同年，布什总统签署《不让一个孩子掉队法案》（No
Child Left Behind Act），力求"为所有美国儿童提供优质教育"，为处于劣势
和受到歧视的群体提供平等的教育机会。该法案提出"高质量教师"（highly
qualified teachers）概念，认为高质量教师是激发每个孩子全部潜能的基本保
证。这意味着将教师视为了决定学生学习成绩的唯一重要因素，要求教师在
提高学生成绩方面承担起更大的责任。在这样的背景下，教师教育的所有问
题几乎都被重新加以探讨，围绕如何才能培养高质量教师等一系列问题形成
不同观点，引起巨大争议。

一、美国教师教育新模式的特点

玛丽莲·科克伦-史密斯认为 21 世纪美国教师教育新模式由三个紧密耦合的部分构成：其一，教师教育是作为公共政策的问题来建构的；其二，教师教育建立在研究与证据的基础之上；其三，由结果来驱动。① 这个新模式出现的问题包括教师职前教育以及入职的多样化与选择性之间的紧张、以牺牲教育学为代价的学科内容的稳定化、大学与其他多个地方作为教师培养场所之间的竞争，以及专业与解制同时并存的冲突。

首先，教师教育建立在政策问题建构之上。20 世纪六七十年代到 80 年代早期教师教育一直都是一个职业训练的问题。80 年代以来，教师教育才开始被界定为学习问题来理解，即未来教师如何学习作为学校专业人士所必需的知识、技能以及品性。进入 21 世纪，教师教育则成为政策问题，目标是确定政策制定者可以控制哪些不同因素来提高教师品质，对理想的学校教育有积极的影响。教师教育的政策转向带来的好处是公众和政策制定者包括家长等都清楚了教师的重要性，但出现的问题之一是把教师教育问题简单化、狭隘化了。

教师教育政策取向主要有两方面：一是政策影响的线性观与教师质量的循环观相结合；二是市场取向的改革。教师教育狭隘的政策观中，最核心的一个环节是教师质量。埃里克·哈努谢克提出关于教师质量的简单循环论，即"好教师就是能够使学生获得好成绩的教师；坏教师则相反"②。他认为教师质量决定学生的成绩，好成绩就是教师质量高的证据。但实际上，无论是教师质量还是学生成绩都是黑匣子，我们并不了解到底有效教师应该做什么、掌握什么、相信什么、需要什么基础、如何培养，我们也不知道那些获得优异成绩的学生是怎样学习的，他们带着什么样的资源进入学校，他们又是如何在这样的基础上学习的。问题之二是市场取向的改革。将市场意识形态最

---

① COCHRAN-SMITH M. The new teacher education: For better or for worse? [J]. Educational researcher, 2005, 34 (7): 3-17.

② HANUSHEK E A, RIVKIN S G. Teacher quality [J]. Handbook of the Economics of Education, 2006, 2: 1051-1078.

明确的陈述应用于教师教育是进步政策研究所 2001 年的提案。该提案呼吁打破教师培养与资格认证的壁垒，将教育学院置于健康的环境中去参与竞争。①该提案认为当时的教师教育和资格证体系都是垄断的，没有了追求质量的动力，竞争模式认为教师是自主专业人士，他们能够对自己的技能和专业发展做出精明决策。

其次，教师教育建立在研究与证据的基础之上。教师教育新模式对于证据的关注是伴随标准化运动而兴起的。最明显的例子就是 1998 年《高等教育法案》（*Higher Education Act*，*HEA*）再授权之后，"第二章"条款的实施。这些条款要求各州向联邦政府提供教师培养质量的年度证据，这就要求教师培养机构要向州府提供获得资格证的教师候选人质量的年度证据。另外，全美教师教育认证委员会在 2003 年要求教师培养机构提供关于教师内容知识和教学表现，以及所有教师教育项目以数据驱动评价系统为基础的培养要求等"有说服力的证据"。卡内基公司资金支持的《新时代的教师》（*Teachers for a New Era*）三个设计原则中的第一个就是"尊重证据"。教师教育新模式循证特征的核心原则是更明确的目标、更充分的证据、更深入的研究，那么实践者与各级政策制定者就会做出更好的决策，教师质量就会提升。证据取向的好处在于通过将问责制的焦点从外部政策转移到外部政策加上本地内部实践，来改变教师培养的文化。问题在于虽然新的循证教师教育理念与训练模式并不完全相同，但是它关于教学性质的潜在假设、教师培养的目的和对于科学力量的膜拜都是非常相似的。这样，教师教育模式被窄化了。②

第三，结果驱动的教师教育。人们普遍认为良好的教师培养政策与实践是教师保证学生良好成绩的必要条件。20 世纪 90 年代中期之前，教师教育评价聚焦于"输入"而非结果，如制度性承诺、师资质量、课程与实习，以及专业知识与标准的一致性。重视结果取向的逐渐形成是在 20 世纪 90 年代末

①　HESS F. Tear down this wall：The case for a radical overhaul of teacher certification［M］. Washington，DC：Progressive Policy Institute，2001：22.

②　COCHRAN-SMITH M. The new teacher education：For better or for worse？　［J］. Educational researcher，2005，34（7）：3-17.

期到 21 世纪初的公开热烈的讨论，人们讨论的核心问题是大学教师教育与专业资格认证是否应该得到教育政策的广泛支持。这场讨论最后集中到了结果上，特别是小学生的学业成就。许多州和区域，包括教师教育者和其他研究人员都在努力追踪教师培养项目所产生的各种影响。结果取向的教师教育好处之一在于教育学院和其他教师教育机构都努力思考自己教师教育项目的目标，并发明新方法一直追踪教师教育项目对于最终的目标——全国学生的影响。从某种意义上讲，追踪结果这一点具有开创性意义，因为在法学、建筑学、护理学等专业研究中，只有教育评估专业教育项目对于专业表现的影响。好处之二在于出现了许多跨学科研究者一起对于结果问题进行研究。他们发明了许多新方法，比如混合方法、多元方法等来思考结果问题，并系统化审视教师培养项目和路径、教师候选人学习、不同的问责情境与学生学习等各种变量之间的复杂联系。另外，许多教师教育机构特别是那些为城市学校培养教师的机构，教育者将平等与社会公正概念化作为教师教育自身的评价以及结果的衡量。同时这种简化版结果取向教师教育，完全依赖学生测试成绩来评价的教师教育也将使我们掉进一系列认识陷阱。比如，仅仅依靠教师（与教师教育项目）就能够挽救国家中那些糟糕的学校，改善处境最为不利的学生的命运，等等。

二、大学本位的教师教育改革

20 世纪 90 年代末"解制"和"常识"取向的教师教育思潮兴起，各种撇开或弱化大学教师教育功能的替代性教师教育路径层出不穷。教师的职前培养越来越成为中小学和培训机构的职能。在这样的背景下，传统立足于大学的教师教育体制都受到了严峻挑战。如何不使教师的教育教学知识和技能的学习旁落于大学之外，成为失去学术根基的浅薄之学？如何改革教师教育，使得教师的培养更好地建立在以大学为基地的专业平台之上？人们试图从以下两个方面回应这个问题：首先，1999 年的"教师质量大学校长高峰会议"统一思想；其次，2001 年启动的"新时代的教师"项目落实行动。

首先，1999 年 9 月 15—16 日，美国召开前所未有的"教师质量大学校长高峰会议"，集中讨论加强大学在教师教育上的重要性及提高教师教育质量方面的作用。时任美国教育部长的雷利召集来自 40 个州的 65 位大学校长与会。会议讨论了"使命与结构""合作伙伴关系""绩效责任"等主题，并对各个主题的重要性、存在的问题和行动步骤提出建议。[①] 雷利在讲话中特别强调了美国学校教育的一个现实，即"我们有大量的学生要教，但缺乏合格的教师"。1999 年，美国一共有 5320 万名中小学生，但同时许多学区报告说他们遇到了"记忆中"合格教师最短缺的情况，约有 25 万名现任教师在课程内容方面没有做好准备或在如何进行教学方面没有受过任何的培训。在未来的 10 年中需聘用 220 万名教师来充实教师队伍。

在"使命与结构"主题中，高峰会议强调，对于高等教育机构来说，最深远的挑战就是把教师培训地位恢复到它在美国高等教育中曾经占据的位置，并获得学校高层领导的积极支持。在"合作伙伴关系"主题中，高峰会议特别强调今天的教师培养仅靠教育学院独立完成是不够的，因为有发展潜力的教师既需要掌握充分的学科知识，也需要在课堂中向多样化的学生讲授这些知识的教学技能。因此，今天的教师培训应该是大学文理学院、教育学院和地方中小学三方的共同责任。在"绩效责任"主题中，高峰会议认为高等教育机构的领导应该采取大胆的行动来确保美国未来教师都是优秀的。雷利如此评价此次会议："我相信，这一高峰会议可以成为 90 年代美国教育中最为重要的事件之一。因为你们大学校长们可以成为能够改变 21 世纪教师状况的领袖人物。"不过，"教师质量大学校长高峰会议"只是大学校长参加的学术会议，对于与会大学在内的所有高等教育机构并没有什么约束力。

其次，纽约卡内基公司发起新的倡议，提出"新时代的教师"项目，明确强调其目标就是通过改善教师教育提高教学质量。该项目由德克萨斯 A & M 大学文理学院前任院长丹尼尔·法隆（Daniel Fallon）领导，法隆是大约 30 所学院与大学的 30 个联盟项目的创建者，这些学院与大学承诺在教育与人文科学教授之间扩展合作伙伴关系，卡内基承诺为 11 个学院与大学中的每一

---

① 赵中建. 美国 80 年代以来教师教育发展政策述评 [J]. 全球教育展望，2001（9）：72-78.

所都提供 5 百万美元的资助，奖励他们的教育学院作为实践的典范。"新时代的教师"项目创始于 2001 年，其设计包括三个基本原则。首先，教师教育应该依靠证据指导，包括项目培养的师范生指导下的学生学习效果的证据；其次，要有人文科学教授来参与教师培养；最后，教师教育应该是临床实践专业，需要与中小学、专家教师，以及新入职教师培训等方面有密切合作。对于人文科学教授参与教师培养以及需要更多临床实践的呼吁最早至少可以追溯到 20 世纪中期科南特等人的主张。对于证据的呼吁则反映出对于含糊其词不可测量的论断的不信任越来越强烈。

2005 年 2 月 21 日，大卫·伊米格（David G. Imig）在美国教师教育学院协会成员面前发表查尔斯·亨特（Charles W. Hunt）纪念演讲。这也是伊米格离开这个他领导了四分之一世纪的组织的告别演讲。他提出未来要面对的一系列挑战："问责需求将逐步升级……关于社会公正议题的挑战，关于多元文化意识形态的挑战，都会越来越强烈……对于学术新形式的呼吁也越来越迫切……如果学区开始努力争取开展教师教育项目，并成为教师教育提供者的主要力量，那么教师教育提供者之间的竞争，以及区级层面授权获得认证之间的竞争都将会逐步加剧。"他还预言，"资源方面也将会停滞不前"。联邦政府与州政府不但对于中小学与教育学院工作的干涉日渐加强，而且政府部门还把很多资源投入到其他可选择的入职教学专业的路径上。最后，伊米格恳请他的同事们承诺结成一个具有公共利益的共同体来保护他们的努力，抵制当下的大趋势，他还呼吁"真正重视所有儿童与年轻人的新的进步主义"，在教师教育领域形成一个新的重心。他敦促教师教育者不要被干扰，也不要因为要过度保护自己所从事的教师培养项目而走极端，而是首先要把这样的观念放在首位，即"塑造教师教育一个多世纪的民主与教育议程"。他说，"我们必须要形成一个新的民主理想"，"然后培养教师带领所有学生去追求并实现这一理想"。[①]

---

① IMIG D. Beyond Protect and Defend: An Agenda for AACTE or the 21st Century [C] // Speech given at 57th Annual Meeting of the AACTE. 2005.

第二节

联邦政府教师教育治理的思想基础

美国的宪法没有关于教育专门的条例，意味着教育是州政府的合法责任，教育权在州政府的权力管辖之内。但是，联邦宪法规定：国会有权规定并征收税金、捐税、关税和其他赋税，用以偿付国债并为合众国的共同防御和全民福利提供经费。因此，联邦政府的教育权只是一种隐含的而不是显现的权力，多义且带有强烈的权力模糊性。[①] 正是这种模糊性，使联邦政府教育政策具备了法律效力，使得联邦政府基于国家利益的角度介入教育发展，使追求教育平等理想的实现成为可能。特别是第二次世界大战之后，联邦政府在各州教育事务上的影响越来越大，在教师教育发展中发挥的作用也越来越重要。整体来看，联邦政府在政策实践方面对于教育的关注经历了一个从国家事务和民众生活的边缘地位逐渐向中心地位转化的过程。[②] 与之相似，联邦政府对于教师教育问题的关注也同样经历了从教育领域的边缘到视域中心的过程。杨启光认为，从历史发展过程看，美国联邦政府在教师教育中角色的演变主要经历了3个阶段：19世纪上半叶到20世纪50年代的不积极介入阶段；20世纪50年代到70年代提供经费补助但不严加控制阶段；20世纪80年代以来的实质性参与并企图引导与管制阶段。[③]

本书认为历任总统及联邦政府对于国家利益的理解、对于教育平等的理解，以及不同时代对于教育及教师教育重视关注程度的变化，都是基于他们所秉持的政治理念以及不同时代背景的要求。因此，美国历届联邦政府以国家利益至上为根本原则，以教育平等为基本理想追求，通过财政资助和立法两种方式对教师教育进行治理。但由于不同时期联邦政府政治理念不同，其

[①] 朱旭东，李卫群. 美国联邦政府干预教育的几个理论问题分析 [J]. 比较教育研究，1999（4）：2-6.

[②] 郭玉贵. 布什在重塑美国教育政策中的历史功绩 [J]. 化工高等教育，2009，26（3）：1-10.

[③] 杨启光. 从边缘进入视域中心：美国联邦政府教师教育政策的发展 [J]. 江南大学学报（教育科学版），2008，28（4）：27-31.

指导下的关于教师教育的财政资助和立法的具体形式不同。整体而言，从思想基础角度出发，美国联邦政府教师教育治理可以分为 20 世纪 20 年代前古典自由主义阶段、30 年代到 80 年代现代自由主义阶段和 80 年代以后的保守主义重构阶段。

一、联邦政府教师教育治理的古典自由主义思想基础

20 世纪 20 年代前联邦政府教师教育治理特点是防御和保护，其背后的思想基础是古典自由主义。美国学者马丁·戴蒙德指出，"联邦政府的发明是美利坚建国者对政府治理做出的最重大的贡献"①。美国建国之初一系列关于联邦政府社会治理的政治纲领或法律文件，如 1776 年的《独立宣言》、1787 年的《美国宪法》等都体现了古典自由主义的原则。这种自由主义的原则承袭自英国。"自由主义的核心要素第一次被提炼为一套一致的知识传统，并通过一个强有力的政治运动表达出来，是在英国内战期间以及光荣革命之后的辉格党执政期间。"② 古典自由主义关于消极自由、自由市场、限制政府权限等基本观点一直或多或少影响后来美国现代自由主义和新自由主义的发展。古典自由主义的主要观点包括：③ 第一，政府不应干涉人们的生活，包括经济活动和人们的正常生活；第二，个人自由权利和人身自由不应受到侵犯；第三，提倡个人主义和自由企业，在经济领域内曾一度表现为经济个人主义；第四，相信宗教和家庭在社会中的作用；第五，相信教育的重要性和受教育的必要性。

美国教师培养体系肇始于古典自由主义主导的 19 世纪上半叶，从一开始就属于各州地方教育事务。联邦政府只是从国家整体利益的角度出发，通过不同形式的立法拨款对各地教育事业予以一定的资助。因此，州政府关注教师教育问题最早是从马萨诸塞州成立师范学校开始的，相当长时期以来，联邦政府都是起到间接指导的作用。19 世纪后期，迅速发展的美国经济对高等

---

① DIAMOND M. The Federalist on Federalism: Neither a National Nor a Federal Constitution, But a Composition of Both [J]. The Yale Law Journal, 1976, 86 (6): 1273.

② 李强. 自由主义：第三版 [M]. 北京：东方出版社，2015：53.

③ 温洋. 美国自由主义的演变 [J]. 美国研究参考资料，1985 (10)：19-22.

教育提出新的要求，联邦政府的影响和作用开始凸显。1862 年的《莫雷尔法案》规定联邦政府通过土地奖励的办法，鼓励各州开办农工学院。农工学院及农业和机械工艺学科等发展需要大量师资，因此，该法案间接推动了师范教育和家政教育等使用学科和专业学科的发展。进入 20 世纪，1917 年联邦政府颁布《史密斯—休斯法》，对职业教育教师资格提出指导性意见，规定州教育委员会"应制定教师资格"，联邦政府对农科、商业、家政和技工教师的薪金拨款，应专门用于"已经具备州委员会规定的并经联邦职业教育委员会认可的最起码资格的教师"。

二、联邦政府教师教育治理的现代自由主义思想基础

20 世纪 30 年代至 80 年代联邦政府教师教育治理特征是经济角度的全面干预，其背后的思想基础是现代自由主义。由于 30 年代经济危机，罗斯福新政开启了美国现代自由主义时代，其核心强调"强政府"，突出联邦政府对于社会治理的全面干预，教师教育治理是社会治理的组成部分。因此，六七十年代是联邦政府对于教师教育的介入达到顶峰的时期，但这种介入顶峰是从经济角度解决就业问题，教师教育治理的目的是实现全面的社会治理。

20 世纪以来，美国政治的发展有两个重要的时代：一个是罗斯福时代，一个是里根时代。[①] 前者开启自由派主导的时代，后者开启保守主义主导的时代。二三十年代美国爆发经济危机，共和党人胡佛坚持美国传统自由主义，即自由市场经济原则不被破坏，对大萧条采取放任不管的态度；罗斯福继任后，面对危机尝试各种不同的解决方法，挽救全面瘫痪的美国经济，带领美国平稳渡过危机，开启罗斯福时代。罗斯福新政要解决的是一个现实危机，所以是实用主义的，是重视效果的，绝不纠缠于意识形态。美国古典自由主义和现代自由主义的分界线就画在这两个总统之间。罗斯福新政以后，美国政府承担起保障经济正常运转和人民福利的责任。新政成功后，其自由主义就成了正统的自由主义，经济上崇尚福利国家，文化上推行价值中立主义，

---

① LILLA M. The once and future liberal：After identity politics ［M］. Oxford：Oxford University Press，2018：7-8.

即经济领域的干预主义和文化领域的放任主义。民主党就成了代表自由主义的政党，新政以后美国政策持续的左倾就表示了自由主义持续的左倾，60 年代达到顶峰。"大政府和高福利"的进步自由主义、约翰逊的"伟大社会"构想将美国的进步主义推向高峰，但"自由主义在巅峰时期便已开启了保守主义的闸门"。①

总之，在大萧条前，联邦政府角色是防御和保护的力量，但大萧条后，罗斯福新政表明政府也可以扮演积极甚至激进的角色。也就是说，大萧条使联邦政府成为一个新的积极的合作伙伴，参与改造美国公民。② 改变角色后的联邦政府在教育方面的作为包括颁布 1944 年《退役军人权利法案》、1946 年《富布赖特法案》，推动美国教育进一步发展。艾森豪威尔也主张增加联邦政府对教育的资助。特别是 1957 年苏联人造卫星发射成功，全国上下取得教育与国家安危和前途命运息息相关的共识，人们期待政府主动推动社会变革。从此联邦政府需要承担更大的责任，对于教育的干预日益加强。其结果就是1958 年《国防教育法》的颁布，目的是使美国通过教育发展，最终在科技领域形成优势。该法案为教师提供新的教学工具，它的核心假设是国家的全球竞争力和防御能力可以通过加强数学、科学和外语教学得到保证。因此，该法案包括的项目有：资助科学、数学和外语课程改革，以及培训教师教授新课程。也就是说，从 20 世纪 50 年代末开始，联邦政府才介入教师的培养和发展，但联邦政府的介入一直是适度的、零星的，随着劳动力短缺问题的日益紧迫以及国家危机的出现，联邦政府干预的力度不断扩大。

约翰逊总统继承发展"新政"以来的治理理念，提出以解决贫困和种族问题为主要目标的"伟大社会"改革计划，继续强化联邦政府在社会治理中的作用与影响，通过构建面向全民、覆盖广泛的社会保障体系，实现联邦政府对社会治理的全面干预。到 20 世纪 60 年代，联邦政府在干预理念与干预能力上达到顶峰，实现了联邦政府对社会治理的全面干预。1965 年，伴随约翰逊的"伟大社会"计划而诞生的《初等和中等教育法》是美国的基础教育

① 钱满素. 自由的基因：美国自由主义的历史变迁 [M]. 北京：东方出版社，2016：264.

② FORD R. Federal Intervention in Teacher Education [J]. American Behavioral Scientist，1979 (2)：145-168.

法案，法案体现了联邦政府对全国公立基础教育学校的要求。随后，约翰逊联邦政府又出台《高等教育法》，主要建立了一个联邦助学金和贷款体系，帮助贫困学生进入中学后教育机构。最初的《高等教育法》建立了两个改善教学的项目，一个是教师奖学金项目（a teacher fellowship program），另一个是全国教师团项目（the National Teacher Corps program）。这两个项目的出现是由于战后人口增长，立法者面临着更迫切的需要，即找到招募教师的策略，特别是在需求很高的城市学校。教师团最初被授权的重点是在弱势儿童和青少年人口较多的学校招募、准备和安置教师。然而，与其他联邦教师教育倡议一样，教师团的直接影响有限。大约有 100 个机构得到了教师团的资助。其最高拨款水平如 1973 年的 3750 万美元，或不到该财政年度教育和培训拨款的一半。教师团作为《综合预算协调法》的一部分于 1981 年被废除。有研究者指出，这些项目的推进不是为了教师教育的改革，而是主要作为就业政策。[①] 比如教师团项目最初是由于要应对教师短缺问题，为进入教师行业的个人提供奖励。后来，该项目被重新制定，以鼓励人们到低收入地区的学校教书。此外，教师团在促进学校或地区的教师培训模式方面也具有很重要的意义。它标志着传统教师教育场所观念的改变，因为教师团的培训发生在学校和地区机构之中，而不是在教育学院。[②]

克拉克和麦克纳尼认为 1967 年的《教育专业发展法案》（*The Education Professions Development Act*，*EPDA*）标志着联邦政府对教师教育的介入达到顶峰。[③]《教育专业发展法案》是对 1965 年《高等教育法》的修订，增加了改善教师培训和继续招聘更多教师的计划。这些计划包括为教师提供的奖学金、教师和行政人员培训综合体等。其目的是提高教学质量，帮助解决训练有素的教育人员严重短缺的问题。然而，研究者认为该法案与《高等教育法》

① EARLEY, P. M., & SCHNEIDER, E. J. Federal policy and teacher education［M］// Sikula J., Buttery T. J., & Guyton E. （Eds.）, Handbook of research on teacher education（2nd ed）. New York: Simon, Schuster Macmillan, 1996: 306-319.

② COHEN-VOGEL L. Federal role in teacher quality: "Redefinition" or policy alignment? ［J］. Educational Policy, 2005, 19（1）: 18-43.

③ CLARK, D. L., & MCNERGNEY, R. F. Governance of teacher education［M］// Houston R. W. （Ed.）, Handbook of research on teacher education. New York: Macmillan. 1990: 101-118.

一样，其主要目的依旧是解决经济问题。也就是说，联邦政府介入教师教育的程度高低是从经济角度解决就业问题，介入程度达到顶峰就说明面临有史以来最严重的教师短缺问题。由此，在 20 世纪 80 年代初联邦政府在教师招聘和发展方面的作用出现下降，就不难理解了。因此，可以说，与主要的、持续的联邦教育举措不同，如补偿性教育、学生上大学的财政援助，或为有特殊需要的儿童和青少年提供服务的项目，教师教育的立法地位可能被定性为其他项目的附属品，或在学校没有达到公众期望时的罪魁祸首。① 在许多联邦政府援助中小学的项目中，都提到了教师的职前培养和持续专业发展，但很明显，联邦项目所支持的教师教育和专业发展是实现其他更宏大目的的工具。

三、联邦政府教师教育治理的保守主义重构思想基础

20 世纪 80 年代以来，联邦政府教师教育治理特征是市场化与标准化合力推动基于标准的教师教育问责制发展，其背后的思想基础是重构后的保守主义思潮。美国保守派基于 80 年代以来时代变化特征重构其理念，重构后的保守主义具有包括新自由主义和新保守主义等多元复杂的内涵，且成为联邦政府治理国家的主导思潮。对于教师教育而言，新自由主义的力量推动联邦政府教师教育治理呈现市场化取向，具体表现为倡导替代性教师教育项目，同时发展完善教育问责制；新保守主义力量的影响使得联邦政府的教师教育治理呈现标准化取向，强调为教师以及教师教育机构制定标准，从而推动教师资格和教师教育机构认定体系的发展。二者看似矛盾，但实际上是一体之两面，整体目标一致，就是美国国家利益至上，具体到共同的教师教育目标来说，就是要培养"高质量教师"，以满足学生发展和教育平等的需求。

（一）保守主义思潮的重构

20 世纪下半叶，美国保守派取代自由派独步美国政坛，特别是 80 年代随着里根入主白宫，美国整体进入"向右转"的时代，保守主义成为主导的社

---

① EARLEY P M. Finding the culprit: Federal policy and teacher education [J]. Educational Policy, 2000, 14 (1): 25-39.

会政治思潮，影响着联邦政府对内对外的治理政策。保守主义的复兴在很大程度上讲是因为保守派认为 30 年代的罗斯福"新政"在政治利益上违背了美国的治国理念。罗斯福等现代自由主义者在推行和贯彻"新政"以拯救处于危机之中的美国时，极大地扩大了联邦政府的权力，不仅干涉和管制美国企业的经济活动，而且干涉和管制普通百姓的日常生活。上至宏观经济政策，下至个人社会保障措施，联邦政府占据国民生活的中心位置，指挥和管理涉及国民生活的各个方面。"新政"这种政治价值观念越过了保守主义政治理念的"红线"。① 但是保守主义者若想真正成为美国政坛上的有力竞争者，仅仅依靠攻击"新政"式的自由主义思想和政策是远远不够的，他们更需要对自己的保守主义思想进行重构，必须与时俱进，以获得民众的理解和支持。

二战后的美国保守主义思想存在两大脉络：一是源于 19 世纪英国曼彻斯特自由主义学派，二是来自 18 世纪英国政治思想家埃德蒙德·伯克（Edmund Burke）的思想。前者强调个人主义，对中央集权则主张限制政府权力，提倡自由市场经济，认为人类的演化和进步仰赖于个人的努力和奋斗。这种保守主义通常被称为传统主义或古典自由主义。后者关注的重点不是个人，而是社会共同体。它不主张个人通过各种追逐私利活动来取得自我满足，而是强调社会整体性，要求国家领袖带领民众追求崇高的共同体利益。这种保守主义通常被称为"有机保守主义"，即关注整个社会有机体的保守主义。保守主义者基于时代变化的认识，重构其思想，积极修正他们在国家权力问题上的主张和立场，试图兼顾强调个人主义和个人自由的自由意志论思想与注重社会道德秩序和社会共同体传统主义思想，构成一种两者兼而有之的新型保守主义思想。②

因此，80 年代以来引领美国政坛的保守主义是基于以上两种渊源以及二战后与美国时代特征相结合而重构的思想理念，强调个人自由的古典自由主义或自由意志论与强调社会共同体思想的传统主义，看似存在根本冲突，实

---

① 王恩铭. 战后美国保守主义思想重构 [J]. 史学集刊，2009（3）：88-98.

② MEDCALF L J，DOLBEARE K M. Noepolitics：American Political Ideas in the 1980s [M]，New York：Random House，1985：131.

际上是"西方文明意识"的两个不同方面。① 自由意志论对个人自由的重视和传统主义对道德秩序及社会公德的强调非但不互相排斥，反而可能相互吻合。因此，战后美国保守派把认同自由意志论发展自由经济、限制政府干预和传统主义强调的道德约束成分调解黏合在一起。也就是说，重构后的保守主义内涵是丰富多元的。

在重构后的保守主义思潮影响下，美国联邦政府的教师教育治理也同样呈现保守的趋势。迈克尔·阿普尔指出，美国教育政策所趋向的保守性是多元的，之所以呈现右倾得益于右倾阵营实现了广泛联盟。它创造性地把不同的社会取向黏合在一起，然后在社会福利、文化、经济以及教育问题的应对上达成联盟。阿普尔将右倾阵营在社会政策和教育政策上所要达成的目标称为"保守主义的现代化"。② 所谓"保守主义的现代化"就是上文所讨论的保守主义重构，研究者通常将重构后的保守主义思潮中发展自由经济、限制政府干预的自由意志论称为新自由主义，将强调道德约束的传统主义称为新保守主义。

（二）教师教育治理的新自由主义思想基础

在美国这场保守主义教育运动中，新自由主义力量最为强大，它的主导思想是倡导"弱政府"，强调在以有力的私人财产权、自由市场与贸易为特征的制度结构中释放个体的自由与能力，以提升人类福祉。③ 首先，新自由主义者秉持经济理性，因此效率、成本—收益的考量是两条指导人们行为的基本准则。对学校的任何投入，如果不是直接和经济目标相关，就都值得商榷。其次，新自由主义者认为世界的本质就是一个巨大的超级市场。"消费者选择"是对民主根本的诠释和保障。教育不过是和面包、汽车、电视机一样的产品，只要通过教育券和教育选择计划等方式推向市场，它就会开始自我调

① MEYER F. "Conservatism" ［M］ // GOLDWIN R.（ed）. Left, Right and Center: Essays on Liberalism and Conservatism. Chicago: Rand McNally, 1965: 7-12.

② 阿普尔，罗燕. 谁改变了我们的常识?: 美国教育保守主义运动与教育不平等 ［J］. 清华大学教育研究，2006（4）: 1-13.

③ HARVEY D. A brief history of neoliberalism ［M］. New York: Oxford University Press, 2005: 2.

控。这样，公民的概念被偷换为消费者，民主的概念被偷换为消费者的选择性。于是，民主从一个政治概念被转变为一个彻头彻尾的经济概念。^① 在新自由主义教育政策和社会政策的背后是对市场公平性和公正性坚定的信仰，即相信市场会按照个人的努力而有效并且公正地进行资源分配、市场会创造所需要的就业机会、市场会保证所有公民（消费者）获得一个光明的未来。新自由主义者认为市场是社会价值的最终裁判者，因此应该将政府的非理性从教育和社会决策过程中剔除出去，让效率、成本—收益分析成为社会转型和教育转型的发动机。新自由主义政策中，民主被界定为不受限制市场体制中的个体选择权。从本质上来说，就是政府的退出，是一种用市场取代政治的努力。这是一种创造反政治教育的努力，让消费者的选择而不是政治互动来定义教育系统。^② 也就是说，市场框架主导了所有政治派别的决策者考虑教育改革的方式，这种技术"通过市场机制定义其本质"。因此，里根政府有意识减少政府在社会服务方面的开支，越来越强调私营部门的作用。克林顿政府继承了这些政策。克林顿总统在1996年宣称：大政府的时代已经结束了。联邦政府放松管制的行为不断制度化，政府从市场中撤离而不是积极干预。

　　在20世纪90年代中期之前，教师教育评估的重点可以被称为"投入"而不是结果，即机构承诺、教师资格、课程内容和结构、实习经验，以及这些与专业知识和标准的一致性。到90年代末期，问责制的兴起反映了向一个由新自由主义经济学和商业世界衍生的原则和政策所塑造的全球性和竞争性知识社会的广泛转变。^③ 莱拉指出，在美国，对教师教育问责产生最大影响的是人力资本理论，这是一种"新自由主义衍生物"^④。人力资本理论基于两个假设将教育与经济相结合：一个国家在知识经济中的地位取决于其教育体系

　　① 阿普尔，罗燕. 谁改变了我们的常识？：美国教育保守主义运动与教育不平等 [J]. 清华大学教育研究，2006（4）：1-13.

　　② CHUBB J，MOE T. Politics，Markets，and America's Schools [M]. Washington，DC：Brookings Institution，1990.

　　③ AMBROSIO J. Changing the subject：Neoliberalism and accountability in public education [J]. Educational Studies，2013，49（4）：316-333.

　　④ LEYVA R. No child left behind：A neoliberal repackaging of social Darwinism [J]. Journal for Critical Education Policy Studies，2007，7（1）：365-381.

的质量，而教育的主要目的是培养能够满足竞争激烈的全球市场需求的劳动力。斯普林强调"人力资本范式"不是一个党派议程，而是两党总统和候选人几十年来一直在使用人力资本教育的语言和逻辑。① "经济驱动的教育政策"是基于新自由主义对个人作为经济行为体的理解，旨在使公民"为生产做出贡献，而不是依赖于社会福利国家"②。

科克兰-史密斯指出，进入21世纪，将新自由主义话语与教师教育联系起来的关键思想集中在以下表述中③：美国学生必须成为全球竞争者；中小学、幼儿园在学生表现方面未能达到生产力预期；教师教育项目未能满足生产力方面的期望，即教师的表现影响了学生的表现；将学生考试成绩、教师以及教师培养项目联系起来的绩效跟踪数据系统，对提高生产力至关重要；教师教育项目必须相互竞争；失败者要么通过效仿成功者而改变，要么被淘汰；抵制这些理念的大学项目会加剧失败的现状。这些表述反映了意识形态向新自由主义和人力资本视角的转变，美国的教师教育已经从投入和过程向结果进行了重大的规划转变。

由于教学主要是为了促进公共利益而建立的公共事业，所以学校改革和公共政策的市场法则与教学的核心价值是相悖的。决策者采用市场法则来改革教师教育，没有注意到这一框架与教师的特点及其工作性质之间的脱节。在教育政策中使用的市场法则以及与之相对应的责任要求的逼迫下，教师和那些设计、管理教师教育项目的人必须把竞争作为首要考虑，要成为赢家而不是输家，当然也不能被视为罪魁祸首。

在教师教育领域中，充分体现新自由主义理念的是替代性教师教育项目，具体表现为发挥多元主体的能动性，扩大教师的来源，通过市场机制应对教师的结构性短缺、数量不足等问题，以保障教育质量。20世纪后期，美国经济衰落，公共财政支出出现前所未有的困难，新自由主义思潮对教师教育的

---

① SPRING J. The politics of American education [M]. Routledge, 2011.

② TAN E. Human capital theory: A holistic criticism [J]. Review of educational research, 2014, 84 (3): 411-445.

③ COCHRAN-SMITH M, PIAZZA P, POWER C. The politics of accountability: Assessing teacher education in the United States [J]. The Educational Forum, 2013, 77 (1): 6-27.

影响越来越大。竞争、效率、选择等概念不断涌入教师教育领域，大学教师教育的垄断地位受到了质疑。

（二）教师教育治理的新保守主义思想基础

与新自由主义强调弱政府不同，新保守主义强调强政府，尤其是在知识和价值的问题上。新保守主义强调作为人类的整体身份、世界大同主义文化的价值，认为美国的文明和政治民主是最优秀的，强调美国文化的一元性与绝对性。新保守主义教育政策推动力并不局限于合法性知识的领域，它的强国家理念还体现在加强对教师队伍的调控方面。教师的工作出现了从"许可的自主性"向"调控的自主性"的转变，因此变得高度标准化、合理化和政策化。[①] 在"许可的自主性"下，一旦教师获得了教师资格认证，那么他在课堂上基本是自由的，当然这种自由是有一定限度的，不过这限度也由教师自己判断。这样的权利模式是建立在对专业判断力的信任基础上的。然而，随着教师权利越来越变成"调控性自主"，教师的行为无论是在过程还是结果上都受到了更严格的监督。事实上，美国有些州不仅对教师的教学内容进行了规定，甚至对教学方法也有唯一的规定，教师如果不遵循规定的教学法便会有行政处罚的危险。这样的控制模式不是建立在信任基础上的，而是建立在对教师行为动机和能力怀疑的基础上的。

在这样教师工作观念的影响下，美国的教师教育并没有为教师提供机会和条件进行真正的智力训练和实践反思，没有培养发展教师的批判意识和能力，而是削弱培养教师思维与批判能力的相关课程，更多地关注实践导向的碎片化技能训练，使之成为被动的、无批判意识的接受者和消费者。同时强调教师应掌握通识知识和所教的内容知识，即学科专业知识，并指出通识知识是进入深度知识的有效途径。

新自由主义解决问题的途径是市场，而新保守主义认为是一个强大的干预性政府，由这样的政府来规定并强制教学内容和教学方法的唯一"合法

---

① 阿普尔，罗燕. 谁改变了我们的常识?：美国教育保守主义运动与教育不平等 [J]. 清华大学教育研究，2006（4）：1-13.

性"，在全州或全美推行教师和学生统一考试的政策。阿普尔认为这样的教育政策取向必然会导致教师技能的削弱、教师工作量的强化，以及教师自主权和尊严的丧失。其背后弥漫的是对教师的不信任，以及对教师能力和教师工会的不满和攻击。隐藏在新保守主义立场之下的根本是文化种族主义，甚至是生理种族主义。

（四）新自由主义与新保守主义合力推动基于标准的教师教育问责制

为了回应人们对教师质量前所未有的关注，以及对大学教师教育失败的不满，以联邦政府为代表的新自由主义和新保守主义合力推动将教师教育概念化为注重结果的政策问题，在教师教育治理中大力倡导问责体系的发展与完善。在联邦政府的强力推动下，面对大学教师教育项目的批评，教师教育机构体系自身也不得不走上问责化道路。同时，美国社会取得广泛共识，即教育政策被认为是消除不平等的关键，教师承担前所未有的重任。罗斯将20世纪80年代和90年代美国教师教育在标准、许可、认证和鉴定方面的发展描述为"标准时代"，雄心勃勃和共识一致的标准旨在重振该职业。① 此后不久，教师教育的标准时代开始演变到"问责（和标准）时代"，主要强调的是问责。这种转变主要是由对投入、资源和过程的问责制转变为对"可审计"（或可衡量）结果的问责制，这些结果代表了有效性和/或效率，如学生的成就。② 这种从投入到结果的教育问责制的转变被称为"基于标准/结果的教育问责"。它被视为提高国家在全球知识经济中的地位、确保劳动力质量、满足与多样性和平等相关的社会期望的核心战略。

首先，联邦立法对于教师教育问责制的推动。早在1983年，《国家处于危险之中：教育改革势在必行》的报告就指出，美国的教师和教学质量如此之差，以至于学校培养的劳动力无法在新兴的全球经济中竞争，这反过来威

---

① ROTH, R. A. "Standards for Certification, Licensure, and Accreditation." ［M］// Sikula J. (ed.). Handbook of Research on Teacher Education. New York: Macmillan. 1996: 242-278.

② COCHRAN-SMITH M, BAKER M, BURTON S, et al. The accountability era in US teacher education: Looking back, looking forward ［J］. European Journal of Teacher Education, 2017, 40 (1): 1-17.

胁到国家安全。报告引发对教师质量前所未有的关注，并标志着美国出现了一种新的"教育政策范式"①，即关注以学生成就来定义的教师质量和教师责任。随着1998年《高等教育法》的重新授权，美国迎来了教师教育的问责时代。其中"第二章"规定了各州和教师教育机构的强制性联邦要求，并为替代途径提供资金。布什政府2001年的《不让一个孩子掉队法案》、奥巴马政府2009年的《力争上游》政策，以及联邦政府提出的要求都进一步强化了问责。联邦政府要求各州每年根据联邦政府制定的衡量标准，尤其是衡量其毕业生对学生成绩的影响，对教师教育机构进行排名。

《不让一个孩子掉队法案》强化改善教学和教师教育的政策，对中小学实施普遍的考试要求，并规定所有教师都必须具备高质量的资格。它首次以法律的形式界定美国"高质量"教师的概念，要求到2005—2006学年，每个教授核心课程的教师都要达到"高质量"标准。所谓"高质量"标准即拥有学士学位、通过州的教学执照考试、拥有扎实的学科内容知识。这种标准体现了重视学科知识，忽视了教学专业知识和实际教学技能的"去专业化"倾向，在很大程度上迎合了解制取向教师教育的需要。

奥巴马上任后接受布什政府和问责运动的两个基本前提②：一是教育中的许多问题都有政治根源，联邦的作用不仅应集中在提供额外资源上，而且要克服公立教育现状的局限，来促进政策变革与实验；二是学校和教师应该对提高所有学生的学业成绩负责，特别是那些教育前程因贫困而受阻的学生。奥巴马呼吁继续根据《不让一个孩子掉队法案》的要求进行年度考核，加强联邦力量来重组表现最差的学校，改革教师评估和问责制，并重点关注创新型的特许学校。他还明确支持使用联邦权力来刺激和指导各州的改革。特别是2009年的《力争上游》项目将对"高质量教师"的需求转变为"高效教师"（highly effective teachers）的需求。二者区别在于教师质量的"投入"和"产出"或"结果"。所谓的"投入"包括教师的资格，他们的学科知识、职

---

① MEHTA J. How Paradigms Create Politics：The Transformation of American Educational Policy（1980—2001）［J］. American Educational Research Journal，2013，50（2）：285-324.

② DARLING-HAMMOND L. Restoring our schools［J］. The Nation，2010，290（23）：14-20.

前准备和入职途径的特点。相比之下，"结果"包括教师的课堂表现、留任率，以及最具争议的利用增值或学生成长测量模型，根据项目毕业生对学生学习的影响，对教师教育项目进行评估。因此，所谓高效教师就是那些提高考试分数的人。为了获得《力争上游》提供的资金，各州承诺实施新的问责制措施，将教师教育方案评估与教师评估联系起来，教师评估在很大程度上基于学生在标准化考试中的成绩。①

奥巴马政府还于2011年发布《我们的未来，我们的教师》（Our Future，Our Teachers，OFOT）报告，提出一项大胆的教师教育问责计划。该报告要求对未来教师的表现进行三方面评估：预科项目毕业生教的中小学及幼儿园学生的成绩、项目的就业率和留任率，以及对项目毕业生及其校长的调查。其中通过学生考试成绩来评估教师教育项目的有效性——尤其是增值评估（value-added assessments）的使用，得到了政策制定者最多的支持，也引发了最多的争议。

其次，全美教师教育认证委员会和美国教师教育学院协会两个全国性教师教育组织要求教师教育体制自身转向问责。这两大组织通常被视为大学导向型教师教育的代言人，被研究者称为"建制派"。全美教师教育认证委员会从1954年到2013年间，一直是主要的国家专业认证机构，2013年与较小规模的教师教育认证委员会（the Teacher Education Accreditation Council，TEAC）合并，形成教育者培养认证委员会（Council for the Accreditation of Educator Preparation，CAEP）。2000年，全美教师教育认证委员会宣布新的教师教育项目认证标准，被描述为"从投入到结果的范式转变"，因为它们要求教育学校提供候选人能力的表现证据。2013年，教育者培养认证委员会成立后，其认证标准更加突出注重结果、凸显证据的绩效评估理念，更加倾向于可测量性，对于标准要求的描述更加清晰，凸显了证据为本和结果导向的特征。但同时社会各界对于教育者培养认证委员会认证标准的质疑也在不断增加，因为统一的、追求绩效的认证标准侵害到了美国多元教育的现实追求。

---

① MARCH E C. Race to the Top and Teacher Preparation：Analyzing State Strategies for Ensuring Real Accountability and Fostering Program Innovation [J]. Online Submission，2011：18-24.

美国教师教育学院协会是美国主要教师教育机构联盟，其成员主要是大学和教育学院，它们的教师教育项目本身是众人批评的对象和问责的目标，因此，也不得不推动问责的发展。

最后，人们希望教师不仅能培养有竞争力的劳动力，还能满足日益增长的社会期望，并帮助实现更大的社会公平。随着时间的推移，美国政策制定者开始认为，贫困和收入不平等是可以通过教育改革来解决的问题，而不需要针对其他社会、经济和政治条件进行改革。坎特和洛在关于新政以来美国社会政策演变的文章中指出，自林登·约翰逊总统时代以来，教育改革而不是强大的福利国家才是解决贫困和不平等问题的最佳方案。[①] 这一信念减轻了政策制定者制定其他社会政策的负担。对于教师教育来说，这种信念提高了政策制定者和公众对教师和教师教育者的期望。然而，教育机构内部人士通常会持消极观点，认为教师和学校不能解决国家社会问题，但这一观点受到批评，批评者认为他们之所以保持现状，目的只是为学校、教师和教师教育者的效率低下找"借口"。[②]

科克伦-史密斯等人指出许多问责倡议的背后是"弱势"（thin）而不是"强势"（strong）的公平，这一区别借用了民主理论家本杰明·巴伯对"弱势"和"强势"民主[③]的经典区分[④]。教师教育问责制中的"弱势公平"是指与个人平等（或相同）获得"高质量"教师、课程等和学校机会有关的公平。弱势公平的个人主义焦点与新自由主义观点一致，即人类是理性的、个体的、负责为自己采取行动的经济行动者。弱势公平观点认为，融入"共享"的学校是少数族裔学生教育的底线目标。相比之下，"强势公平"视角承认，

① KANTOR H, LOWE R. "Educationalizing the Welfare State and Privatizing Education: The Evolution of Social Policy since the New Deal." [M] //Matthis M. and Trujillo T. (eds.). Learning from the Federal Market-Based Reforms. Charlotte, NC: Information Age Publishing. 2016: 37-59.

② HANUSHEK, E. A, RIVKIN S G. Teacher quality [J]. Handbook of the Economics of Education, 2006, 2: 1051-1078.

③ BARBER B. Strong democracy: Participatory politics for a new age [M]. Berkeley: University of California Press, 1984.

④ COCHRAN-SMITH M, STERN R, SANCHEZ J G, et al. Holding Teacher Preparation Accountable: A Review of Claims and Evidence [J]. National Education Policy Center, 2016: 62-67.

复杂、相互交织的历史、经济和社会制度首先造成了在获得教师质量方面的不平等。"强势公平"观点认为，仅靠教师和学校无法实现公平。相反，它需要教育工作者与政策制定者和其他人合作，挑战学校和社会的结构性和系统性方面，正是这些方面造成了不平等。强势公平的理念还明确承认教师教育问责制倡议的种族主义性质，这些倡议侧重于通过高风险测试来评估教师候选人和培养方案。高风险测试制度通过假设客观性，在美国不断复制种族不平等，从而在"个人精英统治"的新自由主义意识形态中掩盖种族不平等的结构性本质，否认种族主义的结构性和物质方面。①

无论如何，教师教育问责制在 21 世纪已经或多或少被认为是一种"常识"，而不是一种政策或专业选择。也就是说，问责的语言已经成为教师教育政策和实践的"自然"部分，而作为问责基础的关于知识和权力的逻辑和假设已经在很大程度上被忽略了。②

第三节
解制取向教师教育的理论与实践

20 世纪 80 年代以来美国一系列报告纷纷提倡教师教育专业化，90 年代全美教学与美国未来委员会相继发表了《什么最重要：美国未来的教学》（1996 年）和《什么最重要：投资于优质教学》（1997 年）两个报告，把教师教育专业化运动推向高潮。与此同时，另一种改革的声音也正在逐渐强大起来，即"教师教育的解制"（Deregulation Agenda of Teacher Education）。它被视为教师教育的创新之举，并得到美国联邦政府和社会力量的支持。这些

---

① AU W. Meritocracy 2.0: High-stakes, standardized testing as a racial project of neoliberal multiculturalism [J]. Educational Policy, 2015, 30 (1): 39-62.

② COCHRAN-SMITH M, BAKER M, BURTON S, et al. The accountability era in US teacher education: Looking back, looking forward [J]. European Journal of Teacher Education, 2017, 40 (1): 1-17.

带有政府背景的势力集团提出要从常识角度思考教师教育，他们认为传统的教师教育制度和教师资格认证制度不仅是无效的，而且阻碍了优秀人士进入教学领域，都需要被解构。2002年美国教育部《迎接高质量教师的挑战》年度报告中就指出，传统教师教育项目没有能力培养出《不让一个孩子掉队法案》所要求的高质量教师，并且各州落后的认证体系似乎同时保持着低标准和高壁垒。一方面，那些学术能力强、学科背景坚实的专业人才，由于入职要求过于苛刻而不能从教；另一方面，却允许具有低劣学术能力的个体进入课堂。① 因此，教育部支持各种教师培养和资格认证的替代路径，特别是那些面向社会各界和非师范生群体的教师速成培养项目，如针对优秀大学毕业生短暂从教的"为美国而教"（Teach for America）、面向退伍军人的"军转教"（Troops to Teachers）项目等。教师教育解制在很大程度上成为一种与注重教学专业标准建设相对立的"非专业化"，甚至是"反专业化"的力量。它与教师教育专业化相对立，对现行教师教育提出批评，并提出新的教师培养和资格认证模式。

一、解制取向教师教育的缘起与基本观点

教师教育解制的滥觞可以追溯到20世纪80年代，是社会诸多力量相互作用的结果。② 首先是人才供求的矛盾。美国经历了70年代结构性经济危机后，1981年里根总统上台开始重振美国经济，当时的调查显示美国中小学生学业成绩不佳，不能满足经济的发展和产业结构的变化对劳动力素质和技术水平提出的更高要求。由此，美国20世纪末最深刻的一次教育改革由此揭开序幕，教师教育解制的观念也开始登上历史舞台。其次是高质量教育追求与教师质量低下的矛盾。80年代教育改革的核心是高质量教育，高质量教育的关键在于教师的质量。而美国卓越教师认证委员会的调查显示，有一半新招聘的数学、科学和英语教师不能胜任教学工作，有三分之二的中学物理教师

---

① PAIGE R. Meeting the highly qualified teachers challenge：The secretary's annual report on teacher quality［M］//Handbook of Research on Teacher Education. Routledge，2008：492-500.

② 周钧. 解制：当代美国教师教育改革的另一种声音［J］. 外国教育研究，2004（5）：29-32.

不合格，高中毕业生中成绩最差的学生进入大学主修教育专业，他们在大学中的成绩排名也如此。这成为高质量教育的障碍。1986 年，罗纳德·里根总统时期的教育部长威廉·贝内特（William Bennett）敦促立法者放弃"不合理的纸质证书"（mindless paper credentials），因为"我们需要吸引最优秀的人来教书，不管他们是不是专业教育工作者"。他强调教育工作者只需要具备学科知识、"良好的品格"，可能还需要具备与年轻人交流的能力。① 第三是教师供求的矛盾。70 年代出现了短暂的教师过剩后，80 年代由于学龄人数的增加又出现了教师供不应求的局面。1981 年的调查显示，有 43 个州缺少数学教师，33 个州严重缺少科学教师，45 个州缺少物理教师。面临教师质量和数量的双重压力，改革教师教育的呼声和实践此起彼伏，解制派也以提高教师质量为自己的改革目标。第四是教育标准化与多样化的矛盾。80 年代初开始的基础教育标准化运动提出统一核心课程，制定国家课程标准，由此也引发了教师教育的标准化趋势。从另一个角度看，这种统一的标准化忽视了美国的多元文化背景，面对民族、种族、社会阶层和个体的差异，难以完全实现统一的标准化教育，解制的出现可以说是对标准化的一种补充。最后是教育改革的一元化与多元化问题。教师教育专业化是 80 年代以来教育改革的最强音，但在多元化的美国社会里，不同的改革呼声是并存的。特别是在 20 世纪 90 年代末和 21 世纪初，关于大学教师培养的证据基础存在激烈的争论②，其焦点是缺乏确凿的证据表明教师参与"传统"培养/认证项目与学生考试成绩之间存在直接联系。这些辩论为非大学途径进入教学岗位的扩张铺平了道路，并支持教师培养的解制议程。专业化议程的目的是确保所有教师在教学前按照专业标准做好充分准备并获得证书，与此相反，解制议程的目的是取消进入教学领域的大部分要求，并解散各州的执照/证书机构。解制的支持者主张采用多种入职途径，以学生的考试成绩为底线来决定谁应该教书。其目的是

---

① GROSSMAN P L. Learning to teach without teacher education [J]. Teachers college record, 1989, 91（2）：191-208.

② BALLOU D, PODGURSKY M. Reforming teacher preparation and licensing：What is the evidence? [J]. Teachers College Record, 2000, 102（1），5-27.

通过将教师教育推向市场，让市场决定哪些教师被聘用和保留，从而提高教师质量。

　　教师教育解制取向的背后是一种常识性（common sense）教育认识，是常识性教育思想在教师教育领域的体现。这种关于教师的常识性思想在制度和实践层面得到系统表述是从 20 世纪 90 年代开始的。1999 年，在美国众议院"教育与劳动力委员会高等教育分会"的听证报告会上，美国曼哈顿机构研究员、福特汉姆基金会研究部主任康斯特鲁向国会提交了一份宣言——《提高教师质量：一种常识的建议》。① 它代表了当时美国教师教育领域不断崛起的新势力，得到了许多具有新自由主义和新保守主义背景的机构和个人的支持。2004 年，美国企业机构教育政策研究部主任弗雷德里克·海斯（Frederick M. Hess）出版《常识学校改革》（Common Sense School Reform）一书，其中专门讨论"常识"认识下的教师教育改革。持常识观点者认为专业取向的教师教育改革已经宣告失败，这种改革制定更多的规则和标准，以及对教师提出更多的要求，是教师教育的"管制性途径"。他们特别批评了时任斯坦福大学教育学教授的哈蒙德领导的"全美教学与美国未来委员会"及其推动的教师教育标准化运动，认为该委员会要求所有优秀教师都要满足统一的标准，以此来提高和保证教师质量是行不通的。所谓的标准化改革只能窄化教师的来源渠道，限制教师的潜在供应，也无助于教学质量和效率的提高。烦琐的证书要求只能阻碍受过良好教育和富有热情的人成为优秀教师，是阻碍社会优秀人才进入教学领域的"制度性杀手"。许多愿意当教师而又具有才干的人，常常就是因为无法逾越州教育部门和教育学院所设置的那些人为的、不必要的门槛而被阻挡在外。

　　以常识为思想基础的教师教育解制观点与教师教育专业化观点相对立。首先，在教师教育课程方面，专业取向观点认为，教师教育课程对于教师培养来说是最重要的，但是解制倡导者持相反的观点。比如在福特汉姆基金会

　　① KANSTOROOM M. Boosting teacher quality：A common sense proposal（Testimony prepared for delivery to the Subcommittee on Postsecondary Education of the Committee on Education and the Workforce, US House of Representatives）［J］. Washington, DC：Thomas B. Fordham Foundation, 1999：99-102.

出版的《更好的教师，更好的学校》（*Better Teachers*，*Better Schools*）一书中，戴尔·巴卢和迈克尔·洪达斯基指出①，就教师内在的才能和课程的功能来说，前者对于教师能力的作用要大于后者。教师执照考试也能使教师获得教学能力。他们还指出，替代性教师资格证书项目培养的教师与传统教师教育项目培养的效果是一样的，因此传统教师教育项目并没有什么大的作用。该书还提出，没有证据说明教师教育课程、学习期限以及相关培养活动与教师的教学效果有直接的关系。解制取向认为教师的语言能力和学科专业能力对于学生来说是最重要的。有研究表明，教师的学科专业背景对学生的学业成绩有着积极的影响。因此，解制取向注重教师的语言能力和学科专业能力的培养，师范生在本科阶段要主修学科专业学位而不是教育学学位，教师资格考试应注重考查语言能力和学科专业能力。

其次，在教师教育机构方面，解制取向强调教师要具有学科专业学位，因此培养教师不再是教育学院的特权，其主张打破教育学院垄断培养初任教师的局面。教育学院培养教师存在着"教育课程的高门槛，学科知识的低标准"问题，一些州对教师进行资格认证时不要求学科专业学位，而是要求申请者必须毕业于教育学院，这样就垄断了教师的来源渠道。因此，解制取向提出替代性途径，认为其他专业学院培养的毕业生拥有学科专业学位，那么他们通过资格考试后一样能够从教。一些替代性教师教育项目削减或免除教育学课程和教学实习等。

第三，教师资格证书方面，解制取向指出要让具有学科专业学位的人进入教学岗位，必须改革目前的教师资格证书制度，采用新的认证标准。进步主义政策研究所在 2001 年发表的报告《拆毁这面墙：彻底改革教师资格证书的案例》中指出，获得教师资格证书的成本（包括时间和经济成本）太高，无形中降低了教师的报酬；由于教师资格证书标准对修读教育类的课程做了明确的规定，因此排斥了非教育学院毕业的一些高水平的人才进入教学领域；教师资格证书的实施，驱使教师们在学习期限和修读课程的选择上以资格证

---

① BALLOU D, PODGURSKY M. Teacher training and licensure：A layman's guide ［J］. Better teachers, better schools, 1999：31-82.

书的要求为准，这样有碍于教师的专业发展。①亚伯基金会 2001 年的报告《对教师资格证书的再思考：质量的羁绊》指出现行教师资格证书实施过程中的弊端②：认证过程只看重修读课程的名称，不注重课程的实际内容和教学质量，不考虑提供这些课程的学院的教育水平，甚至不理会学生的考试成绩，同时从根本上否认了通过课程以外的方式获得知识的可能性。这种认证方法并不能真正确保教师的质量。弗吉尼亚大学的赫斯提出新的认证标准：拥有大学的学位，通过学科专业内容和关键技能的考试，通过犯罪背景调查。与各州现行的教师资格认证要求相比，这种新的标准大大简化了一些要求，如修读课程学分、特别修读课程要求、资格考试、获得学位时间到申请认证时间的年限规定、必须毕业于教育学院（有的州要求）等。

第四，倡导替代性教师资格证书项目。解制取向认为，基于大学的传统教师教育阻碍了一批高水平的人才进入教学岗位，所以需另辟蹊径，由此积极倡导替代性教师资格证书项目。项目要求申请者通过资格证书或执照考试，但是精简了修读教育类课程的要求。由此，出现了 3 类替代性教师资格证书项目③：第一类派遣项目，为年轻人提供培训，鼓励他们在从事其他工作前到贫困学校任教数年。这类项目包括"为美国而教""军转教"等，并受到了美国联邦政府的支持。第二类是私人营利性项目。第三类是中小学校本项目，由社区来培养教师。如加州北部的埃尔科戈洛夫学区，面临学龄儿童急剧增加、教师极度短缺的压力，从 1993 年起在旧金山州立大学协助下自己培训教师，利用下午和晚上的时间为非教育背景的申请者授课，培训时间大约为 11个月，结业后在本社区内任教。至 2002 年 3 月，该社区已培训了 400 名教师，96% 的教师没有离开教学岗位，并在本州的行为表现测试中成绩超过了其他

---

① HESS F. Tear down this wall：The case for a radical overhaul of teacher certification ［M］. Washington, DC：Progressive Policy Institute, 2001：15-17.

② WALSH K. Teacher Certification Reconsidered：Stumbling for Quality ［J］. Political Science, 2001：IV.

③ FEISTRITZER C E. Alternative Teacher Certification：A State-By-State Analysis 2002 ［M］. Washington DC.：National Center for Education Information, 2002：102-108.

教师。① 由于各州对教师数量的需求，特别是对数学、科学和双语教师的需求不断增加，同时一些贫困学区和学校严重缺乏教师，许多州开始尝试实施选择性资格证书的方法，以补充教师队伍的不足。据统计，1990 年以来的 10 年间，已有 40 多个州实行选择性资格证书项目，约 17.5 万名教师通过这种方法获得资格证书，占整个教师队伍的 6%。新泽西州已经有 22%的教师通过这种办法获得资格证书，得克萨斯州和加州分别为 16% 和 10%。

2001 年，来自美国教育部的四千万美元非竞争性资金促成美国卓越教师认证委员会（American Board for Certification of Teacher Excellence，ABCTE）的成立。卓越教师认证委员会以学科内容知识和教师专业发展知识两个网络测试为基础，给相关州的教师颁发资格证，而不要求教师参与教师教育项目或证明其有班级教学能力。《不让一个孩子掉队法案》的"第二章"也为替代性途径划拨了资金："教学过渡项目"（the Transition to Teaching program）将为各州、学区和非营利组织拨款近 4200 万美元，帮助数以千计的优秀候选人通过传统教师教育项目的替代途径进入教学岗位，包括"军转教"项目。2003 年，美国教育部还酌情拨款建立了国家替代认证中心，这是一个非营利性的国家信息交流中心，提供关于美国替代认证途径的信息。它收集和分析替代认证项目的数据，并向各州提供技术援助和外联服务。

二、针对解制取向教师教育的批评

教师教育解制取向的建议虽然在不同程度上得到各级政府政策制定者的采纳并支持，但自始至终都受到专业取向支持者的严厉批评。专业取向教师教育支持者对于解制取向提出的改革教师执照标准和教师资格制度等观点，都给予了有力的反击。

首先，专业取向观点认为教师专业素养的核心不是课程内容，而是教授其他人如何学习的能力；教师教育者专业素养的核心也不是学科知识，而是

---

① U. S. Department of Education. Meeting the Highly Qualified Teachers Challenge：The Secretary's Annual Report on Teacher Quality ［R］. Washington, D. C., 2002：19.

如何有效教授这些知识的能力。① 其次，专业取向观点不否认"好教师是天生的"，但是问题在于天才教师是少数，教育需要接受过教育的广大普通教师，并不能因此否定教师教育的作用。正如密歇根州立大学的加里·赛克斯所说，一个人仅仅具有良好的个性品质并不一定能成为好教师，只有经过教师教育的专业培训、教学实践、入职考核以及专业发展，才能成为良师。也就是说，教师既是天生的，也是需要造就的（Teachers are born and made）。② 达琳-哈蒙德分析过去30年以来的研究得出结论：即便目前的教师教育和教师执照制度有缺陷，但是经过充分培养和资格认证的教师通常还是比那些没有接受过培训的教师能够获得更好的评价，教出更成功的学生。③ 第三，随着时代的发展，对于教师的要求也在日益提高，这是一个历史的过程。19世纪70年代前后，大多数教师还只是小学毕业而且很少受到教育学训练。21世纪的美国进入一个以信息化、多元化为特征的后工业时代，教师不仅要教授那些拥有良好社会资本而自身又乐于学习的学生，还要面对差异巨大的学生。教师要在理解学生的基础上，帮助学生掌握应对快速变革的世界的知识、技能和态度。除了学科内容知识外，关于儿童发展的知识、人是如何学习的知识、如何评价学习的知识，对多元文化和价值的理解等都成为合格教师必须掌握的。而将这些知识和信念很好地体现于实践中则更需要良好的培训才能做到。第四，专业化教师教育才能从根本上解决教师短缺问题。从专业取向观点看来，解制取向的替代性教师教育项目从"成本—利润"的市场化线性观点来看待教师教育的结果，也是一种应对教师短缺的权宜之计。美国教育部数据中心公布的"至2011年的教育数据预测"显示，美国中小学教师的需求数量将从1999年的330万人上升到2011年的365万人。正是这种教师匮乏的严峻情势催生了替代性教师教育项目的出现，但是那些未接受充分培训的教师并不能

---

① LABAREE D F. The Trouble with Ed Schools [M]. New Haven：Yale University Press, 2006：59.

② SYKES G. No standards or new standards? The future of teacher certification [M] // The Role of the University in the Preparation of Teachers. Routledge, 2005：37-45.

③ DARLING-HAMMOND L. How teacher education matters [J]. Journal of Teacher Education, 2000, 51（3）：166-173.

真正解决问题，反而由于学生跟着缺乏经验、效能低下、不断离职的教师进行学习导致恶性循环，并不能真正提高教育质量。专业取向观点认为，只有高标准、高投入才是教师短缺问题的根本解决之道。

在加强教师学科专业知识这一点上，专业取向和解制取向教师教育并没有什么不同。但是解制取向观点认为教师是天生的，不是培养的，降低教育学知识的标准，继而否定教育学院的作用，这就否认了教学是一种专业的国际普遍认同的观点，削弱和否定教师教育的作用。同时，解制取向观点把中小学教师和学生中存在的问题完全归结于教师教育的不当，也是不公平的。解制取向的赞同者中主要是政界和经济界人士以及普通公众，他们更倾向于把教师教育作为政治、经济或个人发展的工具，更侧重用学生成绩来衡量教师教育的质量。而专业化的倡导者多为教师教育领域的专业工作者，更关注教师教育的丰富性和复杂性，他们中的许多人更是以批评政府当局为己任。①

替代性选择教师教育项目背后的观念是把教师看作技工以及削弱教师现有的专业自主权。这导致的结果是：教什么和如何进行教育评价，在很大程度上是教室之外的人做出的决定，而不是由教师自己决定的。因此，教师教育项目培养的教师通常并没有学习到课堂评价的能力，他们担任的是有限角色。许多非学院和大学的项目集中于仅仅满足由政府机构指定的最低标准，教学进一步非专业化，教师专业发展也已经变成标准及标准化测试的"产品补充"。专业发展已由集中于了解自己学习需求的个体教师专业模式转向集中于教师遵从机构要求的机构模式。向替代性教师教育项目打开大门，确保了这些项目投资者获得更高的利润。大部分替代性教师教育项目都使用一个"边挣钱边学"的模式，提供最少的教学培训。进入这些项目的标准通常是很低的。

芬斯特马赫指出，解制主义者和专业主义者持有截然相反的观点，但采取的策略是相同的，即都试图在"联邦和州政府的法律法规中体现他们的议程"②。令人担忧的是，双方似乎都在推动对教师教育进行一定程度的"过度

---

① 鞠玉翠，陈汉珍. 美国教师教育的解制与专业化之争 [J]. 外国教育研究，2011，38（11）：73-77.

② FENSTERMACHER G D. Reconsidering the teacher education reform debate：A commentary on Cochran-Smith and Fries [J]. Educational Researcher，2002，31（6）：20-22.

监管"。这个词被一些批评家用来描述美国和其他地方的新的政府控制，这些控制试图规定教师教育的许多方面，并倾向于限制教师和教师教育者的自主权和专业决策。①《不让一个孩子掉队法案》《高等教育法》的重新授权要求学院和大学提供教师教育的年度报告卡，以及强调转向替代教师教育的其他联邦政策等，都对美国教师教育的自主性，甚至质量，产生了逐渐侵蚀的影响。伊米格等直言不讳地指出，"一些人认为这是故意将教学职业置于危险之中，破坏教学的专业地位，并拆除专业工作的条件"②。

联邦政府的政策推动了传统教师教育项目的同质化和控制，同时鼓励几乎没有控制的后门教师资格认证渠道，这至少让大多数美国教师教育者感到困惑。也正是从这个意义上说，蔡克纳指出新自由主义思想和新保守主义思想正在摧毁美国的地方公共教育和教师教育。③

三、解制取向教师教育的实践——以"为美国而教"为例

1989年，一位年轻的普林斯顿毕业生温迪·库珀（Wendy Koop）通过她的本科论文提议建设一个新项目，即吸引全国最优秀的毕业生来从事教学，哪怕只是短期教学。该项目引起许多人的共鸣，他们希望看到提高从事教学专业的标准，他们认为州立项目强制推行的认证要求与学院课程一样都是更强调教师培养的数量而非质量。这样库珀迅速募集到了必要的资金，开始落实"为美国而教"计划。在成立最初的15年里，"为美国而教"吸引了12000多名参与者，曾一度成为美国教师队伍大的供给者之一。一般成员都以3.5的绩点毕业，89%的成员都具有领导工作的经验。这些教师在暑期会得到5周的培训，之后在他们全职教书的一年内完成教师资格证课程。许多人作为教师只服务2年，之后，他们会成为医生、律师、工程师、民权领袖以及长期的教师。1990年秋进入"为美国而教"项目去学校课堂教书的成员最初有

---

① COCHRAN-SMITH M. Reforming teacher education：Competing agendas［J］. Journal of Teacher Education，2001，52（4）：263-265.

② IMIG D G，IMIG S R. From traditional certification to competitive certification：A twenty-five year retrospective［M］//Handbook of research on teacher education. Routledge，2008：886-907.

③ 蔡克纳，刘祯干. 新自由主义思想和美国教师教育的变革［J］. 基础教育，2009，6（4）：7-12.

489 名，但是 2 年后，只剩下 206 名仍然在教书，其流失率是其他项目新教师的 2 倍。① "为美国而教"可以被视为非传统、缩短培训时间的替代性教师教育项目的代表，它引起了美国教育界对于解制主义教师教育的广泛讨论，许多研究者都针对这种短期替代性教师教育项目与传统教师教育项目进行比较研究，试图发现孰优孰劣。

美国教育部长罗德·佩奇（Rod Paige）在 2002 年年度报告里认为"为美国而教"以其培养的教师质量而闻名，并引证胡佛研究院关于有效性研究的结论，即"为美国而教"老师总是中立或积极的。各区表现最好的教师一直是"为美国而教"教师，而表现最差的教师一直不是"为美国而教"教师。来自休斯敦的证据表明，"为美国而教"教师至少不比非"为美国而教"教师差，而且有充分的证据表明，他们实际上可能比非"为美国而教"教师引导学生取得更大的学术收获。②

达林-哈蒙德是"为美国而教"的主要抨击者，她对于佩奇与胡佛研究所研究团队所有研究结论都不能认同。达林-哈蒙德指责研究者对于"为美国而教"毕业生的热烈赞扬是由于他们所做的比较是错误的。如果要做比较研究的话，应该将"为美国而教"的毕业生与那些已经完成了严格的、经过认证的"传统"教师教育项目的教师进行比较。达林-哈蒙德与她的同事们在胡佛研究所做研究的同一地点——休斯敦做出了自己的分析研究，得出不同的结论，"通过在 6 年期间对 4 年级和 5 年级学生在 6 个不同的阅读与数学测验中学业成绩的一系列回归分析，我们发现取得教师资格证的教师比未取得教师资格证的教师对学生学业成绩有着更为一致持久且强大的影响。这些结论适用于'为美国而教'的新成员以及其他教师。在控制教师经验、学位，以及学生特点的条件下，我们发现未取得教师资格证的'为美国而教'的新成员的教学效果不如取得教师资格证的教师，他们的表现与其他未取得教师资格证的教师表现是一样的"。达林-哈蒙德与她的同事们最后总结道，"教师的有

---

① SHAPIRO M. Who Will Teach for America？［M］. Washington，D. C.：Farragut，1993：187.

② U. S. Department of Education. Meeting the Highly Qualified Teachers Challenge：The Secretary's Annual Report on Teacher Quality［R］. Washington，D. C.，2002：18.

效性与他们所获得的教学培养呈高度相关"①。

　　达林-哈蒙德早在1994年的研究中就审核了"为美国而教"的追踪记录、培训课程、评估和运营方面的能力。她明确指出，在审核的所有方面，"为美国而教"的缺陷都是严重的，他们最终是会伤害学校以及学生的。② 这种失败在那些被安置在小学和中学的新教师中尤其明显，他们没有接受过儿童发展、学习理论或诸如如何教授阅读等基本技能方面的培训。达林-哈蒙德指出"为美国而教"项目最大的问题是"缺乏对孩子的关心，以及对如何教好孩子所付出的努力的明显蔑视"。同时这种蔑视被"为美国而教"项目成员与学生之间不平等的社会地位所强化。也就是说，它展现的是一种严重种族化的服务意识，一种对如此绝望的少数族裔群体处境居高临下的悲悯。

　　达林-哈蒙德从四个方面驳斥"为美国而教"的基本观点：首先，库珀认为，教师的准备工作不起作用，它对教师的工作效率几乎没有影响。事实上，数十项研究表明，完成了职前准备的教师比缺乏准备的教师更能成功地与学生相处。其次，库珀认为，教师教育专业的学生是最不擅长学习的，有才能的学生无法被说服进入教师教育项目。事实上，斯坦福大学、哈佛大学、哥伦比亚大学、密歇根大学等和许多其他学校的本科和教育硕士课程正在培养成千上万来自全国各地名牌大学的有才华的学生。十多年来，人们对教师教育的兴趣和标准都在稳步上升。再次，"为美国而教"认为，除了学科知识和一般智力之外，有效教学不需要认真的准备。研究证据表明，超过域值水平，学科知识对教师效能的影响小于在儿童发展、学习理论、课程发展和教学方法方面做准备。事实上，那些学习起来虽然毫不费力，但是没有接受过如何有意识地创造学习策略的培训的人，作为老师，往往会感到茫然。他们不记得自己是如何学习的，所以他们不能构建一个教学过程。最后，库珀认为，学区有意愿也有能力自行有效地培训和指导教师。但实际上这个想法已被反

①　DARLING-HAMMOND L, HOLTZMAN D J, GATLIN S J, et al. Does teacher preparation matter? Evidence about teacher certification, teach for America, and teacher effectiveness [J]. Education Policy Analysis Archives, 2005, 13: 1-48.

②　DARLING-HAMMOND L. Who will speak for the children? [J]. Phi Delta Kappan, 1994, 76 (1): 21-34.

复试验过，却从未成功。学区无法培养新教师的原因很简单：大部分教师被雇用的地区都是贫穷的城市和农村地区，流动率高，缺乏教育或财政资源。此外，学区对投资数千美元在初学者的准备上没有浓厚的兴趣，他们中的大多数人一旦有能力，就会离开去其他职业或郊区的学校。库珀甚至还建议学校和学区对教师的招聘、选拔、培养和发展承担全部责任，取消教育学院，各州也取消教师教学专业标准。达林-哈蒙德认为这种建议在道德和伦理上是极不负责的。

达林-哈蒙德指出，"为美国而教"是一个糟糕的政策，也是糟糕的教育。首先，它不利于项目成员。项目成员没有得到充分的培训，得不到所需的知识和技能，许多原本可能成为好教师的人反而不愿继续从事这一职业。其次，它对孩子们也是极为不利的，因为他们经常得不到良好的教育。随着教师的失败，他们被剥夺了学习充分发展所需技能的机会。他们经常缺乏连续性的指导，面对的往往是适得其反的教学技术，这反而破坏了他们内在的学习欲望。最后，"为美国而教"也不利于教学。执着于错误的教学观破坏了提升专业标准以及建设专业问责制的教师专业化努力。在"为美国而教"中，没有人对未来教师的经历和所学负责，也没有人负责确保孩子们得到经过充分教育的帮助他们学习的教师。正如乔纳森·科泽尔（Jonathan Kozol）所说，"慈善不等于正义"。

全美教学与美国未来委员会倡导追求以高标准选拔优秀者的路径与"为美国而教"倡导追求"百花齐放"的路径之间的争论是由于他们对研究的不同解读。但从某种角度来说，这一争论更是由于他们对卓越教育这样基础概念界定的不同。① 进入 21 世纪，保守派所制定的教师教育议程中有一个因素就是教师资格证认证标准的降低，他们认为全美教学与美国未来委员会倡导的提高标准是入职教学专业的阻碍。正如保守派的代表赫斯对于这种分歧的讨论，"希望减少现有认证体系所要求的条件……让既有的入职要求不要太苛刻，教育领域不需要天赋极高的人，也不需要对占支配地位的正统观念发起

---

① FRASER J W. Preparing America's Teachers：A History ［M］. New York：Teachers College Press，2007：237.

挑战，不要把教育成本无限抬高。这些批评者努力做出新的结构性调整，允许有志向的教育者绕开传统教师培养机构，从而消除既有利益相关者的影响"①。

这是很奇特的并置现象，一方面自由论者呼吁要拆毁保证专业实践地位的高墙，而另一方面全美教学与美国未来委员会的领导者们呼吁更严格的标准。所有这些趋向同时存在，并获得许多当权者的支持，教师教育者们处于被推来搡去、无所适从的境地。实际上，对于美国社会而言，不同形式教师教育项目的并存可能是对社会需求的更好满足。鉴于其不容忽视的成功与不可小觑的规模，无论对于支持者还是抨击者来说，它都是在21世纪教育图景中诸多进入教学专业的其他可选择路径的代表。

第四节

琳达·达林-哈蒙德的教师教育思想：培养致力于社会公正的教师

琳达·达林-哈蒙德（Linda Darling-Hammond）是一位跨世纪的学者，20世纪90年代就成为教学专业化运动的领军人物，曾担任美国"全美教学与美国未来委员会"主席，领导声势浩大的教师教育改革，组织创建美国职前、入职和在职一体化的教师质量保障体系。达林-哈蒙德被称为美国当今具有影响力的教育政策制定者和教育改革家之一②，2007年被评为近十年美国教育界最具影响力的十大人物。她的研究影响了联邦立法、州际政策制定、当地学区和教师实践，呼吁大家关注教学质量，重视社会公正问题。达林-哈蒙德的教育理想是通过教育制度和政策的引导、学校以及教师的共同努力，建设公正的民主社会国家。

达林-哈蒙德认为美国作为一个民主国家生存下来，不仅由于其提供免费的公共教育，还因为这种教育能够使人们拥有自由和独立思考的智识。这种教育帮助人们在不同的体验和想法之间建立共识。"如果我们要创造一个民主

① HESS F M. The predictable, but unpredictably personal, politics of teacher licensure [J]. Journal of Teacher Education, 2005, 56 (3): 192-198.

② PALMER J A. (ed.) Fifty modern thinkers on education: from Piaget to the present day [M]. New York: Routledge, 2001: 286.

的公共空间，学校必须有意识地在多元视角的共享中创建社区，并打造人们可以成为自己的那种社会环境。"这是一种既追求个体能力的发展，又追求建设共同体的教育，让所有人都能发现自己，发现自己的激情、天赋和才能，发现自己关心的事情，以及如何为他人和世界做出贡献，如何处理不同种族和阶层之间的关系，在移民潮背景下如何接纳和改善所有新成员以及那些一直未被接纳的成员的处境。要修复一个群体与另一个群体之间越来越多的相互对立的社会结构，就需要创造一种包容性的社会对话。在这种对话中，个人可以在一个汇集了不同经验和观点的公共空间进行交流。这表明要让学生进入并了解社会，就要让学生实际参与一个多元化社会的讨论和决策，达成对多元视角的理解。达林-哈蒙德认为，如果要为民主生活而进行教育，就必须关注教育能否培育精神和思想，以便每个学生都能发现和发展一些有价值的东西，以此来建立自己的生活，同时学会珍视别人提供的东西。①

基于以上思考，达林-哈蒙德明确指出培养致力于公平的优秀教师，是民主生活方式生存下去的重要的关键之一。② 在一个学习能力对于个体与社会的成功越来越重要的社会里，强大的教学能力，即要以所有孩子都能学会的方式进行教学，将决定来自每一个社区的学生都能够拥有真正的学习权利，学习如何能够参与一个知识型社会的建设与发展。

一、参与创办"全美教学与美国未来委员会"推动公正取向的教学专业化

达林-哈蒙德在培养致力于社会公平的教师、推进教师专业发展方面最重要的实践是：参与创办美国教学专业领域声誉卓著的"全美教学与美国未来委员会"，尝试推动政策的制定来支持教师开展更为专业化的实践。

1996 年，"全美教学与美国未来委员会"的成立是为了满足时代变迁对于教育变革的要求。该委员会由北卡罗来纳州州长詹姆斯·亨特（James B.

---

① DARLING-HAMMOND L. The right to learn and the advancement of teaching: Research, policy, and practice for democratic education [J]. Educational researcher, 1996, 25 (6): 5-17.

② DARLING-HAMMOND L. Educating the new educator: Teacher education and the future of democracy [J]. The new educator, 2005, 1 (1): 1-18.

Hunt）任主席，他早年也曾经为卡内基效力。委员会成员还包括国内一些最杰出的政治家、商人、社团领导者和教育家，并且得到洛克菲勒基金会以及纽约卡内基公司的资助，因此成功地吸引了公众的关注。同年，达林-哈蒙德率领团队撰写并发布重要报告《什么最重要：为美国未来而教》，最核心的目的是到 2006 年美国将为所有学生提供他们受教育时与生俱来的权利：获得有能力、有爱心、有资格的教师。① 该报告的发布是在霍姆斯与卡内基报告面世十年后，它规划美国教师教育改革与发展蓝图，指出教学质量问题是国家教育议程的中心问题，呼吁州以及各学区认真严肃地制定与学生、教师相关的标准，呼吁彻底重构教师培养、招募以及专业发展，呼吁对于教师技能的鼓励与奖励，呼吁保证教育学院为了成功而做出的结构化改革，提出有关教师和校长的培养、选拔、聘用，以及学校对教师教育工作的支持、评估和奖励机制一揽子改革计划。至少有 18 个州和 9 个城市学区作为全美教学与美国未来委员会的合作者与支持者，有更广泛的选民参与，共同实施委员会报告提出的观点。报告发布时，克林顿总统表示支持，并向教育部长发出指令，支持各州和地方对报告的建议做出回应。同样在报告发布的当天，教育部对委员会的建议做出了初步回应，概述了该部处理每项建议可以采取的步骤。1997 年 6 月，教育部发布了一份广泛传播的报告，题为"教学中的卓越与责任：美国教育项目和资源指南"（*Excellence and Accountability in Teaching: A Guide to US Department of Education Programs and Resources*），以响应总统的指令。教育部持续激励并追踪教学质量的改进情况。

《什么最重要》和委员会随后的工作激发了全国和国外 1500 多篇新闻文章和社论，数百条州和联邦立法，一系列广泛的改善教学的地方倡议，至少有两项由联邦政府资助的研究和发展计划都明确地围绕着委员会的议程组织起来，即国家教学和政策研究中心（the National Center for the Study of Teaching and Policy）与国家优质教学和问责伙伴关系（the National Partnership for Excellence and Accountability in Teaching）。它们汇集了研究人员、专业协会、政策制定者和从业者加强在教学和政策方面的知识和实践。

---

① DARLING-HAMMOND L. What matters most: A competent teacher for every child [J]. Phi delta kappan, 1996, 78 (3): 193-200.

1996 年的《什么最重要》报告侧重为了每一个孩子提高教师质量的政策建议。1997 年达林-哈蒙德出版的《学习的权利》（*The Right to Learn*）一书，为建设民主学校提供研究、实践、政策和理性分析基础。达林-哈蒙德被称为一个开辟新世界的先锋，带领学校和教师在一个更加公正合理的社会中建设民主共同体。

二、对于教师教育问题的分析

达林-哈蒙德对于 21 世纪初期的美国社会状况有非常清醒的认识，她认为这是一个对于民主教育而言非常特殊的关键时期。美国的蓝领阶层在 1950 年占就业总数的一半，到 2000 年就降到了 10%，其衰落速度是世界历史上任何阶层中最快的。接受过蓝领日常工作培训的人，往往无法进入新经济所提供的更需要智力和人际关系的工作。新经济现象的产生是由于知识型社会的形成。基于知识的工作现在占所有新工作的 70%，那些低教育水平的人几乎根本找不到工作。即使是入门级的工作，也要求工人掌握更高水平的基本技能和技术素养，并能计划和监督自己的大部分工作。那些在学校没有取得成功的人正在沦为一个日益壮大的下层阶级的一部分，他们被切断了参与社会生产性活动的路径。此外，那些做好准备，但工作已经消失的工人阶级群体正处在社会向下流动的边缘摇摇欲坠。

达林-哈蒙德指出，当今世界以及未来的巨大复杂性预示着教育的新使命，即要求学校不仅要"传授知识"，还要确保学生的学习。学校要迎接这一新的挑战，就必须大量拓展学生学习的知识，同时满足学生的不同需求。国家和人民的发展与他们的学习能力产生了前所未有的紧密联系。因此，我们的未来也前所未有地取决于我们的教学能力。

达林-哈蒙德指出 20 世纪 90 年代的美国还依然没有一整套真正的教师招聘、培养和发展体系。主要问题在于[①]：首先，教师教育不足。因为教师教育项目不需要认证，它们的质量差别很大，优秀的项目与劣质的项目并存，即

---

① DARLING-HAMMOND L. What matters most：A competent teacher for every child ［J］. Phi delta kappan, 1996, 78（3）：193-200.

使它们的工作完全不称职，也可以继续运营。其次，教师招聘草率。在美国，像数学和科学这样关键学科的教师队伍缺乏有学术能力的年轻人。第三，随意地录用与入职。因为低效和烦琐的招聘做法、教师流动的障碍，以及对教师资格的忽视，学区经常失去最好的候选人。那些被录用的人通常会被分配给最困难的任务，任由其成败，没有其他专业机构提供实习或帮助。他们孤立无援地站在课堂里，几乎没有反馈或帮助，多达30%的新教师在最初几年就离开了学校，而另外一些则只是学会如何应付，而不是怎样才能教好。第四，缺乏专业发展以及对于知识、技能的奖励。除了对初任教师缺乏支持，大多数学区在对有经验的教师进行持续专业发展方面投资甚少，并将这些有限的资源大部分用于没有成效的"打了就跑"的工作坊或研讨会。教学评估和终身教职的决定往往与高质量教学的清晰愿景缺乏切实的联系，重要的技能很少得到奖励。从历史上看，教学发展的唯一上升通道就是离开教室，进入行政管理。第五，学校设计结构化的失败。今天的学校组织方式既不支持学生学习，也不支持教师学习。教师彼此隔离，因此他们不能分享知识，也不能对学生的整体学习负责。此外，太多的人和资源被分配到课堂以外的工作和活动上，而不是在教学和学习的一线。

总之，公众对于教师教育极为不满。教育学院受到各种各样的批评，因为它们在培养教师工作方面效率低下，对新要求反应迟钝，远离实践，并且阻碍了招聘聪明的大学生进入教学岗位。政策制定者已经在40多个州制定了教师认证的替代途径。达林-哈蒙德指出，无论以何种方式，初任教师在入职前都要接受充分的教师教育。即便目前的教师教育和教师执照制度有缺陷，经过充分培养和资格认证的教师通常还是比那些没有接受过培训的教师能够获得更好的评价，教出更成功的学生。[①] 解决问题、发明和应用知识的教学需要教师掌握深刻而灵活的学科知识，需要教师了解如何通过一种强有力的方式表达观念，从而可以为学生组织富有成效的学习过程，使学生可以从不同层次和类型的先验知识基础上开始学习。教师要能够评估学生如何学习，以

---

① DARLING-HAMMOND L. How teacher education matters [J]. Journal of Teacher Education, 2000, 51 (3): 166-173.

及学习什么，还要使教学适应不同的学习路径。因此，达林-哈蒙德提出美国2006年要达成的6项目标：所有的孩子都将由有知识、有技能、有义务教好孩子的教师来教；所有教师教育项目须达到专业标准，否则就要被关闭；所有教师均有机会获得高素质的专业发展，并有定期的时间进行集体备课和制定教学计划；教师和校长均会根据其达到专业执业标准的能力而获聘用和留用；教师的工资发放将基于他们的知识和技能；高质量的教学是学校的主要投资，大部分教育经费将用于课堂教学。

具体到教师教育方面，美国要制定教师专业标准，重塑教师教育与专业发展。各州、学区和教育学院应该做到如下几点：第一，围绕学生和教师的标准，组织教师教育和专业发展；第二，学院提供为期一年的专业发展学校实习的研究生水平的教师培训项目；第三，为初任教师创建和资助辅导项目，并对教学技能进行评估；第四，创造稳定、高质量的专业发展来源，拨出1%的州和地方开支来支持他们，并向学区提供额外的配套资金；第五，组织新的专业发展资源，如教师学院、学校/大学伙伴关系和超越学校边界的学习网络；第六，使专业发展成为教师日常工作的一部分。

三、公正取向的教师知识观：从关注"教"到关注"学"

达林-哈蒙德认为，高质量教师是解决教育绩效均衡的重要策略。《什么最重要》报告目的就在于确保所有学校教师都掌握促进学生学习的必备知识与技能。每一个孩子都有权利接受有爱心、有能力、有资格的教师的教育，每个老师都有权利接受高质量的培养和持续的专业发展。达林-哈蒙德等在2007年全国教育研究院报告中描述美国教师教育现状，指出教与学的知识在不断增长，教师却不一定能够获得这些知识，原因是教师教育项目无论从性质上还是质量上差异都非常大。特别是越来越多的初任教师通过替代路径进入教职，这些替代路径有的培养要求严格，但有的几乎没有任何培养。2007年，仍然有15%的初任教师没有接受传统教师教育就进入教职。

关于不断增长的教和学的知识，达林-哈蒙德发表过两篇具有代表性的文章。在1999年的文章中，她指出提高教师的专业知识和效率是当前美国教育改革成功的关键，并进一步详细探讨了什么教学知识是重要的的问题。① 2005 年，她进一步指出 21 世纪的问题将是"教学的进步"，我们要发展一种与 20 世纪的常规教学截然不同的新型教学知识。② 其重点从关注"教"转向关注"学"。学习的内容即学科，学习者即学生，学习本身是教师关注的逻辑起点，"教"要建立在"学"的基础之上。

第一，关于学科的知识。多元复杂的知识型社会对教学提出新挑战。教师必须对自己的学科领域有深入的了解，必须了解学生的思维方式。教师需要理解学科内容，其理解的方式也就是他们对于学科内容的组织能够让学生在学习中创建该学科领域有用的认知地图的方式。以这种方式理解学科内容就为舒尔曼所提出的"学科教学知识"打下了基础，这样教师能够表达思想，也能够为他人所理解。教师需要了解如何以各种方式教学，以回应学生不同的学习方法，利用学生独特的起点设计脚手架工作，旨在更有效地教学。

第二，关于学习者的知识，包括学习者的发展与差异。学生带着不同程度的先验知识和不同的学习方式走进课堂，教师若想确保学生成功，就要成为诊断者和规划者。教师要阐释学习者的状态和行为，并为他们构建富有成效的经验，就需要了解儿童和青少年如何思考和行动以及他们的兴趣等，这些知识还包括对那些支持他们进一步成长的社会、身体、情感和认知等方面的理解。关于学习者差异，教师要以与学生建立联系的方式进行教学，还需要了解文化、语言、家庭、社区、性别、先前的学校教育或其他影响人们经验的因素可能阐释的差异，以及可能由发达的智能、学习方法的偏好或特定的学习困难所产生的差异。达林-哈蒙德认为教师这种关于特定学习者差异研究所积累的知识为格里梅特等人提出的"教学学习者知识"③ 打下了基础。教师必须能够敏感而富有成效地探究儿童的经历和他们对学科知识的理解，以便他们能够通过学生的眼睛来解释课程并塑造课程，使课程与学生已知的

---

① DARLING-HAMMOND L. Educating teachers for the next century：Rethinking practice and policy [J]. Yearbook of the National Society for the Study of Edcation, 1999, 100 (5)：221-256.

② DARLING-HAMMOND L. Educating the new educator：Teacher education and the future of democracy [J]. The new educator, 2005, 1 (1)：1-18.

③ GRIMMETT P P, MACKINNON A M. Chapter 9：Craft knowledge and the education of teachers [J]. Review of research in education, 1992, 18 (1)：385-456.

他们如何学好的方式联系起来。教师需要了解如何仔细倾听学生，观察他们的学习，并精心组织情境，让学生写下并谈论他们关于该情境的经验，以及他们所理解到的东西。随着教师检查特定的学习者如何思考和推理、他们在哪里有问题、他们如何学习最好，以及什么激励了他们，这种知识就会增长。

第三，关于学习的各种知识，包括学习动机、学习材料与教学策略、学习过程、评价学生学习方法等。关于动机的理解，教师必须知道如何组织任务和反馈，以鼓励学生持续努力，而不是轻易放弃。激励学生不仅需要了解如何吸引年轻人，以及在不同年龄段维持其兴趣的一般原则，还需要了解每个学生对自己和自己能力的看法、他们关心什么，以及什么任务最能给予他们足够的成功，从而鼓励他们继续努力学习。教师还需要思考为了不同目的学习不同种类的材料意味着什么、如何用不同教学策略支持不同的学习，以及如何判断在不同的情境中哪种类型的学习是最必要的。教师要了解学习过程并掌握一系列教学方法，以供不同具体情境下进行不同的选择和处理。这种教学不是凭直觉就能学来的，它需要更深入的学科知识和更灵活的教学形式，以及能够接触学生思维的工具，以便教师能够理解学生思维并在此基础上进行构建。教师还需要掌握关于评价学生以及学生学习方法的知识。为了教学效果，教师必须能够识别不同学习者的优势。

第四，关于教学的知识，包括课程资源和技术、教学策略、改进教学实践的知识等。关于课程资源和技术的知识，教师要能够将学生与超越教科书的信息和知识来源联系起来，使学生能够进行思想的探索、信息的获取和综合，以及开发模型、写作、设计和其他工作成果。教师要掌握教学策略，来解决各种学习方法和各种有目的选择的学习目标。经常使用多种途径获取内容的策略是教师技能的主要组成部分。教师需要大量的知识来开发课程和教学策略，处理不同学生所具有各种不同的学习路径、不同的经验和先验的知识水平，并了解如何在更大范围的家庭和社区情境内处理问题。他们需要知道如何帮助这些学生获得比以往更复杂的技能和知识类型。关于分析和反思、评估和改进教学实践的知识，教师必须不断评估学生的想法和理解，并在此基础上制定课程目标，调整课程计划。关于合作的知识，教师需要了解如何构建学生之间的互动，以实现更强大的共享学习。另外，教师还需要了解如何与其他教师合作，以计划、评估和改善学校内部和整个学校的学习，以及如何与家长合作，更多地了解学生，并在学校和家庭中形成支持性的经验。

以上是教师需要掌握的知识类型。教师要超越自己作为学生的经历，要学习运用与自己经历过的截然不同的方法去实践，既不能仅仅通过理论想象，也不能仅仅通过经验，而是需要两者更紧密地结合。总之，最成功的教师不仅在学科内容上有充分的准备，充分了解自己的学生，他们还学习了教学的艺术和科学。花更多时间学习教学的教师整体上效率更高，在发展学生的高阶思维技能和满足不同学生的需求方面更是如此。因此，教师教育项目要帮助教师学会以两种方式进行教学实践[①]：一是以学习者为中心（learner-centered）的方式，就是要能够以回应个别学生的学术需求、智力水平、能力、文化和语言背景的方式进行教学；二是以学习为中心（learning-centered）的方式，就是要能够以支持深入学习的方式进行教学，从而使学生形成敏锐的思维和优异的成绩。我们要帮助教师发展一系列广泛的教学策略，既是满足教学内容的需求，也是满足学生的需求。教师要掌握这些教学策略取决于更有用的框架，以及更符合实际情境的知识。达琳-哈蒙德认为中小学教育改革首先取决于重构教育基础，也就是要重构教学专业。教学专业的重构包含两个方向：一是增加教师的知识以满足他们面临的需求；二是重新设计学校以支持高质量的教与学。[②]

三、公正取向的新型教师教育观：理论与实践相结合

新型教师教育项目通常会让未来的教师学习如何研究，通过案例、行动研究和开发结构化的实践档案库来进行自己的探究。他们设想专业教师是从教学中学习的人，而不是已经学会如何教学的人；教师教育的工作是培养对学习的本质和教学效果的敏感性以及进行系统探究的能力。达琳-哈蒙德认为新型教师教育项目的这种做法正是杜威所讨论的知识生产路径，这种路径旨

---

① DARLING-HAMMOND L. Educating the new educator：Teacher education and the future of democracy［J］. The new educator, 2005, 1（1）：1-18.

② DARLING-HAMMOND L. What matters most：A competent teacher for every child［J］. Phi delta kappan, 1996, 78（3）：193-200.

在让教师对复杂的情况有更深刻的理解，而不是用简单的公式或一成不变的教学程序来控制它们。杜威指出，"掌握了科学方法和系统化的主题，个人就可以摆脱束缚，能够看到新的问题，设计新的程序，一般来说，会形成多样化的局面，而不是一成不变"①。这种认识和理解使教师的实践更聪明，更灵活，更能有效地处理实践中的具体现象。教师能够看到更多的关系，看到更多的可能性、更多的机会。教师的判断能力丰富了，在处理个人情况时，他就有更充裕的选择余地。杜威的教学知识观以探究实践问题为基础，以理论知识和实践知识作为专业判断的基础。如果教师调查教学对学生学习的影响，如果他们研究他人所学到的东西，他们就会明白教学在本质上是一种非惯性的努力。他们对变化变得非常敏感，并且更加关注在什么情境下为了什么目的应该做什么。依据变化的情境而获得的偶然性知识使他们成为更加深思熟虑的决策者。

教师教育项目中学习探究也可以帮助教师学习如何从多个角度看世界，包括那些与他们自己的经历完全不同的学生经历，并使用这种知识发展可以让不同的学习者都接受的教学。学会接触学生，既包括那些很难了解的学生，也包括容易了解的学生，需要跨越边界，有能力引出并理解别人的知识。好的教师必须意识到自己看问题的视角，以及如何丰富这些视角，以避免"沟通偏见"阻碍他们理解所教之人。

教师教育项目还要培养教师超越自身视角的能力，设身处地为学习者着想并从学习的角度理解这种经验的意义，这也许是大学在培养教师方面最重要的作用。教学中"聪明人神话"的一个重大缺陷是，它假定任何人都可以把自己知道的东西教给其他人。然而，从未学过教学或学习的人往往很难理解如何传达他们自己毫不费力、几乎是下意识学习过的材料。此外，没有接受过强有力的教师教育的个人往往保持单一的认知和文化视角，使他们难以理解那些与自己不同的学生，难以理解那些深刻影响学生的学习方式的经验、观念和知识基础。理解他人的能力不是与生俱来的，它是通过学习、反思、指导经验和探究而发展起来的。

----

① DEWEY J. The sources of a science of education [M]. New York：Horace Liveright, 1929：12.

　　大学教育理想的关键特征是致力于开放探究、扩大视野和跨越边界。它试图创造一种方式来分享来自不同地理区域、文化和学科的不同观点，作为发展知识和寻找真理的基础。如果大学要为教师教育继续做出重要贡献，它们需要通过在理念和经验之间创建一个真正的实践，通过反思和研究的结合去尊重实践，通过帮助教师超越他们的个人界限去欣赏那些他们所教之人的观点，来追求这些知识构建和发现真理的理想。① 在关于学习、发展和教学的更广泛、更深入的知识基础背景下，理论与实践更加紧密地结合可能是 21 世纪教师教育的主要特征。②

（一）教师教育项目课程设置的原则、目的与基础

1. 教师教育项目课程设置原则：心智地图与教师发展

　　教师需要学习的内容以及他们应该如何学习决定了教师教育课程的设置。③ 首先，教学内容应加以组织，使教师对有效教学所涉及的内容和影响学生学习的因素形成一个心智地图。有了这样的工作和学习的图式，教师就能够在整个职业生涯中寻找并增加相关特定技术的知识。其次，就教师如何学习而言，构建教师教育需要根据教师发展的范围和顺序组织课程，即从对自我的关注转向对学生学习的关注，从学习理论的基础转向学习理论对教学的影响。这也意味着要在实践中找到让教师了解实践的方法，从而进行具体应用，提出、分析和解决实践中出现的问题。因此，初任教师需要持续不断的机会来运用他们所学到的东西，分析发生了什么，并相应地调整他们的努力程度。他们需要对学习、教学和课程以及具体内容领域的直接教学进行探究和反思。所有的教师，无论以何种路径入职，在成为正式教师前，都需要这样的学习机会。

　　设计教师教育课程的关键是要基于这样的事实：教师不仅需要掌握一套技能，他们还需要成为"自适应专家"（adaptive experts），既能使用有效的

　　① DARLING-HAMMOND L. How teacher education matters［J］. Journal of Teacher Education，2000，51（3）：166-173.

　　② DARLING-HAMMOND L. Educating the new educator：Teacher education and the future of democracy［J］. The new educator，2005，1（1）：1-18.

　　③ DARLING-HAMMOND L. BARATZ-SNOWDEN J. A good teacher in every classroom：Preparing the highly qualified teachers our children deserve［J］. Educational Horizons，2007，85（2）：111-132.

常规惯例，又能在常规惯例不能见效的情况下寻找并应用新的策略。既然教师教育不能传授给教师所需要的一切知识，它就必须为其终身学习打下基础。

2. 教师教育项目目的：能够帮助未来教师发生改变

成功的教师教育项目设计要充分了解教师的实践是如何发展的，从而帮助未来教师发展。

首先，教师教育应该能够影响教师将关注的重点从自身转向关注学生及其学习，并提出一系列问题解决策略来帮助学生成功。有些教师始终不能够达到关注学生学习的阶段，如果学生不学习，他们不会觉得有必要调整教学；如果学生学习有困难，他们也不知道应该怎么办。教师教育要帮助教师参与分析学习，探讨将其与教学联系起来的策略，这有助于初任教师关注学习和支持学习。

其次，教师教育也要能够促进教师的教学思维水平从"新手"向"专家"发展，能够处理课堂生活的方方面面，能够参与学生的智力活动。教学专家，就像其他领域的专家一样，能够迅速分析复杂的情况，并利用许多知识来处理这些情况。教师也需要更广泛和更灵活的技能来实现他们的目标。教师教育可以培养教师分析教学的能力、丰富他们的教学策略储备以及不同策略何时可能有用的知识，来帮助初学者更快地向专家迈近。

最后，教师教育还要帮助未来教师形成作为教师的品性。其中最主要的是，教师要乐于不断地寻求与那些最初并不成功的学生的交往策略。成为一名专业人士不仅要"知道答案"，而且在课堂和学校层面上，还要有能力和意愿在必要时评估自己的实践以及寻找新的答案。教师教育帮助教师诊断出问题情境中到底发生了什么，例如探究学生不学习的原因，以及寻找其他资源或知识来解决问题，这样的教师教育才有助于培养作为教师的这种至关重要的品性。

3. 教师教育内容设计的基础：解决学习教学的问题

为了培养初级教师，使他们成为有能力继续学习的实践者，有必要解决三个与"学教"相关的常见问题：对教学的误解、实施教学的问题和教学复杂性的问题。

第一，对教学的误解。学习教学要求新教师有这样的认识，即教学与他们做学生时学到的相当不同。这些早期的学生经历给新教师带来的是关于教学和学习的强烈偏见。如果对教学的先入之见没有得到解决，未来教师可能会无意识地坚持无效的实践，而无法学习到更有益的方法。教师教育项目要想成功地改变未来教师对教与学的理解，就要利用他们对教与学的最初信念，以教学为切入点来揭露和面对错误观念。如利用结构化的讨论和对课堂的指导性观察，让教师候选人分享他们对教学的初步看法，从而解决这些问题。

第二，关于实施教学的问题。帮助未来教师学会有效地教学不仅要要求他们学会"像教师一样思考"，而且要要求他们还能把所知道的东西付诸行动，也就是所谓的"实施的问题"。教师必须能够做各种各样的事情，其中许多是同时进行的。培养一种具有权威性的课堂氛围，能很好地观察不同学生每时每刻在做什么以及他们的感受。教师要掌握解释、提问、讨论、给出反馈、构建任务、促进工作和管理课堂的技能等。如果良好教学所需的信息是在实践过程中出现的，那么教师候选人就需要有机会在他们的培养阶段以及入职的早期就进行持续不断的实践和反思教学。当详尽的实习指导和教学实习经验先于或与课程联合进行，师范生就能够更好地连接理论学习与实践，更加舒畅和自信地学习教学，更能依据对学生更为有效的方式实施他们所学的教学。

达琳-哈蒙德认为单靠经验并不能实现这些目标。对实践进行建模并分析它们如何、何时以及为何工作是关键。没有指导的未来教师往往只是学会应付而不是促进所有学生的学习，学生可能会学到不好的东西和很难改掉的习惯。教师在经历一个学习、实验和反思实践的过程时，要从同行和更专业的实践者那里得到反馈，从而磨炼自己的技能。这一过程反过来又加强了他们实施新方法和调整努力方向的能力，以使学生取得更好的成绩。

第三，关于教学复杂性的问题。教学的很多方面不能成为常规，经常会受到不断变化的学生需求和意想不到的课堂事件的影响。帮助初任教师学会系统地思考这种复杂性是极其重要的。发展常规教学是有帮助的，可以解放教师的注意力到其他方面；然而，仅仅提供常规教学并不能帮助教师发展诊断和教学技能，以应对那些需要不同方法或额外支持才能成功学习的学生。教师需要有多元的目标，因为他面对的是多样化的学生，由此教学需要整合许多不同领域的知识，教师要学会分析在课堂里发生了什么，依据他们所教学生的特殊情况，做出关于课程、教学、评价与课堂管理的恰当决定。

（二）教师教育课程体系围绕实践的整合性和一致性

人们批评传统教师教育理论不能联系实践，教师教育课程碎片化，不成体系，同时缺乏清晰的、取得共识的教学概念。基于此，20 世纪 80 年代教师教育项目开始进行改革，设计围绕实践的更具整合性和内在一致性的课程体系，强调优秀教学的一致愿景。

在阐明教师教育公共课程中应体现的核心概念和技能时，全美教育学院教师教育专业委员会（the National Academy of Education Committee on Teacher Education）采用了一个框架，该框架由许多教学标准声明中提出的三个交叉知识领域组织起来：第一，学习者的知识以及他们如何在社会环境中学习和发展（包括语言发展的知识）；第二，了解课程内容和目标，包括学科内容和根据科目要求、学生需要和教育的社会目的而教授的技能；第三，对教学的理解和技能，包括内容教学法知识和针对不同学习者的教学知识，这些知识源于对如何建设、管理和评估一个富有成效的课堂的理解。[①] 这些学习者、课程内容和教学之间的互动由两个重要的实践条件构成：第一，教学是一种具有一定道德和技术期望的专业，尤其是期望教师在合作中能够获得、使用和继续发展为了学生的共享知识。第二，在美国，教育必须为民主的目的服务。这意味着教师的目的是使年轻人充分参与美国社会的政治、公民和经济生活，也意味着教育包括教学的目的是支持公平地获得社会提供的东西。

教师教育课程的实现需要教师形成一个学习的共同体，在共同体中他们能够形成实践的愿景，获得关于教、学和学生的知识，如何使用他们所学知识的品性，允许他们实现自己意图和信念的实践，以及支持他们努力需要借助的工具。学习教学的框架图如下[②]：

---

① DARLING-HAMMOND L. Constructing 21st-century teacher education [J]. Journal of teacher education, 2006, 57（3）：300-314.

② DARLING-HAMMOND L. BARATZ-SNOWDEN J. A good teacher in every classroom：Preparing the highly qualified teachers our children deserve [J]. Educational Horizons, 2007, 85（2）：111-132.

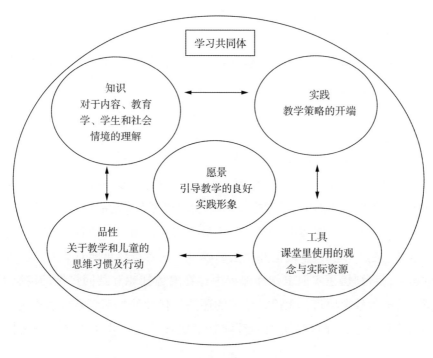

图 6-1　学习教学框架图

第一，教师教育课程包括教师对于他们要达成目标的认识，以及他们如何引领学生到达这个目标。良好实践的形象能够帮助新教师反思他们的工作，引导他们的实践，指导他们未来的学习。这样的愿景可以将重要的价值和目标与具体的课堂实践联系起来，为教师提供发展和评价他们的教学以及学生学习的基础。

第二，教师关于学科以及如何使学生接受学科知识的基础是他们对于学科内容以及学习过程的理解。教师需要掌握丰富、连贯的学科概念图，需要了解知识是如何在不同社会情境中发展和产生效用的，需要了解为什么这个主题是重要的，需要了解如何把与这个主题相关的知识传达给他人。那么反过来就需要教师了解学习者和他们的发展。

第三，为了把他们所知道的付诸实践，教师还需要开发在课堂上使用的工具。概念化工具包括学习理论和教学的观念（如最近发展区的概念或文化相关教学），实用性工具包括教科书、评价工具、课程指南和其他教学材料。

这些认识和工具需要被整合进一套实践中，以供在课堂上使用。这些实践可以包括教学活动，如解释概念、举行讨论、设计实验、开发模拟、计划辩论或组织写作工作坊。实践活动还包括设计和执行单元计划和日常课程、发展性评估以及提供建设性和具体的反馈。初任教师不仅要学习这些策略的内容，还要学习何时、何地、如何以及为什么要使用特定的方法。

第四，除了与工具和实践相关的知识之外，教师还需要形成一套关于教学、儿童和教师角色的品性或思维和行动习惯。这包括反思和从实践中学习的倾向；愿意对孩子的学习负责，有决心并坚持与孩子一起努力，直到他们成功；以及继续寻求新的教学方法，使学生取得更大成功的意愿。

最后，在专业共同体中学习教学才最有成效，例如有经验的同事与一群实习教师一起工作。共享规范和做法的教育工作者群体可能对学习产生特别大的影响，特别是在实地工作和课程中存在集体知识和共同目标的情况下。这意味着教师教育项目，无论是传统的还是替代性的，都需要与学校建立强有力的伙伴关系，让接受培训的教师分享实践标准，并共同努力将其付诸行动。

（三）教师教育实践中教学方法的综合运用

有效的教师教育项目提供结构化的机会来实践特定的策略，并在课堂上使用特定的工具。此外，在有效项目中，教师教育者使用学生学习的例子、课堂上的手工制品、教与学的录像和教学案例等来帮助未来教师将他们自己的课程学习与课堂实践中的实际问题联系起来。这些教学方法都不是"灵丹妙药"。每一种策略都有其独特的优势和局限性，但如果将所有策略结合起来，在提高新教师的学习方面具有极大潜力。

1. 教学实习

教师教育中最普遍的教学法就是指导未来教师实习，这对于教师的学习具有深远的影响。达琳-哈蒙德提出成功的临床培训有以下特征：明确目标，包括使用标准来指导要达成的行为表现和实践；由更专业的教师教学作为良好的实践范例，未来教师们要在其中展示自己的想法；有足够多的实践机会，同时有持续不断的形成性反馈和指导；有多种机会将课堂教学与大学课程学习联系起来。

　　在最初的临床工作中提供支持是至关重要的，它可以使初级教师能够理解他们的经验，并从中学习。初学者需要获得示范、指导和反馈，专家的指导和同行的支持非常重要。项目设计包括更多的早期实践经验和更长时间的教学实习，并需要与课程学习相结合，特别是在适应阶段的教学愿景与教师教育项目课程教学实践相一致的情况下，将对教师的实践、信心、效率和长期教学信念产生影响。在项目中，教师候选人最初在专家课堂教学进行协助和教学实习，然后逐渐转换到在实践导师或同事团队的指导下逐渐独立教学，他们在他人帮助下撰写教案，接受指导，来解决出现的问题。达琳-哈蒙德认为教师教育必须面对的核心问题是如何在实践中培养对实践的学习和借鉴。通过让未来教师想象来教会他们如何教学是不可能的，再多的课程作业也抵销不了影响教师实际工作的强大的经验教训。

　　2. 教学档案袋

　　鉴于临床经验提供的实践机会往往具有偶然的性质，可能无法确保未来教师遇到某些教学问题或发展和展示特定技能的机会，因此更结构化的绩效任务可以为实习教师展示和分析某些实践及其影响。最突出的例子是包含表现性评价任务在内的教学档案袋。

　　教学档案袋是教师工作材料的集合，如教案、作业、学生作业样本和教师工作的录像。档案袋被用于帮助候选人记录他们对入职所需的教学实践标准的掌握情况，包括表现性评价任务，如实习教师设计一个单元、在单元内讲授一套课程、制订评估计划、分析学生的作业样本、反思他们的教学成果和修改他们的计划。有证据表明，教师可以从完成和评估这样的档案材料中学到很多东西，部分原因是它们将教师的反思集中在用于评估档案材料的特定内容的专业标准上。根据教和学的共同标准，对教学实践进行审查、修订和讨论，有助于巩固和聚焦重点。此外，这些标准可以作为衡量绩效的公共标准。

　　另外，使用真实的课堂材料可以使师范生和教师教育者共同检查和分析所有人都可以获得的"共同文本"。通常情况下，教师教育者会让学生检查其他教师编写的文本和他们自己的教材；实践产生对话和多点反馈，主旨是关于他们作为新教师不断发展的实践。它也有助于形成一种关于良好教学和认真学习属性的共同语言。

3. 教与学的分析

在实践中学习和从实践中学习也可以通过使用课堂计划、录像和工作样本等"实践的战略文件"来实现。除了档案袋要求的教与学的审核之外，一些教学学者还开发了录像和多媒体工具来密切研究专家教师的工作，分析出专家教师教学构件的优点，包括：它为新教师提供了思考通过研究资深专家的工作来提高课堂的复杂性的机会，这些专家分享他们的实践和推理以及学生成绩；它可以帮助新教师和教师教育者建立一种关于教学的共同理解和共同语言；它使新教师有时间进行反思和回顾（这在实时的课堂观察中是不可能的），且仍然使用真实的实践材料。

重要的是，这些材料也可以支持学习的分析和加强教与学之间的联系。使用学生学习样本和其他表现性证据（学生解决问题的录像、测试表现的聚合数据），可以分析在教学和学习过程中出现的许多问题，包括从学生参与的挑战、学生理解和评估，到有关如何设定主题课程等问题。针对教与学录像的研究表明，当教师小组反复分析这些类型的材料时，他们的分析和谈话从关注教师及其所做的事情，逐渐转向关注学生的思考和学习，以及如何支持它。

4. 案例方法

教师教育项目还可以通过阅读和写作的案例教学帮助教师候选人在理论和实践之间架起桥梁，培养其反思和仔细分析的技能。案例可以让我们探索真实课堂中出现的困境，在特定情境和更广义的教与学理论之间建立起一座桥梁。

一般来说，案例是对教与学的描述，其提供情境的仔细描述，并分享关于课堂情境结果的证据或数据。在教师教育项目中，师范生能够阅读和分析案例，通过困境进行辨别和推理，并提出应对问题的策略。学生也可以写案例，学习通过理论的视角来表现他们的经验，并进行分析。案例可以有多种视角：有的以学生为中心，教师通过访谈、观察、收集和分析数据进行儿童案例研究，以便更好地了解学生的学习、发展进程、特殊需求，以及学校、家庭和社区环境的影响，从而培养教师观察和分析学习与发展的证据的能力，探究教师如何设计教学来帮助学生掌握学习内容；有的关注课程与教学的个案分析，侧重教学的发展和教学中特定概念或观念的困境，以回顾教师的意图与学生的学习之间的关系，以及教学如何在两者之间起中介作用。涉及困境的案例经常被用来说明长期的教学挑战，如道德困境、人际关系困境或文化差异，其能促使教师思考、解决和分析这些挑战。

研究发现，良好的案例教学可以帮助教师发展推理技能，转向更专业、更关注学生的思考，更系统地观察对学习的不同影响，理解理论如何与具体实践联系起来，进而与结果联系起来。然而并不是所有的案例教学都可以产生这样的结果。达琳-哈蒙德指出："如果没有发展洞察力、提出不同观点并在理论和实践之间建立桥梁的学习机会，案例可能只会成为有趣但没有教育意义的教学故事，用以强化特殊或统一的教学观点。"①

5. 调查与行动研究

达琳-哈蒙德认为教师教育要教给师范生一套工具，以便他们在整个职业生涯中能够学会从教学中学习。这套工具能够发展教师系统的、有目的的调查和批判性反思的技能和实践。许多教师教育者通过让师范生参与对课堂和学校的系统化研究来培养这些能力。这样的经历不仅可以帮助教师处理实践的复杂性，还有助于克服他们先入为主的教学观念的局限性。

实践者调查的过程包括研究或调查过程的所有方面：确定具有强烈兴趣的问题（可以是关于教学和学习的特定问题，也可以是关于学校和社会的更广泛的问题）；通过数据收集来探讨这些问题（可能包括对儿童的观察、课堂或其他观察领域的笔记，访谈儿童、家长或其他教师，学习结果分析或图书馆研究）；通过书面文本（期刊条目、研究备忘录）和与同行、导师、专家教师的讨论来反思问题。

实践者研究可以帮助教师培养反思和分析的习惯，以及数据收集、观察、分析和反思的重要技能。它还可以帮助教师学习如何仔细观察学生，并定期评估课堂上哪些东西发挥了作用，哪些没有发挥作用，同时为他们提供测试

---

① DARLING-HAMMOND L, HAMMERNESS K. Toward a pedagogy of cases in teacher education [J]. Teaching Education, 2002, 13 (2): 125-135.

假设的工具，以便他们可以调整自己的实践。最后，这些类型的调查探究经常激发教师参与更进一步的学习，因为他们通过研究遇到了新的知识领域。

教学实习、绩效评估和档案管理、教与学的分析、案例方法和实践者调查等教师教育的教学方法，旨在支持教师在实践中学习和从实践中学习的能力。每种方法都以不同的方式帮助新教师构建愿景、知识、工具、实践和品性，以反思和分析他们的实践。这些教学方法之间的相互关系也很重要。它们之间的互补可能更加有力，一些教学方法（如案例研究）可能在项目早期特别有用，而另一些方法（如课堂研究）可能在实习教师有机会批判性地审视自己的教育经历时发挥最佳作用。

（四）优秀教师教育项目的特征及效果评价

达琳-哈蒙德考察美国众多教师教育项目之后，总结优秀的教师教育项目特征包括：以发展、学习、学科教学法、评估以及实践情境中的教学为基础的共同核心课程；用来指导课程工作与临床工作设计与评估的定义明确的实践和绩效标准；与课程教学相互交织在一起的丰富的临床经验（至少30周），并得到认真指导；大学和学校之间关系紧密，课程教学与临床指导共享良好的教学标准；使用案例研究方法、教师研究、绩效评估和档案袋审核，将教师的学习与课堂实践联系起来。优秀的替代项目特征包括：入门标准高；在学科教学、管理、课程和与不同学生合作方面提供扎实的教学培训；由仔细挑选过的、训练有素的教师教育者提供密集的指导和监督；向候选人展示优秀的教学和良好的实践模式；在合作伙伴之间建立牢固的关系；在候选人承担起老师的全部责任之前在教案和教学方面提供大量的实践指导；有较高的毕业标准。

另外，达琳-哈蒙德还强调对于教师教育项目成效非常重要的三点看法。[1]首先，课程之间、课程学习与学校临床工作之间的紧密一致与整合，对传统的项目组织、人员配备和运作模式构成了挑战。其次，传统的教师教育模式需要加以改变，要强调全面的、严格监督的临床工作的重要性，同时临床工

---

① DARLING-HAMMOND L. Constructing 21st-century teacher education [J]. Journal of teacher education, 2006, 57 (3): 300-314.

作还要与课程教学紧密结合，这样就可以使得候选人能够向为不同学生服务的学校专家的专业实践学习。最后，在学校教育和教师培训的内容上要体现连接理论和实践的策略。教育学院必须设计课程，帮助未来教师深入理解有关学习、社会和文化背景的广泛事物，并在复杂的课堂上教授能够将这些理解应用于日益多样化的学生。这就意味着，教师教育事业必须越来越远离大学，与学校更加密切地接触，在这样一个相互转变、重新建构关系的过程中，必然充斥各种争斗与混乱。达琳-哈蒙德认为20世纪80年代以来的教师专业发展学校就是一种实践性和协作性很强的模式，这种环境本身就可以作为教师的学习经验。

　　教师教育评估结果的衡量首先需要定义我们期望教师教育在候选人的知识、技能和性格方面实现和影响什么，其次是衡量这些东西的手段。科克伦-史密斯提出从三个方面来衡量教师教育的结果：（1）通过教师候选人专业表现的证据来衡量；（2）通过教师测验分数的证据来衡量；（3）通过对教学实践和学生学习影响的证据来衡量。[1] 2006年达琳-哈蒙德发表文章介绍关于过去5年的斯坦福教师教育项目的一套研究和评估策略。该项目以史密斯的观点为基础，开发并验证了一种教师绩效评估体系，用于检查计划、指导、评估学生教师对专业实践标准的反思能力。

第五节

多元文化教师教育思想

　　美国学校与社会中的族群、种族、文化与语言的多样性日益突飞猛进，已经成为其生活的关键特征。美国多元文化教育兴起的直接推动力是20世纪60年代爆发的反对种族歧视、争取种族平等的民权运动，是当时社会政治背景的产物。在这种少数族裔政治需求斗争的影响下，多元文化教育持续不断地发展、成熟。80年代以后，多元文化教育内涵的教育意义逐渐大于政治意

---

[1]　COCHRAN-SMITH M. Constructing outcomes in teacher education［J］. Education policy analysis archives，2001（9）：11-17.

义，其目标和功能也日益丰富起来，其核心从强调对于少数族裔群体的某种补偿转向促进提高普通教育的全面品质。

20 世纪 60 年代，越来越多的少数族裔群体提出增加受教育的机会，以及了解本族裔在美国历史、文化和社会中的地位与贡献等的需求。高校相继改革教育和教师教育课程，开设有关各族裔文化历史的新学科，修订教材内容，使之反映民族文化特点。① 另外，美国校园少数族裔学生数量急剧上升，但教师队伍仍以中产阶级白人女性为主，与学生的文化差异使她们的教学步履维艰。对于她们的传统教学观念和教学方法而言，少数族裔学生对多元文化的渴望是不折不扣的挑战。美国 4000 所公立学校 80% 的教师表示自己难以胜任来自不同种族、不同阶层、不同语言文化背景的学生的教学工作。② 然而，根据美国人口普查局的预测，到 2040 年，白人血统的学生将不到学龄人口的一半。

一、多元文化教师教育实践的形成与发展

美国内战后，南方重建时期，开始出现既培养黑人教师也培养白人教师，实施种族隔离的州立师范学校。1871 年密西西比霍利斯普林斯县开办第一所州资金支持的专门培养黑人教师的师范学校。1954 年，美国高等法院《布朗教育法案》尘埃落定，该法案在两个方面推动了教育改革运动。首先，取缔隔离学校以及融合的结果就是种族多样化班级的出现；其次，培养能够对所有学生进行有效教学并尊敬每一个学生的教师是绝对必要的。③ 此后十余年间，最受影响的是南方各州及其周边学校，31584 名非裔教师由于黑人学校关闭或并入白人学校而失业。1978 年到 1983 年间，作为美国教师教育学院协会成员的黑人学院培养新教师的数量下降了一半。但另一方面，人们也在努力将可有可无的多元文化变成教师教育不可或缺的一部分。

---

① 吕光洙. 美国教师教育与多元文化的共生关系分析 [J]. 比较教育研究，2018，40（2）：76-82.

② GORDON M M. Assimilation in American Life：The Role of Race, Religion, and National Origins [J]. Population, 1966, 21（2）：416.

③ SMITHE B. Approaches to Multicultural Education in Preservice Teacher Education：Philosophical Frameworks and Models for Teaching [J]. Multicultural Education, 2009, 16（3）：45-50.

美国多元文化教育理论渊源可追溯到"熔炉论"与"文化多元论"。"熔炉论"是 1782 年由法裔美国学者德克雷弗柯（J. Hector St. John De Crevecoeur）在《一个美国农人的信札》中首次提出的。"熔炉论"中的"多元"是"熔众为一"，有别于"以一化众"，逐渐成为"美国化"的舆论基础。20 世纪 20 年代，犹太籍哲学教授凯伦（Horace M. Kallen）从民主的角度批评传统的"熔炉论"，提出文化多元论（cultural pluralism），认为美国社会有许多亚文化群体，每个亚文化群体都有自己的方言与说话方式、思维方式，都在学习并运用英语来参与国家共同的经济与政治生活。美国形成一个联邦国家的过程不仅意味着地理与行政的统一，而且意味着多样性文化的联合。在文化多元论的启蒙下，20 世纪 30 年代在民间兴起了关于少数族裔教育问题的讨论。四五十年代产生了"跨文化教育或跨族群教育"运动。所有这些都为战后多元文化教育的兴起奠定了理论、实践与社会舆论的基础。

因此，在美国教育实践中形成两种文化理解的取向：同化主义立场与多样性立场。同化主义即文化和语言的同化，一直是美国教育的普遍目标。也就是说，学校的首要目标是消除文化和语言的差异，并给所有儿童灌输一套通用的价值观。同化主义思想渗透于美国公立学校实践之中，主要目标是将移民美国化，这种同化主义的学校政策和做法的深层原因，是对文化和语言多样性会威胁到社会团结的根深蒂固的恐惧。① 这一思想也暗含着一种普遍信仰，即在美国占主导地位的群体所有的语言和文化在本质上优于其他群体的语言和文化，尤其是那些有色人种群体。多样性立场认为各种文化和语言的存在在整体上丰富了这个国家。多元论的支持者倡导保护语言和文化的差异，而不是各群体间的分离。他们认为不同群体相互尊重的互动和沟通对于所有的社会都不可或缺。多元主义者坚信，没有一个群体优于其他群体，所有的文化都同样珍贵。因此，学校教育的目标应该是容纳不同文化群体的多种认知、学习以及行为方式。这种思想体现在多元文化教育理念之中，也逐渐开

① 维莱加斯. 多样性与教师教育［M］// 史密斯，尼姆塞尔，麦金太尔. 教师教育研究手册：变革世界中的永恒问题（第三版）［M］. 范国睿，等译. 上海：华东师范大学出版社，2017：560.

始影响美国的教育实践以及教师的培养。

正是基于以上认识，1971 年，主题为"迈向文化多元主义教育和教师教育"的全国性会议在芝加哥召开，会议探讨了在多元文化条件下教师培训者的培训和培训机构的问题，为多元文化教师教育的形成打下坚实的基础。会议提出要将多元文化纳入教师教育项目，应动员社区、中小学和大学参与到培训教师的活动当中，并提出多项建议。1972 年，美国教师教育学院协会召开有关多元文化教育的第一次会议，并发表纲领性文件《没有同一模式的美国人》（No One Model American），清晰地表达了多元文化教育的理念，明确拒绝把同化和分离主义作为教育目标。同时指出教师教育应向传统教育提出挑战，把多样性作为宝贵资源并加以充分利用。教师教育项目的多元文化教育不是单纯在已有项目中简单嫁接的特别课程或学习经验，而是要把文化多样性的回应渗透到教师教育的方方面面。最早倡导将多元文化教育观念纳入教师教育项目评估的是全美教师教育认证委员会。1976 年，该委员会提倡教师教育项目要加入多元文化教育内容，获取教师培养资格的机构应在培养项目中实施多元文化教育。1977 年，该认证委员会修订教师培养机构评估标准，多元文化教育首次以官方文件形式纳入教师教育项目中。文件要求教师教育机构的教育学基础课程要涉及多元文化内容，强调所有教师候选人必须接受多元文化的课程及训练。

卡内基 1986 年的报告《国家为培养 21 世纪的教师做准备》（A Nation Prepared：Teachers for the 21st Century）提出了一项霍姆斯报告完全忽略的建议，即"组织全国资源来培养少数族裔年轻人从事教学"。报告还进一步加以阐释："与其他人相比，我们提供给适合少数族裔与贫困儿童的教育在质量上往往不能得到保证。他们往往先于其他儿童被甩出教育的轨道。结果是若要得到充足数量的少数族裔教师，我们就需要使教学这项事业更具吸引力。单纯依靠以优秀学术成绩本科毕业的少数族裔学生来满足不断增长的少数族裔教师的需要是远远不够的。只有下大力量改善少数族裔与贫困学生从小学到研究生院的教育状况才能够有效地解决问题。"这里，他们讨论的问题几乎与安布罗斯·卡里弗（Ambrose Caliver）1930年代早期在关于"黑人教师的教育"报告①中讨论的问题相差无几。

　　1987年，卡内基报告面世的第二年，美国教师教育学院协会在威斯康辛的展翼会议中心召开会议，形成一份题为"少数族裔教师队伍的招募与建设：一项公共政策"（*Minority Teacher Recruitment and Retention：A Public Policy*）的报告。多元文化教师教育的任务和内容由此得到进一步规范，要求教师在进行资格审核时必须完成多元文化相关课程。至此，多元文化教育逐步成为教师教育项目不可或缺的一部分。② 1990年美国最大的倡导多元文化教育的组织，即全美多元文化教育协会（National Association for Multicultural Education，NAME）成立，该组织对多元文化教育各方面进行调查研究并提出许多政策建议，其中就包括多元文化教师教育。也正是在全美多元文化教育协会倡导下，许多教师教育机构纷纷开设多元文化课程。同时，美国教师教育学院协会也持续关注该议题，1992年时任该组织高级研究主管的玛丽·迪尔沃斯（Mary E. Dilworth）编辑出版了产生重要影响的《教师教育的多样性：新的期待》（*Diversity in Teacher Education：New Expectations*）一书，该书不但强调了美国应该培养更加多样化教学力量的重要性与紧迫性，而且拓宽了讨论的范围，即从对非裔美国教师的关注扩大到包括拉丁裔和亚裔教师的招募与支持。③

　　2001年全美教师教育认证委员会颁布认可教师教育机构的6项标准，其中第4项标准为多样性，即按照多样性设计、实施、评价课程及实践，使准教师获取必需的能帮助所有学生学习的知识、技能及素质。该标准要求所有职前教师应具备以下能力：（1）能够理解文化多样性与不平等在教学中的作用；（2）能够设计体现多样性的教学活动；（3）能够了解不同群体的学习风格；（4）能够利用文化特点进行教学；（5）重视所有学生的平等与社会公

---

　　① CALIVER A. The Negro teacher and a philosophy of Negro education［J］. Journal of Negro Education，1933：432-447.

　　② BANKS J A. Multicultural Education：Historical Development，Dimensions，and Practice［J］. Review of Research in Education，1993，19（1）：3-49.

　　③ DILWORTH M E.（ed.），Diversity in Teacher Education：New Expectations［M］. San Francisco：Jossey-Bass，1992：44.

正。但进入 21 世纪以后，新保守主义开始对教师教育项目中教师所接受教育的内容，特别是多元文化教育部分进行抨击，导致全美教师教育认证委员会从教师教育项目资格认证标准中取消了"社会公正"一词。① 2002 年，美国教师教育学院协会出版《为文化和语言多样性培养教师：呼吁行动》（*Educator's Preparation for Cultural and Linguistic Diversity：A Call to Action*）。在该文件中，美国教师教育学院协会再次拒绝同化，明确表示支持语言和文化的多样性，呼吁教师教育机构采取行动，通过支持母语发展与美国土著文化和主流文化的相互包容等措施，为美国学校中语言学习者的教育公平而努力。

因此，有学者指出多元文化教师教育就是要培养多元文化教师，要使未来教师具备所需要的多元文化知识、品性、教学技巧，在语言、文化多样性的课堂中成为文化回应的实践者。② 从思想层面而言，詹姆斯·班克斯是美国多元文化教育思想的重要开创者之一，他的研究涉及多元文化教育的方方面面，其中也包括了关于多元文化教师的讨论。因此，班克斯讨论的是对多元文化教师比较宽泛的整体性要求。杰尼瓦·盖伊则是从文化的角度强调教师应该作为文化经纪人的角色，多元文化教师教育应该培养教师具备文化回应教学能力。蔡克纳和格兰特等人收集大量多元文化教师教育的文献，进行批判性分析研究之后，提出多元文化教师教育项目的设计原则，并于 1996 年提交美国教师教育学院协会年会讨论，1998 年发表相关文章，共计提出 14 条设计原则。③

二、詹姆斯·班克斯的多元文化教师教育思想

詹姆斯·班克斯（James Banks）被美国教育界及社会学界视为"多元文化教育"的重要创始人之一。班克斯 40 余年的研究几乎触及了多元文化教育

① 蔡克纳，刘祯干. 新自由主义思想和美国教师教育的变革 [J]. 基础教育，2009，6（4）：7-12.

② SMITH G P. Desegregation and Resegregation after Brown：Implications for Multicultural Teacher Education [J]. Multicultural Perspectives，2004，6（4）：26-32.

③ ZEICHNER K M，GRANT C，GAY G，et al. A research informed vision of good practice in multicultural teacher education：Design principles [J]. Theory into practice，1998，37（2）：163-171.

领域的每一个主题，创建了一个涵盖方法、层面、范式、课程教学、教师教育和评估理论等在内的多元文化教育体系，旨在帮助针对族群、语言及其他文化多样性研究与教学的教育工作者提供完整路径，以培养学生在多样性的国家和世界中成为有知识、技能和良好态度的人。班克斯对多元文化教育进行整体建构，使美国的多元文化教育理论系统化。

1995年，班克斯与妻子麦柯吉·班克斯（Cherry. A. MeCee Banks）编写的《多元文化教育手册》（*The Handbook of Research on Multicultural Education*）出版，2003年再版，受到广泛关注和评论。2012年班克斯编纂的《教育多样性百科全书》（*Encyclopedia of Diversity in Education*）出版，成为迄今最为全面及权威的关于多元文化教育的参考资料。至此，班克斯完成了从边缘化走向中心化的进程，开拓并丰富了美国研究领域，在美国多元文化教育领域独领风骚。

（一）班克斯多元文化教育理论

班克斯对于20世纪70年代美国流行的两种主要意识形态——文化多元主义和同化主义理论都进行了批评。同化主义要求学生都应融入共同文化并成为民族国家的贡献者，但是其文化往往只是盎格鲁-撒克逊文化，忽视了美国是由不同群体组成的社会现实；文化多元主义在分析美国的族群重要性及其与个体关系上是有用的，但是文化多元论者夸大了美国社会的文化多样性，并忽视美国的共同文化，忽略同化主义对促进美国社会融合的贡献，甚至过度宣扬族群性所造成的族群差异。因此，班克斯提出多元文化意识形态，认为在一个开放的社会中，个体可以公平地获得所有社会、经济与政治的机会，同时保有鲜明的族群、文化特色与认同，不会因为他们各自的血缘或是族群认同而受到限制，他们可以完全参与社会；同时，他们也能够在其他族群文化中展现自己，只要他们没有违反诸如正义、平等与人性尊严等国家法律的基本信念。这是一种居于文化多元论和同化主义之间的意识形态。多元文化意识形态在尊重与保留少数族群文化之余，也强调整个社会必须要有共同文化，才能够真正促进不同族群间的相互融合与尊重。

班克斯将多元文化教育定义为"为不同的文化、族群和经济阶层群体增进教育平等的全方位的校园革新"①。多元文化教育至少具有三种属性：第一，多元文化教育是一种教育思想或理念。所有学生在学校中都应该享受平等的教育，不论他们属于哪一性别、民族、种族、文化、社会阶层或具备何种语言宗教信仰，或处于天资优良或残障的状况。第二，多元文化教育是一场教育改革运动，它需要改变学校教育体系中因为学生的族群、语言或宗教的不同而产生的不良影响，以保证少数群体学生取得成功的平等机会。多元文化教育所带来的改变涉及整个学校和教育系统，绝不仅仅局限于课程改革本身。第三，多元文化教育是一个持续的过程。社会中存在的偏见和歧视由于族群差异的存在而难以消除，这就使得多元文化教育注定成为一个持续不断的进程。

（二）班克斯多元文化教师教育思想

班克斯曾经做过小学教师，他深刻地意识到教师是教育中最重要的能动因素。班克斯提出多元文化教师的特征，认为多元文化教育的教师是革新性学者与知识分子的领导者，是学校变革的执行者。②

为了培养这样的多元文化教育的教师，班克斯建议师资培育课程内容除了包含社会科学知识外，还要通过多元文化教育培训使他们了解多元文化教育的教学体系，要使教师本人建立和谐的文化认同，具有正向的群际与种族态度，从而在教学过程中，教师可以处理群体对立与价值差异等问题。班克斯认为只有教师具备反思性的民主价值与实践课程的知识与技巧，才能够让学生真正获得参与民主社会改革所需的承诺与能力。

首先，班克斯强调教师要在职前教育和在职培训中能够探寻并明晰自身的族群与文化认同感。教师也要了解如何培养学生的认同感，并使他们能够有效地参与共同的公民生活。早在1972年他就开始呼吁教师在课堂中讲述关于不平等和差异问题，并指出教师在任教之前要质疑自身的各种假设和偏见。教师不仅将不同的文化观点、价值观、思想带进课堂，还有可能将他们的偏

---

① BANKS J A, BANKS C A. Multicultural Education：Issues and Perspectives［M］. Hoboken：John Wiley & Sons, Inc. 2007：25.

② 朱姝. 詹姆斯·班克斯教育思想研究［M］. 北京：民族出版社，2014：146.

见与误解带进课堂。教师本身的价值观和视角在很大程度上影响着他们在课堂中传递给学生信息的方式。教师在教学过程中了解自身及文化价值观与认同感非常重要，只有这样才能帮助学生形成明晰的族群及文化认同，并能够积极地与具有不同文化认同感的学生互动。因此，班克斯认为教师的态度、观点和素质比教材更重要。教师对学生来讲是具有重要影响力的，因此需要对少数族裔学生及其文化有更正面积极的态度，才能够帮助他们产生积极的态度和自我认知。

其次，教师还需要明确了解主流课程建立基础的不同范式、制定标准及知识体系。经过思考与分析，教师能够辨明教学课程中的不完整信息及误导性的或者具有种族问题的知识。也就是说，教师应该熟悉关于族群文化的知识，要敏感于种族主义的问题。教师要有能力辨识美国社会及科学知识中的种族问题，这也是教师教育重要性的体现。教师需要将课程中呈现的社会现实祛魅化，并推进文化自由。班克斯还建议教师可通过家族史项目来分析族群、阶层及性别等因素对个体成长的影响，从而更深入地了解族群与文化的知识。① 教师要通过自身理解来重建关于族群与文化的知识，从而帮助学生分析不同范式与理论所建构的理论。教师要首先成为社会变革的行动者，才能赋权于学生，促使他们追求平等与自由。

再次，教师需要具备良好的教学能力。第一，教师要具有选择教学知识和设计教学方法的能力。知识隐含价值观与意识形态，教师在选取知识材料的时候体现的就是一种价值观的选择。因此，教师需要了解不同知识背后的价值观，以及持有这种价值观所导致的结果。第二，教师需要帮助学生掌握做决策的能力及政治行动的技能。班克斯认为教师培训需要使教师了解知识的局限性以及偏见是如何影响社会科学理论的。教师在学习社会学、人类学及政治经济学时，应该了解社会科学家是如何收集并处理数据的。班克斯认为，关于社会科学家的经验性观点的研究可以让教师了解到知识是多么的具

---

① BANKS J A. Educating Citizens in a Multicultural Society ［M］. New York：Teachers College Press. 2nd edition，2007：38.

有实验性、局限性及文化偏见。① 从多元文化立场来看，教师的任务应该是帮助少数族群学生提升他们的自我认知，对自身文化有更积极的认识，并产生政治效能感；同时要帮助学生能够掌握将自己从身体及心理的压迫中解放出来的能力。

最后，关于多元文化教师需要掌握一些教学策略。班克斯提倡教师帮助学生理解各种类型的知识，让他们加入到知识建构和对立观念的争论中去。通过教学让学生对历史和当下形成自己的理解，让他们对自己、利益和理念有正确的认识。多元文化教育培养的是能适应多元文化社会的人才。班克斯也强调要培养学生的批判性思维，让他们获得参与民主行为的知识、态度、技能和决心，并让这些成为拉近理想与现实的动力。

具体来说，班克斯提出多元文化教育的教师应该采用概念法来教学。概念法的课程与教学围绕不同学科的主要概念与原理组织，有助于学生综合学习大量信息。设计多元文化概念课程包括以下几个方面②：第一，找出组织课程的重要概念，比如族群多样性、移民、同化等。这些与文化、族群相关的概念可以侧重某一学科，也可以是跨学科的，应该具有学科的有效性，能够引导学生进行有深度和广度的思考。第二，找出与每一个概念相关的原理。第三，为每个概念找出中等难度的原则。第四，先从具有较低难度的原则入手来教授概念。第五，为这些概念和原则设计教学策略和活动。

另外，班克斯还指出可以使用文化体验式教学。如议题讨论教学可以帮助学生从多样族群观点重新审视社会问题，以关键概念或社会议题的方式进行教学；使用价值探究模式，让学生针对一些需要被深度检视的议题提出自己的价值判断，最终发展出符合其道德标准的个人或公民行动；学生通过家族史了解自己的文化经验与其他文化的不同之处，以便与其他文化族群建立更为正向的关系；个案研究或角色扮演的教学方式是一种建构学生知识观的实践方式。

班克斯指出有效专业发展项目教师培养的职责包括：（1）揭示并辨识教

---

① BANKS J MCGEE-BANKS C A A. Teaching Strategies for the Social Studies：Decision-Making and Citizen Action ［M］. New York：Longman, 1999：412.

② 朱姝. 班克斯多元文化理论在美国教师教育中的应用 ［J］. 中国民族教育, 2013（10）：42-44.

师对于种族、族群、语言和文化群体的个人态度；（2）学习国家以及学校中存在的多样种族、族群、文化与语言群体的历史与文化；（3）了解存在于不同族群与文化共同体内部的多样性视角；（4）了解并识别学校、大学与流行文化中顽固残存的关于种族与族群的模式化的陈词滥调；（5）掌握形成与实施公平教育学所必备的知识与技能。班克斯所谓"公平教育学"是指为全部学生都能获得学校中学术与社会的成功提供平等机会。①

班克斯对于多元文化教育教师的理论与设计过于理想和乐观，现实中，多元文化教育者必须在非民主的教学环境中工作，而且教师为了学生的利益而改变世界的能力是十分有限的。

三、杰尼瓦·盖伊文化取向的多元文化教师教育思想

（一）多元文化给教师带来的挑战

杰尼瓦·盖伊（Geneva Gay）指出，到 20 世纪 80 年代，多元文化教育日益丰富的内涵对于培养能够在多元文化的学生与议题方面有影响力的教师提出了许多新的挑战。

首先，是文化中断问题。行为科学研究表明，学校教育的失败并不能归咎于个体学生和教师，而是要在不适配的问题上找原因，也就是说，学校教育与多样性群体之间和文化体系之间缺乏融合。这种现象被一些研究者称为"文化不兼容"。多元文化学生之所以不能在学校教育中取得成功，是因为他们的学习方式与学校期待和标准不适配，而不是他们缺乏志向、动机、抱负或者学术潜能。

其次，心理情绪层面文化中断问题导致学生产生紧张和焦虑情绪，而紧张和焦虑与学习任务表现呈负相关。心理情绪压力越大，教与学的任务就越难以完成。学生往往陷入博伊金所说的"三重困境"之中②，他们要同时在

---

① BANKS J A. Multicultural Education：Historical Development，Dimensions，and Practice［J］. Review of Research in Education，1993，19（1）：3–49.

② BOYKIN A. W. The triple quandary and the schooling of Afro-American children［M］// Neisser U.（Ed.），The school achievement of minority children：New Perspectives. Hillsdale，NJ：Lawrence Erlbaum. 1986：57–92.

三种不同的经验领域博弈：主流学校文化，他们出生的族群文化，以及被视为受压制的、无能为力的、不受重视的少数族裔群体成员。无论学生还是教师在这样的环境中都无法表现良好。然而，研究却表明族群和社会多元化的学生在他们自己的文化共同体与社会情境中是极有才能的，但是这些才能并没有必然地迁移到学校教育之中。

第三，所有个体并不是在所有的智能领域都具备同等能力，有些个体擅长艺术，有些更擅长科学、机械、文学或音乐等等。虽然有加德纳提出的多元智能理论，也有学者讨论针对不同学生的优势如何教学，但教师还是不能够在不同文化体系中运用这些原则。他们还是会假设学生在一个领域能力不足，其他所有的领域也就都是如此。盖伊指出教师应该建立"情境能力"的概念，以及所有学生都是能够胜任某种环境、某种事情而不是全部事情的认识。

第四，教师的挑战在于判定不同学生带进课堂的个体优势与文化能力，并在此基础上设计学习进程。研究者指出学习的基本原则是建立在以往学习基础上的新知识学生才更容易掌握，这既包括学习的内容，也包括学习发生的结构、条件与环境。那么习惯于在校外非正式社会关系和群体结构中活动的学生，如果在课堂中还能够拥有熟悉的氛围，那么他们的表现一定会更好。这种连续性就需要"文化情境教学"（cultural context teaching）。也就是说，教师要把教与学的结构与技术融入多元族群、种族和社会群体的文化框架之中。文化情境教学就是要整合教与学的多种文化风格，从而形成文化兼容的课堂，真诚邀请所有学生，为他们提供机会全身心投入到学术追求之中，不歧视任何一个群体。

（二）培养作为文化经纪人（cultural broker）的教师

盖伊指出，一名师范生要获得教师教育项目的毕业证书或教师资格证，必须深入了解在教与学的过程中文化条件起作用的动态方式。教师教育项目应该教给教师如何在多元课堂中成为一名文化经纪人①，能够胜任文化情境教

---

① GENTEMANN K M., WHITEHEAD T L. The cultural broker concept in bicultural education [J]. The Journal of Negro Education, 1983, 52 (2): 118-129.

学。教师作为文化经纪人，是指教师要完全了解不同的文化体系，并且能够把一种文化体系的符号向另一种进行解释，能够调解文化的不兼容，了解如何在不同文化之间建构桥梁或联系，以促进教学过程。① 作为文化经纪人，教师要把富有表现力的文化行为赋予教育学意义与行动。他们在多元文化体系内不断协商，处理得恰到好处，并不对任何文化的完整性有所损伤。他们要提供机制来保证在多元族群和社会文化与主流学校文化之间建立连续性。作为文化经纪人，教师是双文化演员，能够跨越和融合不同文化体系，把族群文化要素整合进课堂教学规划、进程和实践。

盖伊认为教师教育项目培养教师成为文化经纪人主要包括以下三方面。

首先，师范生要学习的文化知识包括三方面：（1）学习有关不同族群和文化群体具体特征的事实性信息；（2）了解这些文化特征的教育学意义；（3）形成文化情境教学哲学。学习文化多样性知识可以有两种基本途径：第一是从有关不同族群和文化群体的研究和学术积累中学习；第二是从各种文化社区参与性观察所获得的亲身经历中学习。文化内容课程要辅以教育讨论会，主要有三个目的：第一，教育讨论会要探索嵌入文化内容的教育学原则与实践；第二，教育讨论会也可以是实地实习，师范生可以集中精力在多元文化学校现场通过参与式观察，记录他们所学习的文化特征是如何在真实的课堂中表达出来的；第三，教育讨论会应该帮助师范生形成文化情境教学哲学，强调师范生要把课堂上的文化多样性看作一个充满活力的、创造性的丰富的现象来理解与欣赏。

其次，要使师范生成为促进变革的人。促进变革的人要致力于体制改革，并具备能力把文化多样性吸收进学校教育与课堂教学的规范进程。教师教育培养促进变革的人需要以下四个步骤：第一，师范生要掌握批判性分析与自我反思的技能。这些技能能够帮助师范生学习系统地分析学校与课堂的结构与运行，分析自身在教学情境中的行为习惯方式以及所持有的不同文化立场，识别学校文化与不同族群之间的冲突焦点，判断冲突协商解决的最佳和最坏

① GAY G. Building Cultural Bridges: A Bold Proposal for Teacher Education [J]. Education and Urban Society, 1993, 25 (3): 285-299.

的时机，更好地促进多元文化学生的学术发展。第二，师范生要学习如何解构嵌入传统课堂教学规范的结构与进程之中的占支配地位的观点、价值观与信念。这样的学习需要师范生全面了解文化价值观是如何塑造课堂决策、进程与实践的。这样的学习能够帮助师范生识别最容易受到文化冲突影响的教学过程。这样的学习需要师范生提高能力来辨别哪些是把文化多样性吸收进入常规课堂教学进程的最重要的结构要素。第三，致力于使教学更具文化相对性，需要以组织行为与变革的原则为基础。师范生必须了解学校组织文化、氛围与心理，了解学校为什么是自我延续的机构，了解变革的阻碍，了解规划变革的合作策略，以及发动与维持变革的策略。第四，师范生要提高跨文化交流与多元文化咨询的能力，重点要学习社会语言学与辅助语言的沟通与交际。

最后，知识转化为实践。教师教育项目应该为师范生提供充足的机会进行有指导的文化情境教学实践，以及在真实课堂情境中作为文化经纪人的实践。通过模拟课堂教学、范例演示、拟定教学媒体方案、个案研究和实地经验等一系列学习，师范生应该能够掌握以下技能，如：判断教与学的风格，并将教的风格与学的风格适配起来的能力；创造有吸引力的课堂氛围的能力；利用多元文化敏感性评价工具和技术的能力；将多元文化内容整合进入学科课程的能力；等等。

（三）文化回应教学策略

2000 年，盖伊出版了《文化回应教学：理论、研究与实践》（*Culturally Responsive Teaching：Theory，Research and Practice*），该书获得美国教师教育学院协会颁发的 2001 年度优秀成果奖。盖伊在书中提出"文化回应教学"的概念，即利用多元族群学生的文化特征、经验与视角作为更有效的教学渠道。[①] 其主张是教师应该理解学生成长的母文化、学生文化行为所暗示的文化意蕴，以及学生之间的文化差异，将学生的母文化作为学习的桥梁，而不是学习的障碍，学校教育应适度反映学生的母文化，使学生的学习经验更具脉

---

① GAY G. Preparing for culturally responsive teaching [J]. Journal of teacher education, 2002, 53 (2)：106−116.

络意义。①

文化回应教学概念的提出基于以下假设：（1）多元文化教育与教育公平和卓越紧密相连；（2）教师有责任对自身教学信念和行为保持一个更为自觉的、批判与分析的意识；（3）教师要形成关于所教、如何教以及教给谁的深层次认识与意识；（4）以学生生活经历为基础的，观念视角框架内的学术性知识与技能越具有情境性，这些知识与技能也就越具有个人意义，就有更强烈的兴趣吸引力，学习起来会更容易、更全面。因此，当教师以多元族群学生自身的文化和经验为基础进行教学时，他们的学术性成就就会提升。

在盖伊看来，文化回应教师首先要具备的就是文化批判意识与自我反思能力，这对改善有色人种学生的教育机会与成果是非常必要的。这种文化批判意识与自我反思能力包括全面分析与谨慎审视关于文化多样性价值的个人信念与教学行为，以及教授不同族群学生获得最积极教学效果的最好方式。②

文化回应教学包括五种基本核心要素：

第一，具备多元文化知识基础。这种知识包括要理解不同族群的文化特征与贡献等。教师还需要了解那些对于教与学有直接影响的知识，如：哪些族群优先考虑集体生活和合作解决问题，以及这些偏好又是如何影响教育动机、抱负和学习表现的；教学情境如何能体现不同族群儿童与成人恰当的互动方式；不同族群性别角色社会化对于实施课堂教学公平措施的影响。教师教育项目的课程要包含对这些知识的学习。

第二，设计文化相关课程。除了具备多元族群和文化知识基础，教师还需要学习如何把这种知识转化为文化回应课程设计与教学策略。文化回应教师要学会判断课程设计中多元文化的优势与劣势，使用什么样的教学材料，以及如何做出必要的改变来提高课程的综合品质。当文化回应教师把那些具有象征意义课程的影响力作为教学工具，来帮助转化关于多元族群和文化的重要信息、价值与行动的时候，要保持清醒的批判意识。另外，文化回应教

---

① GENEVA GAY，王明娣. 文化回应教学理论：背景、思想与实践——华盛顿大学多元文化教育中心 Geneva Gay 教授访谈. [J]. 当代教育与文化，2017，9（1）：104-108.

② GAY G, KIRKLAND K. Developing cultural critical consciousness and self-reflection in preservice teacher education [J]. Theory into practice, 2003, 42（3）：181-187.

学还包括对于族群和经验如何在大众媒体与流行文化中呈现进行全面彻底的批判性分析。

第三，展示文化关怀，建立学习共同体。文化回应教学培养的第三个要素是要打造有益于多元文化学生学习的课堂氛围。教师需要了解如何利用文化支架进行教学，也就是说，要利用学生自身的文化与经验来拓展他们的智识世界，提高学业成就。要做到这一点，教师首先要展示文化敏感关怀，并建立文化回应学习共同体。教师必须要更多地关注多元族群学生和他们的成就，期待他们高水平的成功，并为之努力工作。关怀是一种道德使命，一种社会责任，一种教学的必要性。在多元学习者之间建立共同体是文化回应教学的另一个核心要素。共同体的功能有点像"互助社会"，所有成员都有责任帮助彼此，确保每一个人都为集体任务做出贡献。文化回应教学要知道不同学习风格之间的冲突如何干扰学术性学习及其结果，要能够掌握如何设计更具有公共性的学习环境。建立文化回应学习共同体最重要的就是整合学习。与传统教学区分不同具体学习类型（如认知的、身体的、情感的等）的取向不同，文化回应教学要把它们整合起来，同时教授个性的、道德的、社会的、政治的、文化的与学术性知识与技能。

第四，有效的跨文化交流。教师如果能够判断多元族群学生所知道的和所能够做的，以及他们的学习能力和做事能力，就能更好地与他们交流。来自不同族群学生的知识思想都具有文化编码，在表达形式与实质上都深受文化社会化的影响。教师需要有能力破译这些编码，才能对于多元族群学生进行更为有效的教学。文化回应教师教育项目首先要教授师范生不同族群交流方式如何反映了不同的文化价值观，如何塑造了不同的学习行为，以及如何调整课堂教学互动来更好地适应。其次，文化回应教学的培养与实践还要包括学习不同族群具体的交流方式，理解不同族群的任务管理模式和组织观念，这样教师就能够在教学交流中避免侵犯到多元族群学生文化价值观，可以更好地辨识学生的智识能力、需要和胜任力，可以教给学生交流的方式和编码迁移的技能，目的是使学生能够为了不同的目的，在不同的情境中与不同的人们用不同的方式进行交流。

第五，课堂教学中的文化一致性。文化回应教师教育项目要教授师范生面对多元文化学生如何进行实际教学。任何教学都是植根于文化背景之中的，因此面对多元族群学生的教学一定具有多元文化性质。也就是说，教学行为一定要使教学技术与多元学生的学习风格相适配。另外，在教学中建立文化一致性还可以在惯常的基础上把族群和文化多样性整合进入教学过程中最基础和最重要的层面。这种整合的技能需要教师教育项目的培养。

第六节

关于教师教育者的论述

1996年，玛丽·杜沙姆和爱德华·杜沙姆根据美国教师教育学院协会1987年至1994年间的年度报告对教师教育者的有关情况进行研究，认为相对于教师教育者在教育系统中的地位和作用而言，有关教师教育者的研究开展得太少了，同时指出研究教师教育者的必要性。首先，教师教育在高等教育中出现得较晚，发展并不成熟。关于教师教育在高等教育中定位的持续不断且有争议的讨论影响了教师教育者在高等教育中的角色和地位。其次，教师教育与中小学有实质性的联系，例如使用学校现场来获取高等教育教师教育项目需要的实地经验。中小学教育者和高等教育机构教育者的期望是不同的，有时甚至是矛盾的，这影响了教师教育者的声誉、角色和责任。再次，许多对于教师教育的批评把教师教育项目以及参与项目的教职人员的负面形象建立在空洞的谴责和传闻上，而不是仔细地描述实际的情况。最后，20世纪80年代和90年代紧锣密鼓地出台了一系列教育改革议程，促使人们密切审视美国的公共教育，其中包括对教师教育的大量批评，当然也包括对于教育教师、培养教师的人的批评。然而即便如此，人们还是对于谁是教育教师的人、他们的职责又是什么，缺乏深入的了解。[①]

进入21世纪，美国对于教师教育的谴责依然不绝于耳。学术圈中教育学教授是最受诟病的角色。他们的研究被认为是缺乏学术性，他们的课程被认

---

① DUCHARME E, DUCHARME M. Development of the teacher education professoriate [J]. The teacher educator's handbook: Building a knowledge base for the preparation of teachers, 1996: 691-714.

为缺乏实质内容，他们的智识被认为过于以实践为基础。具有讽刺意味的是，尽管教育学教授被恶意诋毁，但他们仍被视为改善教育的关键。从某种意义上讲，教师教育项目和教师被视为"既是所有学校问题的原因，也是许多解决方案的来源"。因此，科克伦·史密斯认为教师教育者是"各种教育改革的关键"。

一、教师教育者专业标准

美国教师教育者协会（the Association of Teacher Educators）成立于1920年，曾经一度更名为全美教育实习管理协会（the National Association of Supervisors of Student Teaching），于1970年恢复原名，并明确其目的：（1）为教师教育领域中所有个体专业成长提供支持；（2）提高教师教育项目质量。其愿景与使命则包括在各种环境下促进所有教师教育者的倡导、公平、领导力与专业发展，支持各级学习者的优质教育，同时通过示范性的临床实践与研究来改善教师教育质量。目前，美国教师教育者协会成员代表着700多所高等教育机构、500多个主要学区和大多数州的教育部。

（一）教师教育者专业标准的制定

西方文化中的教育已经成为一个以目标为基础的系统。组织者首先确定目标，然后根据这些目标构建教学和评估。专业实践标准就是该运动的一部分。标准既是要达到的目标，也是对专业品质的评判指标。在过去的一个世纪，标准已演变成为决定和评判教育质量的主要力量。这种目标导向的理念一直主导着教育。正是在这种背景下，人们开始将关于目标或能力的陈述转换成教师与教师教育者标准。标准是产品、专业、服务与组织的质量指标，它也构成学校课程、教师执照以及学校与大学组织的基础，教师教育也不能免于标准运动的波及。

1992年，美国教师教育者协会专门成立工作小组制定有关教师教育者的专业标准。1993年，一个新的教师教育标准委员会成立并接受标准的后续评估与修改。1996年2月，教师教育者协会第一次正式通过教师教育标准委员会制定的标准，并任命其继续探索该标准的应用及修改。2003年，时任协会主席的范泰色（Van Tassel）又任命了一个新的工作委员会，对第一版教师教育者标准进行修订，并补充明确的评价程序和细则。教师教育标准委员会组织包括高等学校教师和在职教师等一批教师教育者，重新审核了1996年发布的标准。最终增加两个新的主题，扩展成九个章节，并进一步完善所有条目的相应指标和建议。2008年，教师教育者协会正式公布经过两次修订的《教师教育者标准》（Standards for Teacher Educators）。每一项标准领域下的指标和内容都更加具体细致，为教师教育者提供专业发展的具体参照。

教师教育者协会的教师教育者标准指向那些为培养未来的实践型教师提供正规指导或从事研究和开发的教师教育者。这些教师教育者提供职前项目的专业教育部分和在职项目的员工发展部分。标准关注的是作为教师教育者个人如何对待他们的工作、他们如何准备做他们的工作，以及他们的工作如何影响教师的发展。

2009年，教师教育者协会成员凯瑞·克莱卡等人编写《教师教育者的愿景：基于教师教育者协会标准的视角》一书，指出教师教育者标准是表达专业愿景的媒介，同时从历史视角来讨论教师教育专业标准，并探讨这些标准所涉及的诸多问题。

在教师教育者协会制定并公布《教师教育者标准》的过程中，教师教育者的身份轮廓日渐清晰。罗伯特·费舍指出，教师教育者就是那些"将整个职业生涯奉献给促进教师学习和发展的个人"，具体包括[1]：（1）高等教育中的教学人员，他们提供全美教师教育认证委员会认可的作为专业学习的课程与研究，包括临床经验；（2）学校和高等教育机构中对未来教师的临床经验进行指导或监督的人员；（3）学校和高等教育机构中为教师进行高级专业学习提供管理或教学活动的人员；（4）来自为教师设计、实施和评估专业学习的其他机构的人员（例如美国国务院认证官员、教育部人员、研发中心的研究人员和专业协会领导人）。

（二）教师教育者专业标准的核心内容

美国教师教育者标准共有九项，涉及示范教学能力、文化素养、学术研

---

① FISHER R L. Who is a Teacher Educator [M] // Klecka, C., Odell, S., Houston, R. & McBee, R. Visions for teacher educators: perspectives on the Association of Teacher Educators' standards. Rowman & Littlefield, 2009: 31.

究能力、专业发展能力、项目开发、合作与沟通能力、社会参与能力、教师教育专业发展能力、开拓共同愿景能力等。[①]

标准1：教学（Teaching），即优秀的教师教育者要能够进行示范教学，包括演示教师教育的内容和专业知识、技能和反思研究的品性，精通技术和评估，并能示范最佳实践。该标准主要包括10项指标和11类成果。这一标准特别强调教师教育者作为模范教师的重要性，要求他们是教学的典范，他们利用技术、反思和其他基于研究的实践来不断寻求改进，并分享他们的技艺。

标准2：文化素养（Cultural Competence），即优秀的教师教育者要能够在教师教育中运用文化素养促进社会公正。该标准主要包括12项指标和10类成果。教师教育有责任帮助职前和在职教师理解文化素养背后的概念，以及如何在课堂上成功应用这些概念。优秀的教师教育者专注于与文化差异相关的发展水平和学习理论的研究，他们有责任接触不同的家庭和社区，进一步发展关于不同文化的知识，要将不同和相似的例子渗透到教学中。教师教育者要成为复杂的文化教学法和评估的范例，使未来的教师能够在课堂上重视和使用这些方法。该标准对于美国人口变化趋势的需求至关重要，它构想了与学习者及其家庭和社区的协作或联系，是满足不同学习者需求和实现文化素养的一种手段。

标准3：学术（Scholarship），即优秀的教师教育者要能够从事探究性活动，并为拓展教师教育的相关知识基础做出学术性方面的贡献。该标准主要包括10项指标和11类成果。优秀教师教育者学术研究能力的概念来源于博耶的学术模型，该模型包括发现、整合、应用和教学四个焦点。[②] "发现"，指通过系统探究，开发和支持产生新知识。教师教育的研究包括自然主义和解释性等多种框架，重点是学习教学以及自主研究。"整合"超越发现，强调通过与教育和学术的跨学科背景相关的阐释研究建立联系，综合理论概念与

① KLECKA C, ODELL S, HOUSTON R, et al. Visions for teacher educators：perspectives on the Association of Teacher Educators' Standards ［M］. Washington：Rowman & Littlefield，2009：76.

② BOYER E L. Scholarship reconsidered：Priorities of the professoriate ［M］. San Francisco：The Carnegie Foundation for the Advancement of Teaching，1990：81.

实践经验。学术研究的发现和整合功能，强调通过探究或综合产生新知识，而第三个"应用"功能则与个人的专业领域直接相关，即以服务为形式的学术。只有通过应用，理论和实践才能相互交流，才能使新知识在研究的实际应用中被发现和推广。学术的最后一个"教学"功能是教师教育者的核心工作，从事教学学术研究是一种智识努力，需要优秀教师教育者将自己定位为教学情境中的学习者。因此，当教师教育者探究并发现关于教学实践对学生学习影响的新见解时，教与学的范式就会循环往复。该标准重点强调，在教、学和教师教育中，优秀教师教育者要不断地提出问题，以深化已有的知识，同时创造新的知识。此外，教师教育者要将教师教育领域关于实践的学习与跨学科以及背景的知识结合起来，以阐明他们自己的工作与更广阔的教育领域之间的联系。

标准4：专业发展（Professional Development），即优秀教师教育者要能够不断系统探究、反思以及改善自身实践，践行持续专业发展的承诺。该项标准主要包括5项指标和7类成果。优秀的教师教育者要为职前和在职教师提供专业发展，并促进他们对实践的反思。教师教育者要利用自己的发展实例来为专业成长建模，包括设定目标和收集数据来指导教学。该标准重点强调了教师教育者专业发展的重要性，以及作为师范生专业发展的优秀榜样的必要性。这一标准意味着教师教育者要寻求机会来不断丰富他们的知识和理解，才能保持与最新的研究和最佳的实践同步，来完成他们的工作。为了实现这一点，他们要学习、使用适合学习环境、反映日益多样化社会需求的新技术、新方式方法，并成为示范榜样。

标准5：项目发展（Program Development），即优秀教师教育者要具备设计组织、实施和评价教师教育项目的领导力，将理论、研究与最佳实践紧密地、目的明确地结合在一起。该标准主要包括5项指标和8类成果。保证培养新手教师和提供教师持续专业发展项目的质量是教师教育者专业工作的基础。该标准特别侧重要求教师教育者为教师教育项目的开发、获得批准和评估提供领导作用。一般性项目开发工作包含如协作、文化胜任力、学术研究和对专业服务的要求，这里主要关注的是教师教育项目的实际发展和评估。

标准6：合作（Collaboration），即优秀教师教育者要能够以定期的以及某些重要的方式与相关关系人合作，目的在于改善教学、研究与学生学习。该标准主要包括 7 项指标和 5 类成果。教师教育的本质是合作，教师教育中教师和学习者之间的互动是教师教育目的和功能的根本。许多利益相关方迫切需要参与推动教育的卓越发展。教师教育者必须在机构内和跨机构的合作中成为典范，倡导学生、家庭和学校工作人员，地方、州、国家和全球层面群体参与合作，倡导通过有效参与专业组织的方式参与合作。该标准侧重于采用一种合作的教师教育方法。合作可以是非正式的，也可以是正式的，在一段较长的时间内形成不同的伙伴关系，其涉及教学专业人员的职前教育和继续教育。

标准 7：公共倡导（Public Advocacy），即教师教育者要能够为全体学生谋求高质量教育而公开倡导建设性主张，也就是教师教育者要具有社会参与能力。该标准主要包括 3 项指标和 5 类成果。为了支持教育改革举措，教师教育工作者必须成为在职和职前教育工作者的榜样，促进和鼓励所有利益相关方之间的宣传工作。该标准特别强调教师教育者要为发展和促进教育领域的公共宣传提供领导，特别是教师教育领域。

标准 8：教师教育专业（Teacher Education Profession），即教师教育者要能够有助于改善教师教育专业。该标准主要包括 10 项指标和 11 类成果。没有成员为教师教育服务，该专业就不能发展或维持其道德身份。优秀的教师教育者要通过实践共同体和包括专业组织在内的倡导来寻求专业的福祉和改善。教学专业的改善是教师教育者强大的发展动力。

标准 9：愿景（Vision），即教师教育者要能够促进开创包括技术、系统思维与世界观在内的教、学以及教师教育的新愿景。该标准主要包括 6 项指标和 8 类成果。技术持续取得重大进步，影响着专业教育。教师教育者不仅要认识到社会、教育、经济、世界观和公民之间日益扩大的差距所发生的革命性变化，还要让教师做好准备，挑战现状，为未来而不是过去而教学。

二、教师教育者知识基础

教师教育者具有复杂的双重角色。教师教育者不仅要承担支持师范生学习的教学角色，而且要以自身的教学来为师范生树立榜样。从这个角度而言，教师教育专业是独特的。在教学过程中，教师教育者无论有意还是无意，都是在教他们的学生，同时也是在教教学。教师教育者需要了解教儿童与教成人之间的区别，并将这些知识付诸实践。

在美国，相当一部分教师教育者是从学校教师转变为大学教师教育者的。通过教师教育者对于自身实践的审视，他们可以对作为学校教育者的教学经验转向大学教学的局限性有更好的理解，成为一名教师的教师很显然并不能局限于依靠实践积累的学校教育的知识和理解。从学校教师到教师教育者的过渡空间充满了挑战。比如他们要形成作为教师教育者的专业身份认同，要学习新的制度规范和角色，要与成人学习者合作，并成为研究者。他们要把从学校到大学教育者的转变概念化为"从一阶实践者（first-order practitioners），即学校教师，转变为二阶实践者（second-order practitioners），即在高等教育的二阶环境中工作"[1]。这种转变也被认为是由于教师教育者的"实质自我"（他们是谁）与他们的"情境自我"（他们在新的环境中需要成为谁）之间的错位造成的。

教师教育者角色转换最重要的标志是所掌握知识的不同。约翰·洛克伦是目前教师教育教育学（pedagogy of teacher education）概念最杰出的倡导者。他指出这种教学法"涉及关于教学的教学知识和关于教学的学习知识，以及这两种知识在教师教育者创造的教学情境中如何相互影响，从而为师范生提供教学经验，为他们的发展形成实践观点提供依据"[2]。也就是说，教师教育的教育学是基于知识和实践的两个互补方面：关于教学的教学和关于教学的学习。第一，关于教学的教学至少包括：对教学法的认真关注，将教学概念化为问题，将实践的隐秘性明确化（对自己和他人——特别是师范生），

---

①　MURRAY J, MALE T. Becoming a teacher educator：Evidence from the field［J］. Teaching and Teacher Education, 2005, 21（2）：125-142.

②　LOUGHRAN J. Toward a better understanding of teaching and learning about teaching［M］// Handbook of research on teacher education. Routledge, 2008：1176-1182.

发展一种共享的教与学的语言，以及阐明实践原则的能力。① 教师教育者的教教学的知识与实践非常容易被误解或歪曲。实际上，教教学的知识与实践所要求的不仅仅是简单地传授关于教学的信息，或是分享"随处可得"的通过学校教学经验积累的技巧和窍门。教教学是一种超越技术性的经过深思熟虑的实践，是通过实践打开缺口来揭示其背后意义的教育学，特别是要对自己的教育学进行审视与推敲。这样，对教师教育实践中共享的教与学的经验的合作探究可以促使复杂的思维、决策和作为教学专业知识基础的教学推理浮出水面，这样不仅可以认识到它，而且可以有目地发展它。第二，关于教学的学习是教师教育教育学的核心，这里的知识和实践与师范生学习并形成他们的教师教育经验的方式有关。

（一）古德温等人论教师教育者的教学知识

古德温等人在洛克伦研究的基础上进一步探讨教师教育者的教学知识。他们认为教师教育者需要超越从以往教学经验中获得的离散的教学技能和工具的实用性（局限性），并发展思考和处理教学和学习的方法，促进专业体系的建立与应用，以解决大量不可能事先预料到的困境。古德温等人提出五个关于教学的知识领域，这些大概念将关于教学的学习概念化，既深入又广泛，既具体又综合。无论是对于新手教师，还是对于新手教师教育者而言，这些大概念都可以作为思考和组织教师学习的视角，可以帮助教师超越作为模仿性、技术性过程的教学，并推动人们将良好的教学视为众多决定和反思性实践的结果，这些决定和反思性实践是围绕教学的对话、矛盾冲突的权衡以及在不同情境中产生的。

关于教学的五个知识领域包括②：

1. 个人知识/自传和教学理念。通过自我研究、自我分析和自我反思，初任教师教育者可以批判性地发现他们个人经历中嵌入的信念、（错误）观念、态度、假设和偏见。成为教师教育者是"一个重建专业身份的过程"，也是一

---

① LOUGHRAN J. Professionally Developing as a Teacher Educator ［J］. Journal of Teacher Education 2014, 65（4）：271-283.

② GOODWIN A L, KOSNIK C. Quality teacher educators＝quality teachers? Conceptualizing essential domains of knowledge for those who teach teachers ［J］. Teacher Development, 2013, 17（3）：334-346.

个重新定义"情感地域"的过程，这标志着从教师到教育者的转变。

2. 情境知识/理解学习者、学校与社会。对于教师教育者而言，情境知识是多层次的。这种多层次性从幼儿园到 12 年级学生所在的教室、学校和社区都有体现。当然，这种情境知识不只与物理环境有关，它是关于成人学习者——师范生的首要知识（他们是谁，他们如何成长，以及他们的历史和个人叙述又是如何塑造他们的感知、定义和实施教学方式的）。最后，教师教育者的情境知识必须包括政治、历史、结构、文化等方面的知识。情境知识推动教师教育者超越离散的学科知识或教学策略，来审视身处不同社会、文化、经济和政治定位的学习者的内在需求。

3. 教学知识/内容、理论、教学方法与课程发展。教师教育者需要明确地为教师候选人示范他们所要掌握实施的教学法，同时，形成并发展一种教师教育教学法。教师教育者的教学知识要超越具体教学行为，要实现对于教学的理解，这种教学具有必备技能和品性。

4. 社会学知识/多样性、文化相关性和社会公正。教师的多样性不只是一个名词或一种存在状态。多样性是一种心态，一种概念，一种思考、感知、生活和教学的方式。它是所有教师都必须追求的一种品质、特点、品性和视角。教师教育者必须有能力帮助未来的教师认识、理解和回应多样化的学生群体。如果我们的目的是培养能够维护儿童权利、并有能力阻止歧视性和有害的学校实践的教师，那么教师培养就必然变得不那么舒服，要打造打破低期望、种族主义、阶级主义、仇外主义和所有其他各种主义的空间。①合格的教师教育者就是要能够适应、了解并致力于社会公正问题以及解放和反压迫的教育实践。

5. 社会知识/合作、民主团体进程和冲突解决。人类 21 世纪的困境需要许多人的投入，那么有效参与民主，以及团体合作的能力是必不可少的。社会知识领域促使教师教育者直面他们工作的重要性。他们不仅仅是在为新教师的认证做准备，他们也是在为重塑教师专业做准备，他们要确保新教师已准

---

① GOODWIN A L. Teacher preparation and the education of immigrant children ［J］. Education and urban society，2002，34（2）：156-172.

备好为年轻人的生活带来真正积极的改变，年轻人将反过来发起积极的变革。这意味着，教师教育者必须帮助新教师在当下工作，同时要鼓励并使新教师有能力（重新）想象那些尚未发生的事情。教学一直都是为了改变世界，但它从来都不是为了让某一个人单独去改变世界。教师教育者必须学会如何突破笼罩在教师身上的孤立状态，利用师范生的集体能量，使他们有能力成为变革者。教师教育者必须与师范生一起勇敢探索如何在理论（普及教育）与实践（建立丰富、包容的社区）之间架起桥梁。

（二）古德温等人论教师教育者的实践知识

古德温等人运用科克伦-史密斯和莱特尔关于"知识与实践关系"的理论来讨论教师教育者的学习与知识。科克伦-史密斯和莱特尔提出教师学习的三个基本概念，即为了实践的知识（knowledge-for-practice）、实践中的知识（knowledge-in-practice）、实践性知识（knowledge-of-practice）。[①] 为了实践的知识包括关于学科内容的知识、关于学习理论、人的发展、教学法、评价、教育基础、学校教育的社会与文化情境，还有关于教学专业与教师教育的知识。这一类知识外在于教师或教师教育者。与之相反，实践中的知识一定是附着在教师或教师教育者身上。实践本身的知识指嵌入教师和教师教育者实践而形成的那些知识、实践反思，以及他们关于实践的叙事与探究。这一类知识植根于特殊性情境，并通过对特殊性情境不断的反馈而建构起来。该类知识需要通过不断的经验积累，以及对个体教学经验有意识的反思而逐步形成。实践性知识则是连接来自外部的关于教学和教师教育（即为了实践的知识）的消费性的"正式知识"与嵌入实践的内部生成性知识（即实践本身的知识）的桥梁。这一类知识是一种"教学行为"，跨越了教师或教师教育者的"专业生涯"。

古德温等人将以上三种实践知识概念运用到教师教育者的知识研究中。[②]

① COCHRAN-SMITH M, LYTLE S. Chapter 8：Relationships of knowledge and practice：Teacher learning in communities［J］. Review of research in education, 1999, 24（1）：249-305.

② GOODWIN A L, SMITH L, SOUTO-MANNING M, et al. What should teacher educators know and be able to do? Perspectives from practicing teacher educators［J］. Journal of Teacher Education, 2014, 65（4）：284-302.

首先对于教师教育而言，为了实践的知识是指参与者在他们的博士课程和正式学习期间可能获得的知识。但是，目前以培养教师教育者为目的的"为了实践的知识"并没有被系统化、连贯地融入博士培养课程中。古德温等人认为教师教育的教育学不仅仅是"教学的行为"，还是"关于教学的学习与关于教学的教学"的结合。这就意味着首先需要整个行业内的集体讨论，讨论什么是优秀的教师教育者，阐明那些教教师的人所应该具有的具体而独特的职责、知识、技能与承诺。

其次，实践中/教学中的知识包括参与者通过经验以及在工作中获得的理解，这种理解既来自他们自己的实验和实践，也来自对于他们的同行、同事和导师的观察和模仿。具备实践中/教学中的知识应该是培养教师教育者的主要目标，无论是博士在读期间的学术课程学习，还是作为新手教师教育者入职期间，进入教师职前培养的"二阶情境"都是如此。

再次，实践性知识是指参与者作为大学教师所进行的教师教育研究。这一类知识要求培养教师教育者对教师教育研究和教师教育实践予以同等重视。对于教师教育者研究方面的培养要始于以下假设：教师教育要求新手教师教育者学习如何将他们的教学和研究议程结合起来，以便他们在实践中学习的同时也在学习中实践。

最后，多样性、社会公正和多元文化主义必须作为教师教育教育学的基础。由于理解多元主体性的需要，由于理解每个人身上所体现的多重身份交汇形成的复杂认同的需要，教师教育者面对的是更为复杂多样的情况。这意味着培养教师教育者的机构要帮助经验丰富的以及新手的教师教育者意识到自己的偏见和主观，发展支持社会公正的教学和研究的技能，树立信心，倡导为所有学习者和共同体积极抵制霸权主义的做法和政策。

三、教师教育者专业发展的主要方式——自我研究

自我研究（self-study）在20世纪90年代早期的教师教育出版文献中开始变得引人注目。1992年全美教育协会在亚利桑那州召开主题为"拿起镜子：教师教育者对自身教学进行反思"的学术会议，呼吁教师教育者广泛关注对其专业群体自身的研究。由此，1993年教师教育实践自我研究特别兴趣小组

（the Self-Study of Teacher Education Practices，S-STEP）得以成立，成员大多是有过中小学从教经历的大学教师教育者，他们为了体验、检验有关教学的观念、行为模式，重新回到中小学课堂中，通过与同事或中小学教师合作，采用反思、自传、叙事等形式，边实践边研究，解决教学问题，获取教学新知识。该组织成立的原初宗旨是为了教师教育者集体反思教学行为，提出原创性的教学理论，提高教师教育的实效性。该组织每隔两年举办一次国际"自我研究"大会。

因此，自我研究已经成为许多教师教育者发现意义的研究方法，同时是更好地理解关于教学的教与学的复杂本质的重要工具。[1]教师教育者与师范生合作的方式，以及他们建构关于教学的教学方式，都与成为教师教育者身份的本质联系在一起，因此，人们开始关注成为教师教育者到底意味着什么。自我研究是以一种有目的的、系统的方式来探究教与学。[2] 从某种意义上说，正是由于自我研究的成果，才提升了实践的学术地位，使得教师教育实践逐渐成为一个合法的、重要的学术领域。自我研究方法是教师教育者加深对教与学的认识，从实践和理论两方面推动教师专业发展的关键，同时它还可以扩大教师教育的知识基础。只有在这种学术努力下，该领域才开始将对教师教育知识基础的追求，从以大学为基础的教师教育项目的狭小范围转向教师教育者对于自身的实践、对于师范生的实践，以及对于师范生培养合作者的实践的细致研究上。史密斯和李特给予自我研究较高评价，认为自我研究"通过不断拷问自己的实践以及那些潜在的假设，再造了教师教育"[3]。

（一）自我研究的内涵

汉密尔顿等人认为自我研究就是指教师教育者在自己的课堂上研究自己的教学实践，反思自己的教学行为，反思学生的行为，反思作为教师的自己

---

① LOUGHRAN J. Researching teaching about teaching：Self-study of teacher education practices ［J］. Studying teacher education，2005，1（1）：5-16.

② LOUGHRAN J. Researching teacher education practices：Responding to the challenges，demands，and expectations of self-study ［J］. Journal of teacher education，2007，58（1）：12-20.

③ COCHRAN-SMITH M，LYTLEB S L. Practitioner inquiry，knowledge，and university culture ［M］//International handbook of self-study of teaching and teacher education practices. Springer，Dordrecht，2004：601-649.

是如何将信念付诸实践的。① 自我研究不同于行动研究、反思或探究，其本质在于实践研究的严密性，以及与他人共享学习专业成果的承诺。自我研究强化了教师教育者的实践以及对于实践的研究。

当课堂中学生、教师、教学内容与情境发生交汇碰撞时，课堂充满了不确定性，教学以及教学过程就不可能以公式化的方式呈现。因此，自我研究可以成为专业学习的工具，同时能够发展一个人的实践和理解。教学和教师教育实践的自我研究聚焦于专业知识的发展与对教学和学习过程的更深层次的理解。另外，通过自我研究也可以将这种实践学习正规化。自我研究的正规化提供两种生活理论：研究者的实践和他们对于实践新的理解与认识的叙述。

洛克伦认为自我研究包括三个层次：个人（自己）、合作和机构。② 个人自我研究以对个人实践的探究为中心，目的是更好地理解个人实践知识的形成与发展。这些研究往往源于一个人关于教学的问题和困境。合作式自主研究寻求的不仅是从个人的角度理解实践，还吸引他人参与，从而产生新的、共享的意义。教育/机构的自我研究在机构项目规划层次上批判性地审视政策和实践，而不是在个别课堂环境中去发现日常行动。这些研究提供了广泛的思考，包括挑战现有的项目假设和抵制机构在实践中变革。

蔡克纳将教师教育者的"自我研究"定义为"对自己的教学实践进行学科视角下的系统探究"③。"自我研究"作为一个工具，研究个人如何思考和行动，以重构自己的实践，因而帮助个体以积极改变教学和教师教育实践。

（二）自我研究的任务与方法

汉密尔顿等人指出教师教育者在教学实践中进行自我研究，需要完成的任务是：（1）尽可能明确地记录你的经验；（2）将你的经验与你以往阅读过的文献联系起来；（3）将你的注意力集中到你所要探索的实践要素上；

---

① HAMILTON M L., LOUGHRAN J., MARCONDES M I. Teacher educators and the self-study of teaching practices ［M］//Becoming a teacher educator. Springer, Dordrecht, 2009：205-217.

② LOUGHRAN J. A response to "reflecting on the self" ［J］. Reflective Practice, 2006, 7 (1)：43-53.

③ ZEICHNER K. The new scholarship in teacher education ［J］. Educational Researcher, 1999, 29 (9)：4-15.

（4）在把你的工作写下来的同时尽可能深化你对实践的理解；（5）与同事公开共享你的观点。教学实践的自我研究主要包括三个要素：改善实践、促进学习和贡献关于教学的知识。当自我学习的工作通过证据与分析与某个时间和地点的问题及困难联系起来时，当个人的传记与历史结合起来，当自我面对的问题被证明与时代的背景和氛围有关系时，自我学习就转向了研究。私人经验可以为公共问题和麻烦提供洞察力和解决方案，而公共理论可以为私人判断提供洞察力和解决方案，这两者之间的平衡构成了自我研究的纽带，同时给那些将在这个新兴领域工作的人带来了核心挑战。

拉伯斯凯概括自我研究方法的四种特征[①]：（1）要求提供重构和改造实践的证据；（2）需要与同事、学生、教育文献（以及研究者之前的成果）互动，以不断质疑理解的形成过程，质疑其中的假设和价值判断。（3）要能够使用多种方法对于所研究的教育过程获得不同的、从而也是更全面的观点。（4）要求将自我研究正规化，以便于专业团体进行审议、进一步测试和判断。

---

① LABOSKEY V. K.. A history and context of self-study and its theoretical underpinnings ［M］// Loughran J., Hamilton M. L., LaBoskey V., & Russell T. （Eds.）. International handbook of self-study of teaching and teacher education practices （Vol. 2）. Dordrecht, The Netherlands：KluwerAcademic. 2004：817-869.

第七章

结语：培养民主的教师——
走向民主的教师专业主义

正如谢丽尔·奥沙利文所说，试图描述美国这样幅员辽阔而又复杂多样的国家的教师教育，就像试图描述众所周知的大象一样，你的描述取决于你的立场以及你正在触摸大象的哪个位置。[①] 本书秉持中国问题意识，在有限的时间和精力下，在前人研究基础上，尽量去触摸这头巨象更多的部分，尝试建立起美国教师教育思想历史发展的基本逻辑脉络，为未来的进一步研究抛砖引玉，奠定基础。

本书以美国教师职业专业化的历程作为一以贯之的线索，将教师教育思想史划分为五个时期。每一个时期推动教师专业化发展的诸多力量包括联邦政府、各州政府、本地学区等各种利益集团，以及不同性质、不同类型、不同层次的相关教师教育组织。它们各自持有不同立场、不同观念，展开不同形式的教师教育实践，美国教师教育思想历史的图谱就是在这样各方力量角逐的张力下徐徐展开的。

从教师专业主义发展的取向看，王军认为与美国一般专业主义取向发展相应，专业主义教师教育思想在发展过程中也形成了三种取向，其中还包括四种流派：（1）基于古典专业主义的教师智识教育思想；（2）基于管理专业主义的行为绩效取向胜任力本位教师教育思想；（3）基于管理主义的人文绩效取向的胜任力本位教师教育思想；（4）基于混合专业主义的反映行动教师教育思想。[②] 基于古典专业主义的教师智识教育思想强调教师的精英身份和知识、智识属性，为教师职业走向专业化奠定了良好的开端；基于管理专业主义的行为绩效取向的胜任力本位教师教育思想更新了教师的资格观，使教师具备了与其他职业所不同的、特有的知识体系；基于管理主义的人文绩效取向的胜任力本位教师教育思想系统化了美国教师教育，使教师标准体系逐渐建立起来；基于混合专业主义的反映行动教师教育思想变革了教学专长观，指出教师职业应有自己的专业自信，教师职业的知识性、智识性、自主性和伦理性的内涵都得到强化或更新。王军认为除了大行其道的选择性路径对于

---

① O'SULLIVAN S. Teacher education in the United States［J］. International Journal of Arts & Sciences, 2015, 8（7）：497–507.

② 王军. 教师"专业化"了吗?：论美国专业主义教师教育思想及其影响［J］. 比较教育研究, 2016, 38（11）：47–54.

教师专业化进程的阻碍，渐强的政府监管对于教学专业自主性的剥夺、不同取向的专业主义教师教育思想各有缺陷并不能完美地支持美国教师教育的发展，也使美国教师专业化的程度远远不够。

钟秉林和宋萑指出美国教师教育陷入专业化和去专业化的悖论的困境，既不是大学本位教师培养模式本身的问题，也不是通过增加选择性教师教育项目就能解决的。根本原因是美国教师教育大学化进程中没有厘清教师教育的三种基本属性。教师教育事实上是兼具学术性、专业性和公共性三种基本属性于一身的教育。① 学术性决定了教师教育与其他学科一样，在大学中既具有独立且平等的地位，亦具有自身的学科体系和知识建构；专业性决定了教师教育与传统的文理基础学科不同，具有极强的应用特征，必须紧密联系和服务于教育教学实践；公共性则决定了教师教育与医生、律师等专业不同，不能走完全市场化的道路，国家应保障发挥基础教育的服务功能，为培养教师提供经费和政策方面的支持。

本书认为美国教师专业化发展分为内与外两条线索：首先是专业自身内部的发展线索，如专业知识体系，专业标准、问责制度等逐步发展与完善。其次是专业外部社会功能的讨论。一直以来，美国教师专业外部功能的理想追求都是实现教育公平与社会正义，但如何通过教师教育培养未来教师去实现教育公平和社会正义，因时代变迁而有所不同。格林伍德认为专业的问题并不是有无的问题，而是程度的差异，专业与非专业的界线具有动态性，社会情境推进此种动态发展。② 进入 21 世纪，美国社会取得这样的共识，即教育改革包括教师教育改革比起其他社会改革更加能够解决贫困以及社会不平等的问题。由此，教师专业的社会功能成为关注的焦点。故本书在结语部分从社会学意义上的一般专业主义理论出发来审视美国教师专业主义以及教师教育的未来发展。

---

① 钟秉林，宋萑. 专业化与去专业化：美国教师教育改革悖论：中美教师教育比较研究之一[J]. 高等教育研究，2011，32（4）：56-61.

② GREENWOOD E. The elements of professionalization [J]. Professionalization，1966：9-19.

一、关于专业主义的理解

弗雷德逊指出专业概念存在着两种不同的理解①：第一种将专业看成一个较为宽泛的、具有一定威信的职业群体。该群体成员都接受过某种形式的高等教育，成员身份的确定主要根据学历而不是他们专有的职业技能；第二种狭义的理解将专业界定为一个有限的职业群落。这一群落中各个个体都有特定的、或多或少类同的制度和意识形态属性。弗雷德逊认为只有这第二种狭义上的理解可以称为"专业主义"。这种理解强调作为一个专业发展的模式，专业绝不止仅仅表述了一个统一的（专业人员的）身份，而是包含了不同的专业身份和排他性的市场保护，这使得每一个专业都有所区分而壁垒分明。

因此，"专业主义"是"西方社会在专业发展运动过程中所形成的一种认识专业或专业制度的观念体系"②。专业主义是一种强调专业独特性的意识形态，一种组织和控制工作、看待专业和处理专业与外界关系的方式；专业主义向内培养、选择和规训专业人员，向外维护专业形象和地位、特权，并实现专业的向上流动。③ 布林特如此归纳，"作为一种意识形态，专业主义包含了技术和道德两个方面"④。

茱莉亚·埃弗茨认为当代社会在以知识为基础的服务型工作中可以看到两种不同的、对比鲜明的、理想的专业主义典型形式的发展：一是组织专业主义（organizational professionalism），二是职业专业主义（occupational professionalism）。⑤ 作为一种理想类型的组织专业主义表现为一种控制话语，越来越多的管理者在工作组织中使用这种话语。它结合了合理合法的权力形式，以及责任和决策的等级结构。它涉及日益标准化的工作程序和实践，与

① FREIDSON E. Professionalism reborn：Theory，prophecy and policy［M］. University of Chicago Press，1994：16-17.

② 王昕红. 专业主义视野下的美国工程教育认证研究［D］. 华中科技大学，2008.

③ 王军. 论教学专业的理论解释：基于"专业主义"视角［J］. 教师教育研究，2015（6）：8-14.

④ BRINT S. In an age of experts：The Changing Role of Professionals in Politics and Public Life［M］. Princeton：Princeton University Press，1994：7.

⑤ EVETTS J. New professionalism and new public management：Changes，continuities and consequences［J］. Comparative sociology，2009，8（2）：247-266.

管理控制相一致。它还依赖于外部形式的规章和问责措施，如设定目标和绩效审查。专业话语在工作中被管理者、从业者和客户作为一种职业控制、激励和期望的形式使用。相比之下，作为一种理想类型，职业专业主义表现为在专业职业群体中构建的话语，其中包含合议权威，它涉及雇主和客户对从业者的信任。权威，不是控制，是基于从业者的自主、自由判断、评估，尤其是在复杂的个案中。这种权威取决于共同的、长期的教育和职业培训制度，以及强烈的职业认同和工作文化的发展。在专业机构和协会监督的职业道德准则的指导下，任何控制都由从业人员自己实施。

埃弗茨指出理想型所列出的特征旨在包括结构（如工作模式、权威和责任）和关系（如话语和控制机制）。职业专业主义强调关系，组织专业主义则更依赖于结构。在美国新自由主义市场化大行其道的今天，专业主义已经成为政府努力推动商业化专业主义的工具，可以理解为更广泛意义上的组织专业主义。其标志就是很强的等级制度、官僚主义、产出和绩效衡量标准，甚至是标准化的工作实践，这些都是控制工作和工人的组织形式的特征。同时，对专业精神的衡量和试图证明专业精神提高了对专业能力明确核算的需求。工作组织对质量控制和审核、目标设定和绩效考核的管理要求被重新解释为促进专业主义自身发展。对专业精神和责任的追求是高度竞争和个人主义的，但也是一种官僚手段，用以重新控制由专业人员指导的市场导向企业。因此，埃弗茨指出当代美国专业发展的基本状况就是职业专业主义衰落，组织专业主义占主导地位。

二、职业的和组织的教师专业主义

从教师专业主义发展的历史来看，哈格里夫斯 2000 年发表文章指出许多国家教师专业主义发展都经历了四个历史阶段：前专业时代（the pre-professional age）、自主专业时代（the age of the autonomous professional）、学院专业时代（the age of the collegial professional）和后专业或后现代时代（the age of post-professional or postmodern）。① 具体而言，在前专业时代，一个人

---

① HARGREACES A. Four ages of professionalism and professional learning [J]. Teachers and teaching, 2000, 6（2）：151-182.

通过实践的学徒式学习就能够成为一名教师，通过个人不断试错成为一名教师。"好"教师是"真正的"教师，他"献身于他的技艺"，表现出忠诚，并通过服务获得个人回报，"无论付出什么代价"。自主专业时代的特点是对教学单一性以及它所依据的不容置疑的传统的挑战，即教师有权选择他们认为的最适合自己学生的教学方法。教师职前教育在大学中的普及和专家提供的在职教育的增长，增加了自主权所依据的专业知识要求的分量。学院专业时代，人们努力建立强大的合作专业文化，以发展共同的目标，应对不确定性和复杂性，有效地应对迅速的变化和改革，创造一个重视冒险和持续改进的氛围，培养更强的教师效能感，并为教师创造持续的专业学习文化。但很多时候，教师们会发现自己正处于这样的境地：他们的目的被中央政府和其他外部利益集团所掌握，而他们却被提供专业合作的"胡萝卜"（或是"大棒"）来决定实现这些目的的手段。后专业或后现代专业主义指比以前的专业主义更广泛、更灵活、更民主地包容教学以外的群体及其关注的问题。一种广泛的、开放的、包容的、民主的后现代专业主义只有通过一场有意识的社会运动才会产生，这个社会运动的成员包括教师和其他人，他们共同努力实现这种专业主义。

　　蔡克纳指出，多年来教师专业主义的讨论都是基于传统的专业主义观点，如哲尔所说的"社会受托人"（social trustee）模式，① 或埃弗茨所说的职业专业主义或"内部专业主义"（professionalism from within）。社会受托人理想认为，专业人士除了对客户负有受托责任和特定功能的义务外，还有社会责任。在帕森斯的基础理论中，专业必须具有这样一种更广泛的责任感："一个成熟的专业必须具有某种制度手段，以确保这种能力将用于具有社会责任感的用途。"② 这一类观点意味着个人有权获得专业地位，因为他们拥有保证公众信任的要素，如对客户需求的承诺、专门的知识基础、共享的实践标准、对服务的垄断、高度自治、长时间的培训和服务伦理。在过去的 50 年里，教学和

---

　　① DZUE A W. Democratic professionalism：Citizen participation and the reconstruction of professional ethics，identity，and practice［M］. Penn State Press，2008：263.

　　② PARSONS T. Professions［J］. International encyclopedia of the social sciences，1968，12（1）：536-547.

教师教育中的许多专业化议程都试图使教学和教师教育更接近这种传统的、社会受托人或专业主义的职业观。[①]

由社会受托人理想所呈现的对公众的专业责任的非政治形象受到了 20 世纪 70 年代激进批评家的强烈挑战，例如福柯和哈贝马斯，他们哀叹"技术官僚"专业行动在民主国家的有害影响，认为它使公共决策的最关键方面从选民和政治家的手中脱离。在这种批评下，专业人士远非公共利益的代表，而是被视为公共利益民主表达的障碍。教育领域中亦是如此观点，保守主义议程的部分目的是把精英的"学术"知识视为学校教育的基本。大众文学、大众文化、大众数学和科学都是不成功的知识，它们不是真实的。至少，同被视为高深和中立的学术课程相比，大众知识是变态的。[②] 教师教育领域也相应对从事大学/学院的教师教育的教授们提出批评：他们很少能够满足学校里人文科学同事的学术规范标准，同时，他们也与实践领域的专业同伴相疏远，他们越努力地划向学术研究的岸边，他们离为公立学校服务的宗旨就越远。美国大学对于公立学校教育做出的独特贡献不是为他们培养从业者，而是在大学研究中支持并证明了集权的、官僚主义学校系统运作方式的合法性。[③] 也就是说，大学似乎塑造的是专业实践的条件，而不是实践本身。

随着市场模式和公共教育中新的公共管理实践的崛起，第二种专业主义观点，即普遍存在于商业世界的管理或组织专业主义的实践和结构也遍布于学校、学院和大学等公共机构之中。教育领域的市场模式和管理主义通常由风险慈善推广和资助，强调学校教育和教师教育的放松管制和市场竞争，并导致了在公立学校和大学中越来越多下列现象的增加：学校和教育人员准备计划放松管制和私有化，企业经营的特许学校增长，市长和国家对学区进行控制，代金券和高风险测试，以及缩小课程范围将测试科目和内容纳入标准

① ZEICHNER K. Preparing teachers as democratic professionals ［J］. Action in Teacher Education，2020，42（1）：38-48.

② DONALD J. Sentimental education：Schooling，popular culture，and the regulation of liberty ［M］. Verso，1992：55-57.

③ JOHNSON W R.. Teachers and Teacher Training in the Twentieth Century ［M］∥WARREN D. （ed.）. American Teachers：Histories of a profession at work. New York：Macmillan Publishing Company，1989：243.

学科和内容。这是国家在全球市场上具有经济竞争力所需要的。① 在学校教育和教师教育中，这些以市场为导向的做法是高度种族化的，尽管它们影响了所有公立学校，但它们主要集中在为非白人和贫困家庭和社区服务的学校。正是在这些社区，企业经营的特许学校最常见，那里的教师准备和经验最少，同时，也是家庭和当地社区在孩子上学问题上发言权最小的地区。公立学校管理专业化的增长导致了教师工作技能化的进一步强化和教师身份的转变，特别是在受贫困影响严重的社区学校，这些社区接受新的公共管理实践的影响最大。

这种所谓"新专业主义"的观点是，关于教什么、如何教和评估的决定在很大程度上是由课堂之外的力量而不是由教师自己做出的。这种观点进入教师教育领域，试图确保教师能够准备好承担他们作为教育办事员的有限角色，而这些办事员不在课堂上行使自己的判断力。这种"新专业主义"即是埃弗茨所讨论的组织专业主义，埃弗茨认为组织专业主义改变了教育专业主义的含义，在实践中，控制话语已经掩盖了基于合议制权威的职业专业主义的传统观点。一方面，管理者信奉一种专业主义的意识形态，这意味着传统形式的职业专业主义和合议权威。然而在现实中，实践通常反映了伴随着组织专业主义而来的更大的外部控制和监督的现实。威蒂指出：新自由主义这种经济模式的扩张，使它在与新保守主义所关注的一个能够控制人的价值观、行为乃至身体的强大国家结合为一体的时候，将不可能为积极公民权提供一种追求社会正义的环境。② 相反，如此改革将会成为进一步恶化现存不平等状况的条件。

三、民主的教师专业主义

正是看到了传统职业专业主义和组织（管理）专业主义的问题，专业主义的第三种形式，即民主的专业主义（democratic professionalism）开始成为学者们讨论的焦点。哲尔将民主专业主义定义为：分享以往的专业任务，鼓

① COHEN M, ANDERSON G L. The new democratic professional in education：Confronting markets, metrics, and managerialism ［M］. New York：Teachers College Press, 2018：42.

② 阿普尔. 文化政治与教育 ［M］. 阎光才，等译. 北京：教育科学出版社，2005：103.

励非专业人士参与，以加强和促进公众更广泛地参与，并就专业领域内外的重大社会议题进行讨论……这并不意味着专业权威、地位、特权和责任也会消失，只是它们与赋予非专业人士的赋权紧密相连。①

民主专业人士寻求开放他们的权威领域，让非专业人士参与，共同分担任务，共同构建约束和指导专业行动的规范。② 民主专业人士这样做背后的三个原因包括③：一是动机，即诚信，是当个人成员以公共利益为导向，他们可以从其职业中获得什么。职业是促进公共目的的生活方式，正因为如此，它们能够赋予个体专业人员的工作生活以意义。二是安全，或专业的合法性，是专业作为组织，从与公众的正确关系中获得的东西。专业工作特别容易受到公众的认可，因为它往往取决于"公众对专业人员提供的服务价值的法律认可"。三是民主本身的价值，专业人士可以帮助维护对集体决策的民主控制，以对抗技术官僚控制的压力。技术专业人士和专家通过将客户的需求和问题纳入更大的统治和控制体系的结构，在公民和精英之间发挥缓冲作用。然而，随着所谓的技术官僚的效率和能力的好处受到越来越多的审视，专业人员和公民都开始认识到更民主的专业主义的优点，认为它是对技术官僚权威的制约，因为技术官僚权威阻碍了民主协调的社会行动。民主专业人士反对技术官僚权威，并促进公众参与的形成，是为了促进民主公民身份，也就是维护民主的价值。但同时他们也为非专业人士的参与提供了便利，因为这符合专业人员获得安全和诚信的利益，有助于专业本身的运作并完成其工作。

阿普尔在《文化政治与教育》中提出这样的观点：替代国家控制的方法不是传统的专业主义，而是民主的专业主义，它试图消除专业工作的神秘感，并在教师和被排斥的学生群体、部分和社区成员之间建立联盟，传统上，他

---

① DZUE A W. Democratic professionalism：Citizen participation and the reconstruction of professional ethics，identity，and practice ［M］. Penn State Press，2008：263.

② OLSON S M，DZUR A W. Revisiting informal justice：Restorative justice and democratic professionalism ［J］. Law & Society Review，2004，38（1）：139-176.

③ SULLIVAN W. Work and Integrity：The Crisis and Promise of Professionalism in America ［M］. New York：Harper Collins，1995：6.

们的决定是由专业人员或国家代表做出的。^① 萨克斯也认为民主专业主义的核心是强调教师和其他教育利益相关者之间的协作和合作行动。^② 民主专业主义的理念把学生、家庭和社区集中在教师工作和教师教育项目中，是职业和组织专业主义的另一种选择，它有可能帮助有效地管理专业教育工作者和他们应该服务的非主流社区之间长期存在的紧张和矛盾。

蔡克纳将传统的大学/学院的教师教育称为教师教育的 1.0 版本，将替代性选择教师教育项目称为 2.0 版本。1.0 版本的教师教育争论集中在是否要更加注重临床实践；2.0 版本则几乎完全专注于培训教师参与一套教学和课堂管理实践，目的是提高学生的考试成绩。两者都声称教师教育是为了社会公平，尽管在现实中，两者都没有这样做。^③ 蔡克纳倡导教师教育第三种形式的 3.0 版本，就是民主教师专业主义的形式，并指出民主专业主义是任何标榜社会正义的教师教育方法的重要组成部分。^④ 哲尔认为"将公共工作的概念和实践融入专业文化，利用日常政治的概念和实践，释放知识和权力的民主潜力，从而指向一种不同的专业实践……专业人员必须学会如何通过学习倾听以及与那些未经专业所需的典型技能和知识培训的人合作的方式，将非专业参与者融入他们的工作和生活"^⑤。蔡克纳指出美国需要这种新的、更具合作性的教师教育形式来支持教学和教师教育中更民主的专业形式的发展，这种形式必须促成教师教育项目知识的更大民主化，并在学校和社区之间建立强大的联盟，弱化等级，更多地包容所有这三个领域的专业知识。^⑥

因此，教师教育项目必须培养教师与学生的家庭和社区合作，为他们服

① 阿普尔. 文化政治与教育 [M]. 阎光才，等译. 北京：教育科学出版社，2005：27.

② SACHS J. Teacher professional identity：Competing discourses, competing outcomes [J]. Journal of education policy, 2001, 16（2）：149-161.

③ ZEICHNER K. Advancing social justice and democracy in teacher education：Teacher preparation 1.0, 2.0, and 3.0 [J]. Kappa Delta Pi Record, 2016, 52（4）：150-155.

④ ZEICHNER K. Preparing teachers as democratic professionals [J]. Action in Teacher Education, 2020, 42（1）：38-48.

⑤ DZUE A W. Democratic professionalism：Citizen participation and the reconstruction of professional ethics, identity, and practice [M]. Penn State Press, 2008：263.

⑥ ZEICHNER K M. Competition, Economic Rationalization, Increased Surveillance, and Attacks on Diversity：Neo-liberalism and the Transformation of Teacher Education in the US [M]//The struggle for the soul of teacher education. Routledge, 2017：40-62.

务，而不是外在于他们或凌驾于其之上。① 多明格斯认为这样的教师教育所采取的是一种非殖民化的方法，其中包括"将当地社区的指导和智慧引入教师教育情境"，并需要研究这样的问题："这种对公平和正义的关注的视角是属于谁的。"② 最终，基于教师和教师教育者专业精神的民主形式的非殖民地教师教育必须帮助新教师，将他们为教育正义所做的工作视为更大的社区为种族、经济正义和社区福祉而斗争的一部分。这项工作的目标是达到这样一种境界：学校、教师教育机构和社区都能感受到自己是教师教育项目的主人，学校和"校园"教师教育者及其社区合作伙伴都在团结一致地为教育公正和社区福祉而工作，都在发挥各自的作用。

对于美国的教师教育来说，这是一个既令人兴奋又危险的时代。这是一个真正的机会，即在教学和教师教育中建立民主的专业主义，让学校和社区以新的方式共同培养教师，让他们为每个孩子提供同样高质量的教育。

---

① HADDIX M. Preparing community-engaged teachers [J]. Theory Into Practice, 2015, 54 (1)：63-70.

② DOMINGUEZ M. "Se hace puentes al andar"：Decolonial teacher education as a needed bridge to culturally sustaining and revitalizing pedagogies [J]. Culturally sustaining pedagogies：Teaching and learning for justice in a changing world, 2017：225-246.

后 记

接到撰写《美国教师教育思想史研究》邀约之时也正是我刚刚进入新的工作环境的过渡阶段，紧接着是百年不遇的新冠疫情，各方面都有一些凌乱与迷茫。正是本书的写作让我沉静下来，面对内心，面对一个广阔的教师教育的世界。

写一本书就像孕育生命，是痛并快乐的事情，是一场内心的洗礼。第一个阶段，收集整理资料，梳理历史分期。国内国外、线上线下收集资料的过程非常有趣，感觉自己就像一只打算冬眠的松鼠，把那些美味的食物全部带回家。然而，一头扎进资料堆里的时候，却像掉进了漫无边际的大海，各种思想观点、不同实践形式纷至沓来，也像穿梭在飞驰的时间隧道，各种蒙太奇的剪辑与拼接，令人眼花缭乱。一番苦读挣扎，我抓住教师专业发展作为一以贯之的主线，来划分教师教育思想的历史分期。第二个阶段，深入阅读，抓住不同时期的关键思想特征。这一阶段的主要工作是进一步搜集并深入阅读每一个时期的资料，确定主要介绍的代表性人物及其思想、教师教育实践形式的变化及其背后的观点，并概括该时期教师教育思想的整体关键特征。这个时候的我特别留恋徜徉在那些不同的历史时代里，不断深挖人物自身教师教育思想产生的脉络，不断发现教师教育实践变迁与更大时代特征之间的逻辑关联。第三个阶段，调整结构，去粗取精，细致打磨每一个章节。打通全书的逻辑脉络，寻找贴切的语言表达，是我乐此不疲的事情。

本书的写作于我而言是学术道路上承上启下的关键，应该说正是通过美国教师教育思想历史的研究和学习，我才开始真正进入教师教育研究的领域，才开始真正理解教师教育。美国教师教育理论与实践变迁的核心与依据是其对教师专业发展的不断探索与追求，可以说有什么样对于教师专业发展的理解，就有什么样的教师教育。教师专业发展自身内部的根本问题是对于专业知识的不断探索，教师专业发展的外部功能表现是不断要求教师的专业工作能够帮助实现社会正义。今天的美国社会越来越强调依靠优秀的教师以及培养优秀教师的教师教育来解决社会公正问题，具体表现为风靡全美的基于标准的教师教育问责制。表面看来，这是对于教师以及教师教育的重视，实际上是教师以及教师教育的不能承受之重。一方面，仅仅依靠教育和教师教育无法实现教育平等的理想。保守主义重构后的美国试图通过建立主流意识形态的知识与价值系统，通过建立市场逻辑，回避探讨教育背后所潜藏的更深刻的社会不平等以及政治经济权力的本质问题，与社会平等理想的追求无异于背道而驰。另一方面，关于教师教育基于标准的问责制侵蚀了专业的民主化。正如英国教育哲学家格特·比斯塔所指出的，在福利国家转型和新自由主义治理形式崛起的背景下，关于教师专业主义的发展出现了三种"后民主扭曲"。① 第一是将学生转变为客户，混淆了经济交易与专业交易之间的根本差异。经济交易中客户知道他们想要什么，而专业交易中作为教师的专业人员不仅要服务于学生的需求，同时他们在定义学生需求方面也起着关键作用。第二是将民主问责扭曲为技术-管理问责制，民主问责制中专业人员与学生建立直接对话关系，并对其专业行动的质量负责，而技术-管理问责制中，重点不再是专业行动的质量，而是为简化测量和控制而选择的绩效指标。第三是专业判断力正在被循证方法的需求所取代。比斯塔认为专业行动发生在人类之间，他们从不只是作为干预的对象出现，而总是作为自身主体出现。科学证据既不能代替对如何行动的判断，也不能代替对专业行动的目的和目标的判断。因此，硬性要求以循证方式工作是在试图根除对于专业主义领域专业行动的方式和目的的专业判断。

国际比较研究的基本宗旨是他山之石可以攻玉。如果我们能够从美国教师教育变迁的历史中发现教师教育发展的规律及其与社会大背景之间的逻辑

---

① 比斯塔. 教育研究：一种非正统的导论［M］. 祝刚，译. 北京：北京师范大学出版社，2023：129.

关联，发现他们的经验与教训，那么对于探索中国式教师教育理论与实践必将有所助益。美国教师教育思想和实践的不同观点及不同形式异常丰富多样，由于时间、精力和能力所限，本研究尽己所能也只是触摸到了这头大象的一小部分，因此总是羞愧难安，敬请读者务必批评指正。

感谢戴伟芬师姐的推荐，感谢王长纯老师和饶从满老师给我机会撰写这本书，感谢两位老师对书稿提出的许多宝贵建议。

郭　芳

2023 年 6 月